Joan Freeman

Erziehung und Intelligenz

Natürliche Anla
erkennen und f

Mit einem Vorwort
von Professor H. J. Eysenck

ETB
ECON Taschenbuch Verlag

Aus dem Englischen übersetzt von Wolfgang Rhiel

Deutsche Erstausgabe

Februar 1985

Umschlagentwurf: Ludwig Kaiser
Titelfoto: Krista Boll, Michael Fiala
Druck und Bindearbeiten: Ebner Ulm
Printed in Germany
ISBN 3 612 20044 5

Erziehung und Intelligenz

Intelligenz : Erziehung

ECON Ratgeber

Inhaltsverzeichnis

Vorwort

Viele Menschen werden ungehalten, wenn sie hören, daß Intelligenz in erheblichem Umfang durch Erbfaktoren bestimmt wird und daß die Umwelt keinen allzu großen Einfluß auf das Endprodukt hat. Auch wenn diese Aussage richtig ist und auf großangelegten experimentellen und statistischen Untersuchungen zahlloser Zwillinge, Familien, adoptierter Kinder u. a. beruht, bedarf die Schlußfolgerung doch der Auslegung, um in ihrer ganzen Bedeutung erkannt zu werden. Allein der Begriff Intelligenz hat wenigstens drei verschiedene Bedeutungen: die Psychologen sprechen von Intelligenz A, Intelligenz B und Intelligenz C. Den Unterschied zwischen diesen dreien zu verstehen ist der erste Schritt der Weisheit, wenn es um die Auslegung wissenschaftlicher Ergebnisse und deren praktische Anwendbarkeit geht.

Intelligenz A ist die biologische, genetische Grundlage aller geistigen Unterschiede zwischen dem Aufgeweckten und dem Dummen, dem Begabten und dem Unbegabten, dem Genie und dem Schwachsinnigen. Die Intelligenz B ist diejenige, die sich im Alltag zeigt, in der Schule, an der Universität, bei der Arbeit, der Anpassung an die Gesellschaft und ganz allgemein im täglichen Leben. Die Intelligenz C ist wieder etwas anderes – sie ist identisch mit dem IQ oder Intelligenzquotienten, wie er in den typischen Intelligenztests gemessen wird. Die Intelligenz C strebt danach, der Intelligenz A und B so nah wie möglich zu kommen, aber auch, wenn sie relativ erfolgreich ist, ist sie doch alles andere als ein perfekter Maßstab.

Die Intelligenz A ist genetisch vorgegeben. Soweit Intelligenz C, also der IQ-Test, Intelligenz A mit Erfolg messen kann, ist auch der Intelligenzquotient im wesentlichen durch Erbfaktoren vorherbestimmt. Aber Intelligenz B, die gelungenen Anpassungsversuche eines Menschen an die Anforderungen der Gesellschaft, wird wahrscheinlich noch durch viele andere Faktoren bestimmt als Intelligenz A und kann durch Intelligenz C nur ungenügend gemessen werden.

Es ist ähnlich wie wenn wir messen, wie heiß es ist. Angefangen hat es damit, daß die Menschen die unterschiedlichen Empfindungen wahrnahmen, die sie hatten, wenn sie mit der Hand in den Schnee faßten oder in die Nähe eines Feuers kamen. Unser Wissen über die Wärme wurde immer exakter, bis wir sie eines Tages mit einem Thermometer messen konnten. Wir bestimmen die Wärme heute anhand der Thermometerwerte, aber genau das entspricht der Intelligenz A, und wir könnten es Wärme A nennen. Es gibt auch eine Wärme B, also die Wärme (oder Kälte), die die Menschen unter den Bedingungen ihres Alltags empfinden. Wir wissen, daß der sogenannte »Kältefaktor« eine große Rolle dabei spielt, ob man die Kälte empfindet oder nicht. Dieser Faktor ist nichts anderes als die Menge des vorhandenen Windes, der die Hülle aus erwärmter Luft fortbläst, die jeden von uns umgibt. Dann ist da noch die Luftfeuchtigkeit. Wärme wird als sehr viel unangenehmer empfunden, wenn die Luft feucht ist. Diese und viele andere Umstände kommen zu denen der Wärme A noch hinzu und bestimmen, wie wir in dieser oder jener Situation reagieren, ob wir also noch einen Pullover mehr anziehen oder lüften oder sonst etwas. Aus wissenschaftlicher Sicht ist Wärme A natürlich wichtig, aber unter dem Blickwinkel, daß man sein Verhalten den tatsächlichen Umständen des Lebens anpaßt, zählt letztlich Wärme B. Wärme C ist logischerweise die mit dem Thermometer gemessene Bewegung der Moleküle, also die physikalische Wirklichkeit, die unserem Wärmeempfinden zugrunde liegt. Weil Wärme C sehr viel mit Wärme A gemein hat, stellt sie sicher keine perfekte Anzeige dar.

Wir können zwar im Moment wenig tun, um Intelligenz A zu beeinflussen, aber wir können sehr wohl auf Intelligenz B einwirken, also auf den tatsächlichen Gebrauch, den jemand von seiner Intelligenz A macht. Es ist auf sehr drastische Art nachgewiesen worden, daß so mancher mit einem sehr hohen Intelligenzquotienten vielleicht aus emotionalen Gründen große Anpassungsschwierigkeiten hat; diese Menschen sind neurotisch, stehen sich selbst im Wege, leiden unter Prüfungs- und anderen Ängsten und haben im Leben nie den Erfolg, der ihrer hohen Intelligenz entspräche. Andere scheitern, weil sie nicht genügend motiviert sind für die harte Arbeit, die nötig ist, damit die angeborene Intelligenz sich in Leistung niederschlägt. Es gibt eine Menge Gründe, warum jemand, der hochintelligent ist, keinen Erfolg hat.

Dr. Joan Freeman will mit ihrem Buch den Eltern zeigen, wie sie ihren Kindern am besten helfen können, sich optimal geistig zu entwickeln, und das ihrer Veranlagung gemäß. Ein solcher Rat ist durchaus notwendig, denn die meisten Eltern werden zwar mit den erzieherischen Alltagsproblemen fertig, sind sich jedoch nicht der besonderen Schwierigkeiten bewußt, vor die gescheite Kinder sie stellen. Sie sind die Keimzelle der Gesellschaft, und keine Gesellschaft überlebt lange, die der Förderung dieser Kinder nicht ihre besondere Aufmerksamkeit schenkt. Daher die soziale und praktische Bedeutung eines Buches wie diesem. Niemand kann den Kindern auf dem beschwerlichen Weg von der Begabung zur Leistung besser beistehen als die Eltern, und der kluge Rat, den Dr. Freeman aus zahllosen wissenschaftlichen Untersuchungen über den gesunden Menschenverstand zieht, und dessen verständliche Form werden sich als äußerst nützlich für all jene Eltern erweisen, die in der glücklichen Lage sind und ein oder mehrere intelligente Kinder haben.

Professor H. J. Eysenck

Einleitung

Elterliche Fürsorge ist eine Kunst, und jeder Künstler muß seine Sensibilität schulen. Damit auch die Eltern dies tun können, wurde dieses Buch größtenteils geschrieben. Denn noch nie war die Zeit für intelligente Kinder so wichtig. Leistung ist gefragt, und die Eltern haben ohne Frage die besten Möglichkeiten, um ihren Kindern zu helfen, ihre Fähigkeiten auszuschöpfen. Gescheite Kinder mit liebevollen, besorgten und aufgeklärten Eltern haben die besten Chancen, sich geistig mit einem Höchstmaß an Freude und Erfolg zu entwickeln. Das Streben nach besonderen Leistungen steht jedem offen, gleichgültig, welcher sozialen Schicht er angehört. Jedes Kind möchte auf irgendeinem Gebiet besonders gut sein, und jedes Kind hat auch die Fähigkeiten dazu.

Die allerersten psychologischen Grundlagen für das Lernen werden bereits bei der Geburt gelegt und verfestigen sich bereits, wenn ein Kind drei Jahre alt ist, wenngleich natürlich auch danach noch viel Zeit für die geistige Entfaltung bleibt. Auch wenn man von keiner Erziehungsmethode sagen kann, daß sie allein zum Erfolg führt, nicht einmal bei Kindern der gleichen Familie, sind doch offenbar einige Verfahren lohnender als andere; auf einige der besten werden wir in diesem Buch zu sprechen kommen.

Der wahrscheinlich wirksamste Weg für Eltern, ihren Kindern zu helfen, führt über eine enge Beziehung zu ihnen vom Tag der Geburt an. Diese sehr frühe Nähe ist die Wiege einer lebendigen Intelligenz, die ein ganzes Leben vorhält.

Auch wenn Babys ohne Hilfe einige grundlegende Fertigkeiten entwickeln (zum Beispiel das Greifen nach Gegenständen), können die Eltern sie doch ermuntern, so daß sie sich gern ihren neuen Lernerlebnissen hingeben. Selbst für ein noch ganz kleines Baby ist Abwechslung das Salz in der Suppe.

Die tiefe Freude, die diese Abenteuer frühen Lernens einem Kleinkind schenken kann, trägt sehr dazu bei, daß es dem Lernen grundsätzlich positiv gegenübersteht. Das wird ihm auch dann zugute kommen, wenn es seine besonderen Stärken und Neigungen entdeckt. Mit dem Baby das Richtige zur richtigen Zeit zu tun wird ihm immer mehr Selbstvertrauen und in der Schule weniger Mühe bereiten, als ihm je ohne die Hilfe der Eltern möglich gewesen wäre.

War der Start innerhalb der Familie so gut, geht es bei dem nächsten Schritt, der bald auch schon für die Lehrer interessant zu werden beginnt, um das feinere, praktische Detail, die geistige Entfaltung intelligenter Kinder zu lenken. Wie soll das geschehen? Sind sie besser oder schlechter dran, wenn man sie anders als andere Kinder behandelt? Wirkt sich Aufgewecktheit auf die Persönlichkeit eines Kindes aus? Die Liste der Fragen ist zwar lang, aber der Schlüssel zu den Antworten liegt immer im Kind selbst. Kein Kind ist genau wie das andere, und es liegt wesentlich bei den Eltern, die individuell unterschiedliche Intelligenz zu erkennen und zu fördern. Wenn Sie die Veranlagung Ihres Kindes dadurch steigern können, daß Sie sein Selbstwertgefühl aufbauen, bildet das die Grundlage seiner Sachkunde und lebenslangen Befähigung, die Anlagen zu nutzen, mit denen es auf die Welt gekommen ist.

Eine der besonders gern gesehenen Segnungen des Interesses an intelligenten Kindern, zu Hause wie in der Schule, ist die Auswirkung auf andere Kinder. Es fördert die Achtung vor den Fähigkeiten aller Kinder und die Bereitschaft, nach dem Besten zu suchen, dessen ein Kind fähig ist. Das kann einen allgemeinen Anstieg der Erwartungen von Eltern und Lehrern mit sich bringen, worauf die Kinder oft sehr günstig reagieren. In Schulen, wo man sich um die intelligenten Kinder kümmert und sich alle Schüler wichtig und wertvoll vorkommen, nimmt der Unterricht eine frische Note an.

Dieses Buch bietet einen positiven psychologischen Ansatzpunkt zur geistigen Entwicklung der Kinder, der sehr viel mehr mit den »Tu das« als den »Laß das« zu tun hat. Es wird auch nicht viel darüber gesagt, was Ihr Kind in einem bestimmten Alter tun *sollte* – intelligente Kinder halten sich ohnehin nicht immer an irgendwelche Regeln. Es ist vielmehr eine breitangelegte Sammlung von durch Forschungsergebnisse belegten Erkenntnissen darüber, wie der Geist eines Kindes sich entfaltet und arbeitet, begleitet von praktischen Anregungen, wie die Eltern weiterhelfen können. Die hier zusammengetragenen Gedanken sind für jedes Kind von Wert.

Sie werden feststellen, daß dieser positive Ansatz mit zunehmender Vertrautheit zu einer Gewohnheit wird, die Sie zu einem konstruktiven Denken anhält. Sie und Ihre Kinder werden besser gemeinsam aufwachsen können und einer vom anderen lernen. Die größte Freude Ihrer Elternschaft wird vielleicht das sein, was Sie von

Ihren Kindern lernen. Mit ihren freien und unbekümmerten Ansichten können sie Sie für Dinge interessieren, von deren Existenz Sie nicht einmal etwas geahnt haben. Meine Kinder jedenfalls haben das gemacht.

Bei der Aufarbeitung meiner Gedanken hatte ich unermeßliche Hilfe in der sorgsamen und mühevollen Arbeit vieler Kinderpsychologen, die ihre wissenschaftlichen Forschungsergebnisse in Fachzeitschriften und Büchern veröffentlicht haben. Was ich selbst als Hochschulabsolventin tun konnte, war, mich in zeitraubender, mühsamer Arbeit durch die Statistiken (und manchmal auch durch das Fachchinesisch) zu quälen und das, was sie entdeckt hatten, in praktikable, alltägliche Gedanken zu übersetzen. Ich habe einige dieser Quellen im Text angeführt und am Ende des Buches bibliographiert.

Neben diesen Belegen von überall her habe ich auch einiges aus meiner vierjährigen Arbeit am Gulbenkian-Projekt über intelligente Kinder eingebracht, wo es mir vor allem darum ging, herauszufinden, warum einige Kinder als intelligent galten und andere (bei gleichen Fähigkeiten) nicht. Es zeigte sich, daß die Intelligenz der Kinder manchmal ebensosehr anhand ihres Verhaltens wie ihrer geistigen Fähigkeiten beurteilt wurde. Das bedeutete, daß stille, bescheidene, intelligente Kinder manchmal nicht die Aufmerksamkeit erhielten, die sie gebraucht hätten, vor allem, wenn es sich um noch sehr junge Kinder handelte. Ein enger Kontakt zu diesen hochbegabten Kindern, ihren Familien und Schulen zeigte mir, daß diejenigen, die bei der Entwicklung ihrer Fähigkeiten die größten Fortschritte machten, in der Regel aus erzieherisch sehr aufgeschlossenen Häusern kamen, wo sie die geistige Freiheit, Unterstützung und Gelegenheiten hatten, die sie brauchten, wo immer ihre Fähigkeiten lagen. Über diese Arbeit habe ich in meinem Buch *Gifted Children* sehr viel ausführlicher berichtet. Die Kinder und ihre Eltern, die sich an diesem Projekt beteiligt haben, haben mir mehr beigebracht, als sie ahnen, und ich bin ihnen dafür von Herzen dankbar.

Ich möchte meine Wertschätzung auch all denen aussprechen, die – Eltern, Lehrer, Wissenschaftler und Studenten – ihre Zeit geopfert haben, mit mir über intelligente Kinder zu diskutieren, als ich an diesem Buch saß. Es war immer ein Gewinn, ihre Anmerkungen und Antworten zu hören und ihre Erfahrungen mit meinen zu vergleichen.

Der bekannte Kinderpsychiater Donald Winnicott hat einmal gesagt, daß man als Vater oder Mutter nicht perfekt sein müsse – nur gut genug. Dieser Gedanke hat mich in den Jahren, in denen ich meine eigenen Kinder großgezogen habe, immer wieder beruhigt. Ich gebe seine Worte in der aufrichtigen Hoffnung an Sie weiter, daß Sie viel Freude haben, wenn Sie mit Ihren Kindern zusammen sind.

Dr. Joan Freeman

Kapitel 1
Intelligente Kinder

Die Welt braucht die intelligenten Kinder – diejenigen, deren potentielle Fähigkeiten unser Leben in vielen Bereichen erheblich bereichern könnten, vorausgesetzt, man gibt ihnen die Möglichkeit, sich zu entwickeln. Das intelligente Kind kann Ihr Kind oder meines sein, ob wir arm sind oder reich, unabhängig davon, welcher Rasse wir angehören und wo wir leben. In Großbritannien zum Beispiel ist mindestens eine halbe Million oder jedes zehnte Kind, das auf die Welt kommt, so intelligent, daß es sich in irgendeiner Weise abhebt.

Was die Menschen Intelligenz nennen, hängt in einem gewissen Umfang von ihren eigenen Ansichten und dem Leben ab, das sie führen. So wäre etwa bei den Höhlenbewohnern ein intelligenter Junge wahrscheinlich der beste angehende Jäger gewesen. Im alten Griechenland hätte man ein intelligentes Kind an seinem logischen Denkvermögen, der klaren Sprache und seiner Sportlichkeit erkannt. An der Wende zu unserem Jahrhundert waren die intelligenten Kinder diejenigen, die auswendig – deutlich und mit viel Ausdruck – große Textpassagen aufsagen oder in langen, geraden Reihen Zahlen untereinander schreiben konnten; zu jener Zeit war ein intelligentes Kind fleißig, hielt sich an alle Gebote und gehörte in der Klasse zu den Besten. In seiner Autobiographie *Goodbye to All That* schildert der Dichter Robert Graves, wie sein Vater ihn aus der Schule holte, als er erfuhr, daß er beim Multiplizieren mit 23 angefangen habe zu weinen. Und er erinnerte sich auch noch, wie er zum Takt eines Metronoms Kopfrechnen üben mußte.

Aber bei allen herausragenden Leistungen zählt nicht nur das fertige Ergebnis, sondern auch die Qualität der Ausführung und eine lebhafte Vorstellungsgabe, was am augenscheinlichsten für die Kunst gilt, aber doch genauso für die Wissenschaft. Einstein langweilte sich in der Schule zu Tode, wo man von ihm verlangte, das, was man ihm beigebracht hatte, zu wiederholen, und seine Abschlußnoten waren entsprechend schlecht. Als ihm dann aber sein Onkel zeigte, wie er seine unorthodoxen Gedanken auf Zahlen anwenden konnte, veränderte er das Weltbild der Mathematik und Physik. Einstein war allerdings ein Genie, einer jener seltenen Fälle, in denen jemand neue Ideen hervorbringt, welche die Menschen das Leben hinfort mit anderen Augen betrachten lassen.

Genies werden im allgemeinen noch für etwas mehr als nur intelligent gehalten; sie sind wirklich große Geister, die ihre Gesellschaft und vielleicht sogar die ganze Menschheit durch ihre Tat ein wenig verändern. Beethoven, Isaac Newton, Picasso und Marie Curie waren genial. Schon als kleine Kinder ließen sie oft ein ungewöhnlich starkes Interesse an bestimmten Gebieten erkennen, die später zum beherrschenden Inhalt ihres Lebens wurden und oft alles andere verdrängten. In einer Untersuchung über herausragende Wissenschaftler in Amerika entdeckte Anne Roe[1] in den fünfziger Jahren, daß ihre später großen Wissenschaftler bereits in jungen Jahren ernst zu nehmende Sammlungen wie Erwachsene angelegt und Experimente durchgeführt hatten. Händel komponierte bereits mit elf Jahren, Mozart mit vier und Mendelssohn mit neun. Als seine ersten Gedichte veröffentlicht wurden, war Alexander Pope zwölf Jahre alt, Robert Burns vierzehn. Henry Ford fing bereits so früh als Uhrenmechaniker an, daß sein Arbeitgeber es für besser hielt, wenn ihn niemand am Arbeitsplatz sah. Genialität setzt eine stark ausgeprägte Fähigkeit zur Originalität voraus und auch die Fähigkeit, die Grenzen des Wissens und der Erkenntnisse umzustoßen, und diese Begabung zeigt sich oft schon sehr früh im Leben.

Dieses Buch wurde für die Eltern der Kinder geschrieben, die in irgendeiner Weise deutlich aufgeweckter und klüger als der Durchschnitt sind, von denen man aber dennoch die meisten kaum je für ein Genie halten wird. Die Mehrzahl der Eltern intelligenter Kinder, mit denen ich gesprochen habe, möchte verständlicherweise, daß ihre Kinder ein glückliches und ganz normales Leben führen. Ich habe aus diesem Grund meine Erfahrungen als Lehrerin, Psychologin, Wissenschaftlerin und Mutter zusammengefaßt, damit andere Eltern ihren durchschnittlich intelligenten Kindern besser helfen können, ihr Bestes zu geben und glücklich zu sein. Die Eltern sind der beste Rückhalt, den ein intelligentes Kind hat, denn sie haben das beste Gespür für seine Bedürfnisse und das größte Interesse an seiner Zukunft.

Die normale geistige Entwicklung des Kindes

Psychologen sind immer unglücklich, wenn sie sich darauf einlassen, ganz genau zu sagen, was ein Kind in einem bestimmten Alter tun sollte. Das hat seinen Grund darin, daß zwischen den Entwicklungsmustern der einzelnen Kinder erhebliche Unterschiede bestehen. Sowohl seelisch wie körperlich kann ein Kind abwechselnd Entwicklungsschübe und Ruhepausen durchmachen oder sich stetig entfalten. Jedes Kind entwickelt sich nach Tempo und Art anders, die so eigen sind wie sein Gesicht.

Um entscheiden zu können, ob ihr Kind intelligent ist oder nicht, möchten die meisten Eltern etwas über die normale Entwicklung bei Kindern wissen. Aber es ist wichtig, sich klarzumachen, daß *das, was normal genannt wird, in Wirklichkeit durchschnittlich bedeutet*. Die Normalentwicklung, das sind Durchschnittswerte aus Untersuchungen vieler tausend Kinder des gleichen Alters. Doch diese Durchschnittswerte können sich mit den Jahren infolge wechselnder Umstände ändern und sind nicht ohne weiteres von einem Land auf das andere übertragbar. Wenn man all das berücksichtigt, umreißt der folgende Text in groben Zügen Fortschritte der Art, wie Sie sie bei einem sich geistig »normal« entwickelnden Kind erwarten können.

Über den Gebrauch von Worten

Vom Tag seiner Geburt an hört und reagiert das Baby auf Worte und Zeichen. Wenn es etwa ein Jahr alt ist, hat es gelernt, selbst ein paar Worte hervorzubringen, zum Beispiel »Mama« und »Papa«, und im übrigen übt es seine neuen Sprechfähigkeiten, indem es drauflosplappert. Die meisten Kleinkinder bringen mit zwei Jahren einige kurze Sätze zustande; die Wissenschaftler sind sich allerdings darin einig, daß Mädchen im Umgang mit Worten normalerweise weiter sind als Jungen. Umfassende Untersuchungen in Amerika unter der Leitung von Eleanor Maccoby[2] haben gezeigt, daß Mädchen nicht nur ihr erstes Wort früher als Jungen sprechen, sondern auch früher zusammenhängend reden. Die Jungen holen in der Regel (aber nicht immer) in den späteren Jahren ihrer Kindheit auf. Sie können die Worte zählen, die Ihr Kind spricht, um festzustellen, welche Fortschritte es macht, wenngleich spätes Sprechen nicht automatisch mit einer langsamen geistigen Entwicklung gleichzusetzen ist, weder jetzt noch in Zukunft. Winston Churchill hat erst mit drei Jahren angefangen zu sprechen.

Das Sprechenlernen wird von einer Reihe Faktoren beeinflußt wie zum Beispiel vom Bedürfnis des Kindes, auf eben diese Art zu kommunizieren. Wenn Sie als Eltern beispielsweise den Gesten Ihres Kindes, mit denen es seinem Wunsch nach Essen und Trinken Ausdruck gibt, stets zuvorkommen, wird es unter Umständen relativ spät lernen, diese Dinge beim Namen zu nennen. Auf lange Sicht gesehen macht das aber nichts. Das Sprechenlernen hängt auch mit den Emotionen zusammen, so daß Kinder, die in ihrem Leben etwas sehr Aufwühlendes erlebt haben – beispielsweise einen Umzug oder einen Wechsel der Personen, die sich um sie kümmern –, sprachlich zurückgeworfen werden können. Die Art, wie Kinder bei einem Wort empfinden, wirkt sich auch darauf aus, wie sie es gebrauchen, und ähnliches gilt für die Gedanken, die durch diese Worte ausgelöst werden. Aber das ist im Einzelfall sehr schwer nachzuweisen und trifft im übrigen auch auf Erwachsene zu. Die meisten dieser Gefühle liegen tief in unserem Unbewußten; wir sind uns der Art, wie wir sprechen und denken, nicht bewußt – wir tun es einfach.

Über den Gebrauch von Zahlen

Es fällt schwer, zu glauben, aber die späteren rechnerischen Fähigkeiten haben ihren Ursprung im ersten Lebensjahr. Mit etwa einem Jahr kann das Kind einen Klotz auf den anderen türmen, sofern die Unterlage eben ist. Auf diese Art wird ihm ansatzweise die grundlegende mathematische Vorstellung des »mehr als« klar; »weniger als« kommt später, mit etwa zwei Jahren. Ein dreijähriges Kind kann im allgemeinen bis fünf zählen, ein vierjähriges bis zehn. Aber das wirkliche Verständnis der Zahlen kommt erst, wenn sie sich im Gedächtnis gesetzt haben. Für ein Kleinkind steht hinter der Zahl Vier nicht die abstrakte Vorstellung der Ziffer Vier, wie sie ältere Kinder verstehen. Aber mit drei Jahren kann ein Kind normalerweise etwas mit »genug« anfangen, was irgendwo zwischen dem Sagen der Zahlen und dem Verstehen liegt. Fragen Sie Ihr Kind: »Habe ich genug Tassen auf den Tisch gestellt?« Damit können Sie feststellen, welche Stufe es erreicht hat.

Mit fünf Jahren sollte ein Kind in der Lage sein, Zahlen unter fünf zu addieren, und mit sechs Jahren kann es nicht nur Zahlen unter zehn addieren, sondern auch Zahlen unter fünf subtrahieren. Was die mathematischen Fähigkeiten angeht, scheinen sich Jungen und Mädchen ungefähr im gleichen Tempo zu entwickeln, aber Jungen tun sich oft leichter mit räumlichen Fähigkeiten.

Über den Umgang mit Erfahrungen

In einigen Fällen bedarf die geistige Entwicklung der Erfahrung, um darauf aufbauen zu können. Der Gedanke der Zeit zum Beispiel verlangt die Anwendung von Erinnerungen an vergangene Ereignisse und einige sprachliche Fähigkeiten. Kleinkinder können für gewöhnlich mit etwa drei Jahren anfangen, mit einer zeitlichen Vorstellung vorauszuplanen. Sie können sich dabei an etwas halten, das sie gut kennen, zum Beispiel an die Schlafenszeit.

Im Gegensatz zu Erwachsenen müssen kleine Kinder noch ausreichend Erfahrungen ansammeln, um sich vorstellen zu können, wie sie mit dieser oder jener neuen Situation fertig werden. So muß ein Baby durch viele Demonstrationen lernen, daß Papas Gesicht immer wieder über dem Sesselrücken auftaucht, wenn sie »Kuckuck-dada« spielen. Später, wenn das Kind weiß, daß der Papa die ganze Zeit dort hockt, verliert das Spiel seinen Reiz. Mit etwa einem Jahr kann ein Baby ein Spielzeug, das Sie vor seinen Augen unter einem Kissen versteckt haben, »wiederfinden«. Aber wenn Sie nur so tun, als würden Sie es unter dem einen Kissen verstecken, es aber heimlich unter ein anderes legen, wird das Kind nur unter dem ersten Kissen suchen, da es noch nicht genügend Erfahrung hat, zu erkennen, daß, wenn es nicht unter dem einen Kissen liegt, es vielleicht unter einem anderen versteckt ist. Auf die Idee, daß es unter Umständen mehr als nur ein Versteck gibt, sollte es allerdings mit etwa achtzehn Monaten kommen können.

Erfahrungen braucht ein Kind auch, bevor es lernt zu urteilen. Es braucht mindestens drei Jahre, um eine erkennbare Argumentationsebene aufzubauen, auf der nicht nur Meinungen, sondern auch Antworten gewechselt werden. Mit fünf Jahren ist ein Kind normalerweise imstande, vernünftige Schlußfolgerungen zu ziehen und über Unterschiede und Ähnlichkeiten der Dinge zu sprechen, die es sieht.

Manchmal fehlen unseren Kleinen die Erfahrung und das Wissen, die sie bräuchten, um zum »richtigen« Schluß zu kommen, etwa wenn ein Kind die Mami oder den Papi heiraten möchte, wenn es einmal groß ist. Manchmal springen sie bei ihren Folgerungen, ohne etwas richtig zu durchdenken, weil sie entweder zu bequem oder so schnell sind, daß sie den langsameren Weg des Abwägens nicht beachten und direkt zur logisch richtigen (aber praktisch falschen) Lösung springen. Eines unserer Kinder orientierte sich an den Erwachsenen und bekam, als es noch klein war, immer wieder »Kopfschmerzen« im Bauch; es war durchaus in Ordnung, wie es dachte, und Gott sei Dank auch leicht zu verstehen.

Über den Gebrauch von Buchstaben

Manchmal entdecken Kinder, wenn sie zwei oder drei Jahre alt sind, daß das Kritzeln auf dem Papier eine Möglichkeit ist, seine Gedanken auszudrücken. Sie beginnen dann, Formen nachzumalen und Bilder zu zeichnen, und wenn sie etwa vier sind, können viele ein paar Buchstaben malen. Aber die meisten Kinder fangen damit erst an, wenn sie etwa fünf sind. Lesen und Schreiben machen am Anfang oft gleich gute Fortschritte, obgleich das Schreiben etwas abfallen kann, wenn ihnen das Lesen sehr großen Spaß macht.

Die meisten Kinder lernen lesen, wenn sie in der Schule sind, und bewältigen einfache Bücher am Ende des ersten Schuljahres. Einige intelligente Kinder scheinen sich das Lesen selbst beizubringen, indem sie, wo sie gehen und stehen, Worte aufnehmen, von Lebensmittelpackungen, Verkehrszeichen und Schallplattenhüllen. Ein intelligentes Kind wird wahrscheinlich mit drei Jahren erkennen, daß DR. WER »Dr. Wer« bedeutet, und erkennt vielleicht den eigenen Namen, wenn man ihn schön groß hinschreibt, je nachdem, wie schwierig er ist.

In welchem Alter Kinder lernen, Buchstaben beim Lesen und Schreiben zu gebrauchen, hängt sehr von der Aufmunterung und Hilfe ab, die sie zu Hause erhalten. Wenn die Eltern selbst Freude am gesprochenen und geschriebenen Wort haben, können sie damit rechnen, daß dies auch bei ihren Kindern so sein wird.

Wie man ein intelligentes Kleinkind erkennt

Jetzt, da ich in kurzen Zügen die »durchschnittliche« geistige Entwicklung abgehandelt habe, möchte ich auch mit einigen Worten auf ein paar Merkmale im Verhalten eines intelligenten Kleinkindes eingehen, womit ich Ihnen bei der Beurteilung helfen möchte, ob Ihr Kind intelligent ist oder nicht. Die Intelligenz kleiner Babys festzustellen ist weit schwieriger als das gleiche Vorhaben bei Kleinkindern, weshalb ich das ganze nächste Kapitel der Erörterung dieses Themas gewidmet habe.

Die alten körperlichen Kennzeichen, wenn ein Kind zum erstenmal frei sitzt, krabbelt, aufsteht oder geht, gelten inzwischen nicht mehr als so sichere Anzeichen für Intelligenz wie früher. Geistige Eigenarten sind ein sehr viel besserer Führer, auch wenn sie nicht hundertprozentig verläßlich sind, da Kinder sich unglaublich schnell wandeln können. Denken Sie daran, daß auch intelligente Kinder sich ebenso grundlegend voneinander unterscheiden, wie das bei anderen Kindern der Fall ist – die einen sind lebhaft, an allem interessiert und sehr liebenswert, die anderen vielleicht zurückhaltend und in sich gekehrt. *Gebrauchen Sie daher diese Aufzählung mit Bedacht, sie soll lediglich als Anhaltspunkt dienen.*

Geistig lebhaft

Das auffälligste Merkmal eines intelligenten Kindes ist die lebhafte Geistesverfassung, die sich auf vielfältige Art äußert, vor allem in der Freude an Worten. Es sind sehr »gesprächige« kleine Babys, aber ihr Plappern und Gurren weicht schon bald einem kleinkindlichen Unterhaltungsstrom, der schon bei dreijährigen Kindern recht ernsthaft sein kann. Viele dieser Kinder lesen mit vier Jahren, und dann hat es den Anschein, als verschlängen sie jede Zeile, die ihnen unter die Augen kommt. Intelligente Kinder können ein erstaunliches Gedächtnis haben, auch schon als Babys, auf jeden Fall aber, wenn sie im dritten Lebensjahr sind. So kann sich ein Kind beispielsweise erinnern, vor einem Jahr bei einem Picknick dabeigewesen zu sein. Die Eltern intelligenter Kinder erwähnen häufig das ungewöhnlich gute Gedächtnis ihrer Kleinkinder. Die Kinder können sich auch stundenlang auf etwas konzentrieren, wenn sie entsprechend interessiert sind.

Viele intelligente Kinder scheinen mit dem ausgeprägten Drang auf die Welt zu kommen, sich mit anderen zu messen. Sie können mit sich selbst wetteifern, immer in dem Bestreben, es beim nächstenmal noch besser zu machen, oder aber andere Kinder überbieten wollen, ungefähr so, wie es in einem Musical heißt: »Alles, was du kannst, das kann ich noch besser.« Versucht Ihr Kleinkind immer wieder, erfolgreich zu sein, und läßt nicht eher locker, bis es ihm gelungen ist?

Selbst wenn sie noch klein sind, bemerken Kinder sehr schnell auch kleinste Unterschiede und haben ganz ungewöhnliche Assoziationen. Aber trotzdem verstehen sie noch nicht sehr viel von der Welt, in der sie leben, wie die folgende kleine Unterhaltung beweist. *Kind:* »Auf einem Berg kann man kein Haus bauen.« *Mutter:* »Doch, das geht. Sieh mal die Häuser da drüben am Berg.« *Kind:* »Aber dann kann doch der Boden gar nicht eben sein.« *Mutter:* »Man muß das Haus entweder in den Berg hineingraben oder es wie einen Balkon herausstehen lassen.« *Kind* (versucht, sich gut aus der Affäre zu ziehen): »Ich meine, man sollte die Häuser ›richtig‹ bauen, selbst wenn der Fußboden schief ist; weißt du, sie einfach auf den

Berg stellen. Die Leute können innendrin ja rauf- und runtergehen. Man würde sich viel Ärger sparen.«

Einige intelligente Kleinkinder gebrauchen ihr äußerst hohes Maß an Bewußtsein und nehmen blitzschnell Informationen auf, manchmal noch bevor ein Satz zu Ende gesprochen ist und oft auch gleichzeitig aus mehreren Quellen, so etwa, wenn sie zwei Gesprächen zur gleichen Zeit zuhören und beide voll erfassen. Es gibt Erwachsene, die meinen, das ebenfalls zu können, aber sie gehen die Sache anders an – bei ihnen wechseln Aufmerksamkeit und Erinnern ab. Sie merken sich etwas von dem, was sie gehört haben, achten dann wieder auf die Unterhaltung, speichern die nächsten Sätze und springen so geistig hin und her, um für beides aufnahmefähig zu sein. In Wirklichkeit aber widmen sie ihre Aufmerksamkeit immer nur jeweils einer Sache. Intelligente Kinder dagegen können manchmal zwei Inhalte gleichzeitig aufnehmen und verarbeiten. Ihre Kleinen können Sie damit überraschen, daß sie jedes Wort Ihrer Unterhaltung mitbekommen haben, aber auch genau wiederholen können, was sie zur gleichen Zeit im Radio gehört haben.

Ihr besonders waches Bewußtsein macht es intelligenten Kindern oft möglich, sich vorzustellen, wie es ist, jemand anders zu sein. Das zeigt, daß sie recht gut das Verhalten anderer nachahmen können und sehr schnell aus Erfahrungen lernen. Unglücklicherweise kann ihnen das den Anschein verleihen, bereits ein bißchen erwachsen zu sein, und häufig wird es fälschlicherweise für echte Reife gehalten, die sich jedoch erst später einstellt.

Oft sind intelligente Kinder auch äußerst sensibel. Eine Theorie besagt, daß gerade diese Empfänglichkeit die Grundlage ihrer Aufgeschlossenheit ist, weil sie sie in die Lage versetzt, die verschiedenartigsten Informationen und Gedanken aufzunehmen, die ein weniger befähigtes Kind unter Umständen verpaßt. Aber gelegentlich macht es diese überhöhte Empfänglichkeit dem intelligenten Kind schwer, auch nur normale Erwachsenenkritik zu ertragen, weil es sie sich zu sehr zu Herzen nimmt. Intelligente Kleinkinder reagieren für gewöhnlich auf liebevolle Führung eher als auf Strafe, und Lob brauchen sie ebenso wie alle anderen Kinder auch.

Die Fähigkeit zu lernen

Mit etwa zehn Monaten sollte ein intelligentes Baby soziales Verhalten in einem fast schon erwachsenen Sinn zeigen. Es sollte in der Lage sein, Ihre Aufmerksamkeit zu erregen und für längere Zeit zu fesseln, wenn es das möchte. So kann etwa ein einjähriges Kind bereits gelernt haben, daß es mit Freundlichkeit sehr viel weiter kommt, als wenn es um Aufmerksamkeit schreit. So spielt es vielleicht lächelnd mit den erst halb verstandenen Worten, erfreut Sie und scheint genau zu wissen, daß das in Ihnen den Wunsch weckt, zu bleiben und an seinem Erfolg teilzuhaben.

Intelligente Kinder haben offenbar ein besonders großes Verlangen zu lernen und ergreifen die Gelegenheit dazu, wann immer sie sich ihnen bietet. Wenn sie älter werden, wird ihr Wissen breiter und tiefer als das anderer Kinder, so daß beispielsweise ein Sechsjähriger das Wissen eines Neunjährigen haben kann und damit noch intelligenter erscheint, als er in Wirklichkeit ist. Es ist nicht so, daß er immer intelligenter wird, es sieht nur so aus. Es ist durchaus möglich, daß Eltern sich wundern, woher intelligente Kinder ihr ganzes Wissen beziehen; offenbar holen sie es sich aus dem Fernsehen, aus Büchern, aus den Gesprächen anderer und vielem mehr.

Vor einigen Jahren machte ich einen Intelligenztest mit einem Mädchen. Da sie erst fünf Jahre alt war, hielt ich es nicht für nötig, das Testhandbuch unter dem Tisch vor ihr zu verbergen. Sie machte ihre Sache ohne Frage sehr gut, vor allem, als es darum ging, sieben Zahlen, die ich ihr genannt hatte, zu wiederholen. »Ich glaube«, flötete sie, »ich sollte dir sagen, daß ich verkehrtrum lesen kann.«

Unabhängigkeit

Intelligente Kleinkinder sind sich in dem, was sie tun, sehr sicher. Sie sind mit sich zufrieden und stolz auf ihre Leistung. Manchmal versuchen sie sogar, ihre Eltern auszuspielen, und denken sich irgendeinen Schabernack aus, etwa dem Vater die Schuhe zu verstecken, wenn er weggehen will. Oder sie möchten sie in den Schatten stellen, die Nase vorne haben. So habe ich einmal am Telefon eine Verabredung mit jemandem getroffen. »Wie wär's mit Samstagnachmittag?« fragte ich. »Ich bin frei.« Worauf mein kluger Knirps stolz antwortete: »Ich bin frei und ein halb.«

Selbst in den ersten Schultagen sind intelligente Kinder ungewöhnlich selbständig und im Unterricht beschlagen. Einige entwickeln spezielle Interessen, denen sie weiter nachgehen wollen, auch schon im Kindergarten, so daß sie, wenn sie dann in die Vorschule kommen, sich auf dem Gebiet tatsächlich auskennen. Wilfried zum Beispiel hörte gerne klassische Musik und besaß auch einige Platten, die er spielen konnte, wann er wollte, und mit denen er sehr sorgsam umging. Aber wenn er mit seinen vier Jahren Namen wie Prokofjew und Tschaikowski lesen sollte, haperte es noch ein wenig, und so gab er den einzelnen Stücken Nummern, die er sich merkte. Als er einmal mit seiner Mutter in einem Supermarkt einkaufte und über die Lautsprecheranlage ein Stück hörte, das er kannte, rief er ganz begeistert: »Oh, hör mal, Nummer 27!«

Tagebuch führen

Es erfordert offensichtlich ein genaues Beobachten, will man feststellen, ob das eigene Kind intelligent ist, und wenn ja, wie und wann man sich ihm besonders widmen will. Es erscheint vielleicht etwas mühsam, aber es kann sehr nützlich sein, ein Tagebuch zu führen. Wenn Sie etwas schriftlich festhalten, hilft das zuweilen, etwas ohne die Hektik des Alltags zu rekapitulieren, so daß man einen besseren Blick dafür bekommt, was sich in der Familie tut. Blickt man dann zurück, kann man eventuell erkennen, wie sich die Dinge entwickelt haben. Ein Tagebuch hilft Ihnen nicht nur, zu beurteilen, ob Sie ein intelligentes Kind haben, ob es beispielsweise geistig immer für sein Alter sehr weit war. Es hilft Ihnen auch, und das ist genauso wichtig, seine emotionale Entwicklung zu verfolgen. Da die geistige und die emotionale Entwicklung zusammengehören, sollten sie auch zusammen beobachtet werden.

Das Buch, in dem Sie Ihre Aufzeichnungen festhalten, muß kein tadellos geführtes Tagebuch sein, und Sie müssen auch nicht regelmäßig Eintragungen machen. Halten Sie es einfach immer griffbereit, damit Sie niederschreiben können, wenn sich etwas ereignet oder Ihnen danach ist. Ein kleines Notizbuch ist genau das richtige, am besten mit einem festen Einband, damit es das häufige Blättern gut übersteht und eventuell auch mehrere Kinder. Vielleicht wird es das beste Buch, das Sie je gelesen haben.

Es gibt dreierlei zu bedenken, wenn Sie ein Tagebuch führen und festhalten, wie sich Ihr Kind entwickelt – Fortschritte, Gefühle und Pläne. Wenn Sie etwas niederschreiben, versuchen Sie, das zu durchdenken, was passiert, und nicht nur einfach etwas festzuhalten. Anstatt zu schreiben: »Angelas Backenzahn durchgekommen. Peter [Ehemann] diese Woche nicht zu Hause«, versuchen Sie, Ihre Eintragungen mehr in folgender Art zu machen: »Angelas Backenzahn kommt unter vielen Tränen durch. Peter war jetzt eine Woche weg – weint sie, weil sie Schmerzen hat, oder vermißt sie ihn? Ich vermisse ihn; übertrage ich meine Nöte vielleicht auf das arme Kind? Ich werde mich etwas mehr um sie kümmern und heute nachmittag mit ihr nach draußen gehen, damit sie ein wenig Abwechslung hat.«

Wie Sie die Ereignisse in Ihrem Leben deuten, liegt allein bei Ihnen. In Ihrer Familie zählt das, was Sie meinen, und im übrigen ist ein Tagebuch Privatsache.

Versuchen Sie, die Entwicklung Ihres Kindes lange im Auge zu behalten, wenn Sie in Ihrem Tagebuch schreiben, und auch, wenn Sie darin lesen. Das hilft Ihnen dabei, sich wandelnde Reifemuster zu erkennen. Vielleicht entdecken Sie, wie recht Sie hatten, als Sie dachten, Thomas habe schon mit sechs Monaten sprechen wollen, aber man hat Sie ausgelacht; oder vielleicht hat sein Selbstvertrauen einen Knacks bekommen, als er in die Schule kam. Ein Tagebuch erleichtert Ihnen, bestimmte Dinge aus der Perspektive zu betrachten und eventuell potentielle Probleme zu entdecken, bevor sie die Möglichkeit haben, sich zu Schlimmerem auszuwachsen. Sie kommen nach ein paar Jahren vielleicht zu dem Schluß, eine Reihe brauchbarer Eintragungen gemacht zu haben wie etwa die folgenden über Sarah, als sie lesen lernte.

Acht Monate: Habe Sarah die Bilder in ihrem Kinderbuch gezeigt. Sie hat die Hand ausgestreckt und echtes Interesse gezeigt. Ich bin ganz außer mir, Robert ebenfalls. Mutter meint, Sarah sei noch viel zu jung zum Lesen.

Ein Jahr und zwei Monate: Sarah kann die Seiten ihres neuen gebundenen Buchs umblättern und betrachtet die Bilder mit gerunzelter Stirn. Sie tut so, als läse sie; so glaube ich jedenfalls. Sehr viel Spaß, wir lachen oft. Sie hat große Freude.

Drei Jahre und vier Monate: Jetzt, wo Sarah einige Worte lesen kann, scheint sie ganz versessen darauf zu sein, mehr zu lernen. Sie macht mich noch verrückt mit ihrem »Was ist dies und was ist das?« Ich werde mit ihren Ansprüchen und denen des neuen Babys nicht mehr fertig. Manchmal kann ich sie in den Arm nehmen, was sie braucht, wie ich weiß, aber manchmal komme ich mir unausstehlich vor und weise sie ab. Vier Jahre: Sarah geht in den Kindergarten. Empfinde große Erleichterung, aber sie hat den ganzen Laden zusammengebrüllt. Hätte sie besser vorbereiten sollen. Roberts berufliche Anspannung hat etwas nachgelassen, so daß er bald öfter mit ihr zusammensein kann. Ich wünschte, das könnte ich auch.

Fünf Jahre: Gute Schule, aber Sarah scheint nicht allzu begeistert zu sein. Lehrer meint, sie sei intelligent, gebe sich aber keine

Mühe. Beunruhigt. Robert und ich werden ihr sehr viel Liebe und Hilfe täglich zukommen lassen. Sie braucht uns jetzt sehr.

Sechs Jahre: Sarah in der Schule jetzt ohne Schwierigkeiten; bin froh, daß ich Tagebuch geführt habe.

Beschreiben Sie von Zeit zu Zeit einen typischen Tag im Leben Ihres Kindes. Erscheint es Ihnen ausgeglichen? Muß es sich die ganze Zeit mit Dingen abgeben, die nur Sie interessieren, ohne richtige Alternativen? Vielleicht können Sie etwas mehr Spielraum gewähren. Geben Sie genug Lob und Aufmunterung, um den Mut Ihres Kindes zu stärken, sich an Neues zu wagen? Finden Sie heraus, was Kinder in diesem Alter im allgemeinen machen; vielleicht entdecken Sie, daß Ihre Erwartungen zu hoch sind, und diese Erkenntnis könnte eine drohende Konfrontation zwischen Ihren Erwartungen und der Leistung Ihres Kindes verhindern. Das Tagebuch ist Ihr ganz persönliches Lesebuch über die Gesamtentwicklung Ihres Kindes. Versuchen Sie gleichzeitig, ein Gefühl für seine Wesensart zu entwickeln und Ausschau nach irgendeiner besonderen Begabung zu halten.

Wenn Sie glauben, daß Ihr Kind intelligent ist

Es ist nicht immer ein reines Vergnügen, wenn man feststellt, Mutter oder Vater eines intelligenten Kindes zu sein. In Zeitungen und Gesprächen tauchen von Zeit zu Zeit immer wieder einmal beunruhigende Gedanken über intelligente Kinder auf. Ich habe im folgenden die Antworten auf einige Fragen zusammengestellt, die mir oft von Eltern intelligenter Kinder gestellt werden.

Brauchen sie besondere Aufmerksamkeit?

Im allgemeinen lernen intelligente Kinder schneller und leisten mehr als das Durchschnittskind, so daß man annehmen könnte, sie kämen ohne besondere Aufmerksamkeit aus. Aber ob das wirklich so ist, hängt zum Teil davon ab, wie Sie die Erziehung sehen. Wenn Sie der Meinung sind, daß jedes Kind die gleiche Erziehung haben sollte, kann man die intelligenten Kinder außer acht lassen, weil sie wahrscheinlich gut über die Runden kommen, und die meiste Aufmerksamkeit sollte denen zukommen, die Hilfe brauchen, um Schritt zu halten. Wenn Sie jedoch der Meinung sind, daß jedes Kind nach seinen Fähigkeiten erzogen werden sollte, dann bräuchten auch intelligente Kinder einen gerechten Anteil an Aufmerksamkeit, damit dem Genüge getan ist. (Die erzieherischen Bedürfnisse intelligenter Kinder werden eingehender in Kapitel 8 erläutert.)

Ich glaube, daß alle Kinder, auch die intelligenten, ein Recht haben, ihre Erziehung interessant und reizvoll zu finden. Sie sollten nicht durch Lernbeschränkungen eingeengt werden, die beispielsweise vorsehen, sich ständig an ein Durchschnittstempo zu halten, und brauchen daher einige besondere Gelegenheiten, die ihrer besonderen Lernfähigkeit angemessen sind. Wenn ein intelligentes Kind einen Großteil seiner Energie bei einer unnötigen Tätigkeit vergeudet, etwa simple mathematische Aufgaben paukt, obwohl es sie bei seinen Fähigkeiten überspringen könnte, kann ihm die Mathematik durch derartige Plackerei in den entscheidenden formenden Jahren verleidet werden.

Bevor der Schulbesuch für alle Kinder zur Pflicht wurde, wurden einige intelligente Kinder von Hauslehrern oder in kleinen Gruppen erzogen, was heute normalerweise nicht mehr vorkommt. So hatte zum Beispiel Wolfgang Amadeus Mozart schon in sehr jungen Jahren eigene Hauslehrer und auch die Unterstützung seines Vaters. Im hektischen Getriebe einer großen Schule hätte er wohl kaum die Zeit gefunden, die er zur Entfaltung seiner musikalischen Begabung brauchte. Aber trotzdem weiß man nie so ganz genau; Benjamin Britten mußte auf Geheiß seiner Tante aufhören zu komponieren, wenn es Zeit war, ins Bett zu gehen. »Wenn es zu irgendwas nütze ist«, pflegte sie zu sagen, »kann es auch bis morgen warten.«

Sollen wir die Schule informieren?

Die Eltern sind diejenigen, die am ehesten entdecken, ob ihr Kind intelligent ist, denn schließlich kennen sie es länger als irgend jemand sonst. Manchmal bemerken Eltern die Aufgewecktheit ihres Kindes, wenn sie ihm beim Spielen zusehen und feststellen, daß es weiter ist als andere Kinder, vielleicht nachdrücklicher Fragen stellt oder schneller dahinterkommt, wie etwas zu machen ist. Aber es gibt auch Fälle, wo Eltern es regelrecht spüren, eine Art Vorahnung haben, und dem sollte man nachgehen, um Sicherheit zu bekommen.

Eltern haben oft Angst, als besonders »leistungsbeflissen« dazustehen, wenn sie dem Lehrer sagen, wie sie über die Fähigkeiten ihres Kindes denken, doch sie haben eine Verantwortung ihrem Kind gegenüber, den Lehrer aufzuklären. Wenn Lehrer und Eltern nicht am gleichen Strang ziehen, ist das Kind der Verlierer. Die Chancen, daß die Schule sich größte Mühe zur Zusammenarbeit mit den Eltern gibt, stehen gut, wenn sie den echten Willen erkennen lassen, mit den Lehrern Hand in Hand zu arbeiten und nicht nur aufzutreten und besondere Aufmerksamkeit für ihr Kind zu fordern. Es ist für sie selbst und die Schule hilfreich, wenn die Eltern die Beweise für die Intelligenz ihres Kindes aufzeichnen, bevor sie mit ihrem Anliegen an die Schule herantreten. Halten Sie fest, wenn Ihr Kind vor der Einschulung lesen kann, sehr früh gesprochen hat, ungewöhnliche Ausdrücke oder Gedanken hatte, musikalisch besonders begabt ist und anderes mehr.

Wie werden sie mit dem Leben fertig?

Wenn intelligente Kinder älter werden, nehmen auch die Interessen zu, so daß sie nicht nur in Schulfächern besser sein können als andere Kinder, sondern sich auch außerhalb der Schule für sehr viel mehr Dinge interessieren. Oft gilt zum Beispiel ihre besondere Liebe der Musik, und sie opfern bereitwillig ihre Freizeit für Orchester- oder Chorproben. Viele intelligente Kinder sind anscheinend in allem gut, von der Mathematik bis zur Kunst, vom Sport bis zur Philosophie. Auch wenn es für die Eltern schwer wird, Schritt zu halten mit den außergewöhnlichen Leistungen auf so vielen Gebieten, ist es für sie auch sehr aufregend.

Unter Umständen machen sich Eltern Sorgen darüber, daß ein intelligentes Kind zuviel in Angriff nimmt, den Bogen überspannt und sich dadurch verausgabt. Aber wenn ein Kind sich aus freien Stücken heraus mit etwas befaßt und nicht von den Erwachsenen dazu gedrängt wird, besteht kaum Anlaß zu solchen Befürchtungen. Was einem Erwachsenen vielleicht wie Arbeit erscheint, kann für ein Kind Spaß sein. Es gibt jedoch intelligente Kinder, die sich jeweils immer nur eine Sache vornehmen, alles darüber lernen, was ihnen möglich ist, bis sie zufriedengestellt sind und sich dem nächsten Gegenstand zuwenden. Unser ältester Sohn zum Beispiel beschäftigte sich intensiv zuerst mit Puzzles, dann mit Puppenspielen und Dampflokomotiven, bis er bei Orgeln landete, und jetzt studiert er Posaune an einer Musikschule.

Intelligente Kinder können bei Gruppenspielen ziemlich herrisch sein, da sie oft das Gefühl haben, die Regeln besser als die anderen zu verstehen. Das steigert nicht gerade ihre Beliebtheit. Gelegentlich kommt es vor, daß intelligente Kinder zu den Jüngsten der Klasse gehören. Das kann daran liegen, daß sie entweder ein Jahr übersprungen oder ein Jahr früher mit der Schule angefangen haben. Die Lehrer vergessen womöglich, daß das intelligente Kind noch so jung ist, und es kommt den anderen folglich klein für sein Alter vor. Das gilt insbesondere für Jungen in den ersten Klassen der höheren Schule. Machen Sie Ihrem Kind und sich klar, daß, wenn es überdurchschnittlich klein ist, das darauf zurückzuführen ist, daß es ein ganzes Jahr jünger als die anderen ist. Aber das kann ein Kind trotzdem hart ankommen, und das eine Jahr Zeitgewinn wiegt das nicht immer auf.

Bleiben intelligente Kinder intelligent?

Bei Kindern, die für ihr Alter geistig sehr weit sind, taucht häufig die Frage auf, ob sie nicht frühzeitig verbraucht sind. Dem einen oder anderen erscheint es als ausgesprochen gesundheitsschädlich, schon als kleines Kind Intelligenz zu zeigen. Schon Shakespeare schrieb in seinem *Richard III.:* »Klug allzubald, sagt man, wird nimmer alt.« Aber heute denkt man nicht mehr so. Auf jeden, der vor seiner Zeit gestorben ist, Chopin, Shelley oder Charlotte Brontë etwa, kommen viele Menuhins, Ted Hughes oder Somerset Maughams, die ein gesegnetes Alter erreichten. Die frühreifen Kinder, die früh starben, lebten in einer Zeit, als die Medizin noch nicht so weit war wie heute, und auch ihre weniger intelligenten Zeitgenossen waren vom gleichen Schicksal eines frühen Todes bedroht.

Alles in allem erweisen sich intelligente Kinder als recht kluge Erwachsene. Bei denen jedoch, die am Ende lediglich beim Durchschnitt landen, ist es wahrscheinlich so, daß sie geistig ungewöhnlich weit zu der Zeit waren, als man sich um sie kümmerte, und daß sie mit zunehmendem Alter ihren Normalzustand erreichten. Es ist ein bißchen so wie mit der Körpergröße; ein Mädchen überragt ihre gleichaltrigen Freundinnen vielleicht um einen ganzen Kopf oder mehr, bis sie in die Adoleszenz kommt, wo sie aufhört zu wachsen. Da die anderen aber weiterwachsen, schließen sie bald zu ihr auf und überflügeln sie vielleicht sogar. Eltern können in keinem Fall beurteilen, ob ihr Kind anderen immer voraus sein wird, ob es die Körpergröße oder die geistigen Fähigkeiten betrifft. Sie können nichts weiter tun, als sie zu gegebener Zeit so angemessen auszustatten wie möglich, was die Kleidung wie auch die Erziehung angeht.

Welche Kinder sind begabt?

Es sind die intelligentesten der intelligenten, vielleicht zwei Prozent aller Kinder. Ihre Fähigkeiten lassen sie ganz deutlich herausragen. Das soll nicht heißen, daß Begabung immer ins Auge sticht. Egal, wie befähigt ein Kind ist, jedes Kind kann sich unerwartet Problemen gegenübersehen, die ihm verwehren, sein Bestes zu geben. Es kann sein, daß begabten Kindern die Gelegenheiten zum Lernen fehlen, wenn es an der erforderlichen Ausrüstung oder dem Unterricht mangelt, etwa einer Geige und einem Geigenlehrer. Sie können emotionale Probleme haben wie jedes andere Kind auch, wenn beispielsweise zu Hause Spannungen herrschen, und das kann sich negativ auf den Lernprozeß auswirken.

Eltern wissen im allgemeinen recht gut, wie klug ihre Kinder sind, wie ich bei meinen Untersuchungen im Norden Englands feststellen konnte (in meinem Buch *Gifted Children* gehe ich im Detail darauf ein)[3]. Aber sie zögern, das Wort *begabt* zu gebrauchen; es klingt vielleicht ein bißchen nach Prahlerei. Dabei ist es lediglich eine Beschreibung, die außergewöhnliche Fähigkeiten entweder generell oder auf einem bestimmten Gebiet bezeichnet. Einige Kinder sind in fast allen Bereichen bemerkenswert gut, andere haben vielleicht eine besondere Veranlagung für spezielle Gebiete, etwa die Malerei oder Turnen. Wo die Begabung auch liegt, die Kinder brauchen viel Hilfe, um sie zu entwickeln. Die meisten begabten Kinder können ohne Unterstützung nicht alles aus sich herausholen, nicht all ihre Möglichkeiten nutzen. Sie brauchen die Unterweisung durch einen Fachmann und bestimmte lerntechnische Voraussetzungen, damit sie ihr gesamtes Reservoir ausschöpfen können.

Gleichgültig, welche besonderen Fähigkeiten begabte Kinder haben oder wie weit ihre Gedanken reichen, wenn sie sich glücklich und gesund fühlen, sind sie wie andere Kinder auch. Man könnte sie nicht sofort erkennen in einer Menschenmenge, denn sie sehen nicht im geringsten anders aus als andere Kinder.

Kapitel 2
Ihr Baby, das bemerkenswerte Wesen

Erst in jüngster Zeit, seit etwa zwanzig Jahren, interessieren Psychologen sich ernsthaft für Neugeborene und stellen eingehende wissenschaftliche Untersuchungen über sie an. Jahrhundertelang hatte man geglaubt, ein Kind sei bei der Geburt eine *Tabula rasa*, um die Worte des Philosophen John Locke zu gebrauchen – eine leere Tafel, auf die die Eltern nur das »Richtige« zu schreiben hatten, um ein perfektes Kind zu bekommen. Der französische Philosoph Jean-Jacques Rousseau dagegen war der Ansicht, das Kind komme klug auf die Welt – ein »prächtiges Tier« – und werde, wenn es sich natürlich entfalten könne, ein ehrbarer und gescheiter Erwachsener. Aus der Sicht eines Neugeborenen sei die Welt nach den Worten des Psychologen William James aus dem 19. Jahrhundert nur »ein strahlendes, summendes Durcheinander«. Demzufolge wurde den Eltern geraten, Störungen in Form hellen Lichts oder stark gewürzten Essens von den Babys fernzuhalten, denn das würde das Durcheinander nur verschlimmern. Seien Sie wachsam, denn diese Ansicht, daß das Baby zu keiner Zeit irgendwelchen Reizen ausgesetzt werden dürfe, existiert zum Teil immer noch – und beschert uns gelangweilte Babys.

Später in diesem Jahrhundert wurde der Alltag der Babys derart streng reglementiert, daß selbst den Neugeborenen beigebracht wurde, sich zu »benehmen« – auf Befehl hungrig zu sein (alle vier Stunden) und zu den angemessenen Zeiten zu schreien (unmittelbar vor dem Gefüttertwerden). Von dieser Einstellung hat sich viel gehalten, bis Dr. Benjamin Spock in den fünfziger Jahren unseres Jahrhunderts die Ketten sprengte.

Dank geduldiger Untersuchungen haben die Psychologen inzwischen genügend Beweismaterial zusammengetragen, das eindeutig belegt, daß Säuglinge weder unbeschriebene Blätter noch fertige Rekruten sind. Sie kommen vielmehr wohlversorgt mit einer ganzen Reihe persönlicher Merkmale auf die Welt und haben, was das Erstaunlichste ist, einen Willen, um Dinge zu erkunden. Welche Fortschritte sie allerdings bei ihren frühen Entdeckungen machen, hängt weitgehend vom Verhalten, dem Verständnis und dem Wissen derjenigen ab, die sich um sie kümmern. Letztere Person ist im allgemeinen (aber nicht immer) die Mutter, so daß ich mich im folgenden auf sie als diejenige beziehe, die sich als erste des Babys annimmt.

Wo Intelligenz beginnt

Das Entstehen eines intelligenten Kindes beginnt im Grunde schon vor der Empfängnis. Zwar können die zukünftigen Eltern nicht viel an ihren Vorfahren und den Eigenschaften, die sie selbst vererben, ändern, aber sie können insoweit etwas bewirken, als sie der nächsten Generation zu einem guten Start daheim verhelfen.

Das vielleicht wichtigste Einzelereignis im Leben eines Kindes ist die Entscheidung der Eltern, ein Kind haben zu wollen. Ein echtes Wunschkind hat den Vorteil, beim Start in das Leben die positive Einstellung beider Elternteile zum Aufziehen von Kindern vorzufinden. Diese Babys sind leichter großzuziehen und bekommen weniger Koliken als unerwünschte Kinder. Wenn die Empfängnis jedoch eine »Panne« war, bestehen diese positiven Empfindungen in vielen Fällen nicht. Vor noch gar nicht langer Zeit – bevor die Pille und andere verläßliche Formen der Empfängnisverhütung breiten Kreisen zugänglich waren – drohte immer die Gefahr, daß die Liebe Folgen hatte und sich ein neuer Erdenbürger für wenigstens ein halbes Jahrhundert meldete. Heute besteht für die meisten von uns die gute Aussicht, daß die zukünftigen Generationen erwünscht sind und auf vorbereitete Eltern treffen.

Der Gesundheitszustand und die Gewohnheiten einer Frau können unerwünschte Nebenwirkungen auf das ungeborene Kind haben. So hat man zum Beispiel festgestellt, daß Zigarettenrauch das Gewicht des Neugeborenen verringert, gleichgültig, ob die Mutter selbst raucht oder sich häufig in einer verrauchten Umgebung aufhält. Das kann wiederum die Widerstandsfähigkeit des Kindes schwächen und bedeuten, daß es nicht so gut gedeiht. Man hat festgestellt, daß Kinder, deren Mutter während der Schwangerschaft stark geraucht hat (20 bis 30 Zigaretten pro Tag), in der Schule mehr Schwierigkeiten haben und stärker zu übermäßiger Betätigung neigen. Auch Alkohol wirkt sich, wie man nachgewiesen hat, selbst in kleinen Mengen (ein gut eingeschenktes Schnapsglas pro Tag) auf das Wohlbefinden des Neugeborenen aus. Frauen, die während der Schwangerschaft stark getrunken hatten, haben Kinder geboren, deren Bewegungen nicht so gut koordiniert, die träge und kaum aus sich herauszulocken waren. Was daraus folgt, ist einfach, und die

Beweise liegen auch vor: Meiden Sie die Giftstoffe Nikotin und Alkohol wenigstens während der Schwangerschaft.

Gehaltvolle Nahrung und Bewegung sind für die werdende Mutter und ihr Kind das beste. Aber nur wenn die Ernährung ausgesprochen karg ist, wie es in Zeiten echter Nahrungsmittelknappheit oder Armut vorkommt, besteht die Gefahr, daß die mangelhafte Ernährung der Mutter die Fähigkeiten des Kindes auf Dauer schädigt. Ältere Frauen (über 35) gehen ein erhöhtes Risiko ein, ein zurückgebliebenes Kind zu bekommen, obwohl das Risiko abnimmt, wenn der Vater jünger ist. Es gibt eine gute Schwangerenvorsorge, die praktisch jeder Frau zugänglich ist, und die Gefahren verringern sich drastisch, wenn sie in Anspruch genommen wird.

Ein für die Eltern weit schwierigeres Problem ist, sicherzustellen, daß das Baby ebenso gut auf die Welt kommt, wie es im Mutterleib umsorgt wurde. Auch wenn es nicht so sein sollte, schwankt doch die ärztliche Versorgung der Wöchnerinnen von Region zu Region, und einige Gegenden des Landes sind technisch besser ausgestattet als andere. Man kann sich über die unterschiedlichen Leistungen informieren und dann die entsprechenden Vorkehrungen treffen, so daß man sein Kind in der Gegend oder dem Krankenhaus bekommt, das in einem guten Ruf steht. Schlimmstenfalls kann das den Unterschied zwischen Leben und Tod bedeuten, ansonsten hat man einfach die Beruhigung, alle Möglichkeiten zur Hand zu haben, um schnell eingreifen zu können und selbst der geringsten Schädigung bei der Geburt vorzubeugen.

Die bestmögliche Geburt

Manchmal erklären Erwachsene nach einer tiefenpsychologischen Sitzung oder in Hypnose, sie erinnerten sich daran, wie es war, bevor sie geboren wurden. Die meisten berichten über das Gefühl der Geborgenheit im Mutterleib und schildern, wie entsetzlich es war, als sie sich abmühten und ausgestoßen wurden. Man muß diese Geschichten mit Vorsicht beurteilen, denn auch wenn sie vielleicht wahr sind, können sie doch genausogut der Einbildung oder undeutlichen Erinnerungen der Erwachsenen an das entspringen, was diese über das Geborenwerden wissen. Einige dieser Geschichten hört man allerdings rund um die Welt und in den gegensätzlichsten Kulturen, so daß selbst die größten Skeptiker im allgemeinen zugestehen, daß Erinnerungen an die Zeit vor der Geburt existieren könnten und folglich auch ein vorgeburtliches Bewußtsein.

Biologisch ist es tatsächlich denkbar, einen Schimmer von Bewußtsein aus dem letzten Stadium im Mutterleib zu haben, aber nicht weiter zurück. Man hat beobachtet, daß Babys kurz vor der Geburt einfache, reaktive Bewegungen machen, die sie auf komplexere Art auch nach der Geburt ausführen – so erste Ansätze des Greifens oder das Wenden des Gesichts nach einer Berührung. Es ist möglich, daß das Kind im Mutterleib lernt, sich an Umstände wie sehr helles Licht oder Lärm zu gewöhnen, aber bisher hat man diese Fähigkeiten erst bei Neugeborenen getestet.

Aufgrund solcher Überlegungen galt in letzter Zeit die besondere Sorge dem Bemühen, die Säuglinge bei der Geburt mit äußerster Behutsamkeit zu behandeln. So sieht zum Beispiel die Geburtsmethode von Leboyer vor, daß das Kind in größter Ruhe und bei dämmrigem Licht geboren und dann mit noch nicht durchtrennter Nabelschnur der Mutter auf den erschlafften Bauch gelegt wird, die es liebevoll streichelt, damit es sich an sie gewöhnt. Dahinter steht der Gedanke, den Eintritt in unsere rauhe Welt für das von der Geburt traumatisierte Kind so schonend wie möglich zu gestalten. Wir wissen jedoch nicht, ob diese Geburtsmethode sich in irgendeiner Form auf die emotionale oder geistige Entwicklung des Kindes auswirkt – die bisher vorliegenden Forschungsergebnisse lassen keinen einheitlichen Schluß zu.

Diese Methode setzt beim Baby ein hohes Bewußtsein dessen voraus, was um es herum geschieht. Doch die Natur hat Wege, das Bewußtsein in Situationen zu unterbinden, die für den Betreffenden nicht mehr zu ertragen wären. So fallen beispielsweise Neugeborene bei einer Reizüberflutung von außen einfach in Schlaf, und die meisten Babys leiden bei der Geburt unter Sauerstoffmangel, was wiederum ihrem herabgesetzten Bewußtsein zugute kommt. Darüber hinaus sind beim Neugeborenen die Gehirnrhythmen noch nicht entwickelt, die nötig wären, damit es das Geschehen richtig aufnehmen könnte. Sie entwickeln sich allmählich mit der Gehirnzunahme, und ihr Fehlen sorgt für einen eingebauten Schutz gegen mehr geistige Reize, als das Kind ertragen kann. Aber eine ruhige, angenehme Geburtsatmosphäre ist für die Mutter zumindest ein wohltuendes Erlebnis, das es ihr vielleicht leichter macht, sich schneller an ihr neues Kind zu gewöhnen.

Die Zeit unmittelbar nach der Geburt ist für die Mütter ohne Frage sehr wichtig, da sie darüber entscheidet, ob sie eine positive Empfindung für das Baby entwickeln. In vielen Krankenhäusern werden

Mütter und Neugeborene noch immer getrennt und sind nur beim Füttern und Wickeln zusammen. Mütter, die auf diese Weise von ihren Kindern getrennt werden, haben manchmal den Eindruck, beim Umgang mit ihrem Baby und beim Bemuttern nicht so sicher zu sein wie die Mütter, die ihr Kind von Anfang an immer bei sich hatten. Einige Wissenschaftler, die sich mit der Beziehung zwischen Mutter und Neugeborenem befassen, glauben, daß die Mütter zur Zeit der Geburt eine »Bereitschaft«, eine Art mütterliche Empfänglichkeit, entwickeln, die eine Bindung zwischen Mutter und Kind fördert.[1] Aber diese Bereitschaft braucht unmittelbaren, engen, körperlichen Kontakt, um richtig wirken zu können. Es ist für die Mutter und das Kind sehr wichtig, vom Zeitpunkt der Entbindung an zusammenzusein, wobei den ersten drei Tagen offenbar eine besondere Bedeutung zukommt. Auch die Väter scheinen bei der Geburt eines Kindes sehr empfänglich zu sein. Diejenigen, die bei der Geburt dabei sind, haben ein innigeres Verhältnis zu ihrem Kind und sind ihm stärker zugetan. Das gleiche gilt für die Väter, die zwar nicht bei der Geburt dabei sind, ihr Kind aber unmittelbar danach sehen.

Eltern, die ihr erstes Kind bekommen, sollten sich erkundigen, ob Mutter und Kind zusammenbleiben können. Im Krankenhaus wird man dem vielleicht entgegenhalten, die Babys würden die anderen jungen Mütter auf der Station stören, doch sind alle Mütter in der gleichen Lage, und es ist psychologisch besser für sie, wenn sie mehr mit ihren Kindern zusammen sind. Es wird auch vorgebracht, die Babys würden deshalb von den Müttern getrennt, damit die Ansteckungsgefahr eingeschränkt wird, aber das ist oft nur Ängstlichkeit seitens der Verwaltung. Wenn das Krankenhaus nicht bereit ist einzulenken, dann ist es für die Mutter wohl am besten, sich anderweitig umzusehen.

Gelegentlich können schmerzstillende Medikamente, die der Mutter während der Wehen gegeben werden, Schläfrigkeit bei der Mutter und dem Neugeborenen hervorrufen und ihre Reaktionsfähigkeit nach der Geburt herabsetzen. Es ist denkbar, daß diese sehr frühe Beeinträchtigung der Sensibilität längerfristige Auswirkungen auf die sich entwickelnde Beziehung zwischen Mutter und Neugeborenem hat. Aufzeichnungen vom Verhalten zwischen Mutter und Kind im ersten Lebensjahr[2] haben gezeigt, daß Mütter, die bei der Geburt unter Medikamenteneinfluß standen, schwerer zu kämpfen haben, um eine gute Beziehung zu ihrem Kind aufzubauen, als andere Mütter. Es ist keine Frage, daß hin und wieder Medikamente eingesetzt werden müssen, aber sie haben Nebenwirkungen, und Sie sollten daher sicherheitshalber auf sie verzichten, wenn das geht. Medikamente werden regional unterschiedlich stark angeboten, aber die Mütter können die Einnahme ablehnen, wenn sie das wollen.

Wie viele andere Beziehungen wird auch die der Eltern zu ihrem Kind ohne Zweifel beeinflußt durch den ersten Eindruck, den die Eltern von ihrem Kind bekommen. Die meisten Eltern sind ganz versessen darauf, daß ihr Baby sie nach der Geburt »ansieht«, und wenn es das nicht tut, versuchen sie, es durch Streicheln dazu zu bewegen. Das gehört zum Sichkennenlernen dazu. Die meisten Leute meinen, eine Mutter liebt ihr Kind, sobald sie es sieht, doch das ist nicht immer so. Liebe und Zustimmung sind nicht auf Kommando abrufbar, und das Erscheinungsbild des Babys und sein Verhalten können mitverantwortlich dafür sein. Ganz sicher fällt es einem bei einigen Babys leichter, sie zu mögen – das winzige Ebenbild eines Verwandten zu bemuttern, den man nicht ausstehen kann, ist bestimmt nicht immer ganz einfach.

Es ist völlig natürlich, daß Eltern vor der Geburt Erwartungen und Ängste bezüglich des noch nicht geborenen Kindes haben – und auch hinsichtlich der eigenen Person. Vielleicht sind sie enttäuscht oder sogar wütend, wenn das Baby ankommt, aber man kann diesen Gefühlen nicht immer freien Lauf lassen, weder vor sich selbst noch vor anderen, auch wenn das einem ermöglicht, leichter mit ihnen fertig zu werden. Babys spüren Spannungen bei den Eltern und reagieren darauf mit Weinen. So kann sich von Anfang an unbewußt eine ganz bestimmte Art der Spannung in der Familie aufbauen. Schon wenn Mutter und Kind das Krankenhaus verlassen, kann die Beziehung zwischen ihnen zum Teil Gestalt angenommen haben. Es ist also von größter Bedeutung, was dort passiert.

In fast allen Fällen gibt sich der anfängliche Mangel an Zuneigung zu seinem Kind früher oder später wieder. Behandeln Sie das Baby so liebevoll wie möglich, sprechen Sie mit ihm, widmen Sie ihm Ihre ganze Aufmerksamkeit, dann können Sie ganz sicher damit rechnen, daß sich allmählich ein echtes Gefühl der Zuneigung einstellt, und Hand in Hand mit ihm wachsen Verständnis und Empfänglichkeit, die die Grundlage auch des Wohlbefindens des Kindes sind.

Was kann ich tun – vor und bei der Geburt?

1. Versuchen Sie, während der Schwangerschaft ruhig zu bleiben.

2. Meiden Sie Schadstoffe wie Nikotin und Alkohol.
3. Passen Sie gut auf sich auf, und gehen Sie regelmäßig zum Arzt.
4. Verzichten Sie, wenn möglich, während der Entbindung auf Medikamente.
5. Bitten Sie darum, daß während der Geburt eine friedvolle Atmosphäre herrscht.
6. Bemühen Sie sich vom Tag der Geburt an um einen engen Kontakt zu Ihrem Kind, damit Sie miteinander vertraut werden.
7. Wenn Sie nicht von Anfang an Liebe für Ihr Kind empfinden, bemühen Sie sich mit möglichst viel Geduld darum. Erklären Sie in der Klinik, wie Ihre Gefühlslage ist.
8. Sprechen Sie offen mit Ihrem Partner über Ihre Gefühle füreinander und für das Baby. Das Baby muß um der eigenen emotionalen Sicherheit willen genau wissen, wo die Eltern stehen.

Ein Willkommen für den Neuankömmling

Am wichtigsten für die geistige Entwicklung eines Babys ist sein soziales Leben. Selbstverständlich spielt das körperliche Wohlbefinden eine große Rolle, aber der gesamte Umgang mit dem Kind, das tägliche Pudern und Füttern, hat beachtliche mittelbare Auswirkungen auf die Beziehung der Eltern zu ihrem Kind – und die Eltern können das nutzen und ihrem Baby helfen, sich zu einem intelligenten Kind zu entwickeln. Die Mutter ist der erste Mittler für das Neugeborene, das Bindeglied zur äußeren Welt. Ihre Aufgabe ist es, dem Baby dabei zu helfen, seinen Platz in der Gemeinschaft zu finden, und sie beginnt damit in dem Augenblick, wo es auf die Welt kommt. Das geistige Leben setzt mit der Geburt ein, und weder die Mutter noch das Kind können unberührt davon bleiben, wie es sich entfaltet.

Auch wenn niemand im Kopf eines Babys lesen kann, können wir doch beobachten, wie es sich anderen gegenüber verhält, und können dann Rückschlüsse darauf ziehen, wie es sich geistig entwickelt. Im folgenden einige der geistigen Fähigkeiten, über die ein Neugeborenes verfügt:

Sehen. Das Baby kann mit beiden Augen auf einen Punkt blicken, der etwa zwanzig Zentimeter entfernt ist, einem sich bewegenden Gegenstand mit den Augen folgen und nach spätestens zwei Wochen Farben unterscheiden.

Hören. Ein Neugeborenes kann Unterschiede in der Lautstärke und Tonhöhe erkennen und auch ähnlich klingende Laute wie zum Beispiel »pah« und »bah« auseinanderhalten. Es läßt sich durch rhythmische Laute besänftigen.

Riechen. Der Geruchssinn ist bei Neugeborenen gut entwickelt. Sie haben ausgesprochene Vorlieben (Milch) und Abneigungen (Ammoniak und Lakritze).

Schmecken. Ein Baby zieht Süßes dem Salzigen vor und kann zwischen sauer und bitter unterscheiden.

Tasten. Neugeborene sind am ganzen Körper empfänglich für Berührungen. Mädchen möglicherweise stärker als Jungen.

Neugeborene können zwar nicht sprechen, sind aber in Sachen Kommunikation ganz groß. Vom ersten Augenblick an sind Mutter und Baby für die Botschaften des anderen empfänglich und »unterhalten« sich. Am Anfang sind die Signale nur schwer zu erkennen, was wahrscheinlich daran liegt, daß sie in den Büchern über die Entwicklung des Kindes bisher nicht beachtet worden sind. Den Müttern waren sie stets gegenwärtig, aber vielleicht ist niemand darauf gekommen, sie einmal danach zu fragen. Manchmal probiert das Baby etwas aus, und die Mutter muß sich anpassen, ein andermal ist es umgekehrt. Die »Unterhaltungen« erfolgen oft in Zyklen. Das Baby sieht beispielsweise die Mutter an. Sie reagiert dadurch, daß sie den Blick erwidert, das Kind berührt und mit ihm spricht. Das Baby sieht sie an und lächelt zurück . . . dann wendet es sich irgendwann ab . . . die Mutter versucht, sein Interesse wachzuhalten . . . es schließt die Augen. Damit endet der Zyklus. Beide können ihn wieder aufnehmen, und er kann viele Male ohne Unterbrechung wiederholt werden.

Dieser Austausch, der in den ersten zwei, drei Lebensmonaten stattfindet, deutet an, welche Art von Beziehung Mutter und Baby für den Rest ihres Lebens pflegen werden. Da jeder durch Botschaften des anderen berührt wird und auf sie reagiert, überwachen sich beide bis zu einem gewissen Grad gegenseitig. Mütter, die erkennen und akzeptieren, daß das Baby von Anfang an eine aktive Rolle zu spielen hat, werden es als vollwertige Partner behandeln und ihm so zum bestmöglichen Start ins Leben verhelfen. Dieser neue Partner hat seine eigenen Bedürfnisse, Wünsche und Absichten, welche die Mutter kennenlernt und für ihn in Worte kleiden kann: »Du möchtest wohl etwas schmusen, oder?« Oder: »Jetzt plappert er so lieb und ist reif fürs Bettchen.«

Diese »Unterhaltungen« sind allerdings nicht ganz ausgewogen; die Mutter hat die Zügel in der Hand, regt an und verlangt bestimmte Verhaltensweisen vom Kind. Sie gibt zustimmende Laute von sich, läßt erkennen, wann sie zufrieden ist, und versucht, von Handlungsweisen abzulenken, die sie für unannehmbar hält. Eine Mutter mit Gespür weiß, wann das Baby sie wahrnimmt. Sie beeinflußt nicht nur das Verhalten ihres Kindes, sondern seine ganze Lernweise. Weil die Mutter ihr Baby heranwachsen sieht, verhält es sich mit der Zeit so, daß es ihre Zustimmung findet.

Die Empfindungen eines Vaters für das Baby sind zwar nicht so stark körperlich geprägt – er ist nicht schwanger geworden und hat das Kind auch nicht geboren –, dennoch fühlt er sich normalerweise sehr zu seinem Kind hingezogen. Wie die Zeitschrift *Women* vor einiger Zeit bei einer Untersuchung festgestellt hat, verbringen Väter leider im Durchschnitt weniger als eine halbe Stunde täglich allein mit ihren noch nicht ein Jahr alten Kindern. Auch das Spiel und »Gespräch« mit dem Vater fördert die geistige Entfaltung des Babys und ist sehr wichtig für eine ausgeglichene Anschauung.

Der Erfolg der Kommunikation zwischen Mutter und Baby hängt sehr stark von der Einfühlsamkeit und Toleranz beider Seiten ab. Daher ist es auch so schwierig, die spezifischen Auswirkungen einer bestimmten Art mütterlicher Fürsorge zu beurteilen. Die individuelle Art jedes Babys berührt seine Beziehungen und das Verhalten seiner Eltern fast ebenso stark wie letztere ihr Kind. Jedes Baby reagiert auf Einflüsse und Erfahrungen anders, so daß unterschiedliche Stile der Fürsorge auf die einzelnen Kinder jeweils verschieden wirken können. Mit Sicherheit sind nicht die Eltern allein für die psychologische Welt ihres Babys verantwortlich!

Was Sie für die Kleinsten der Kleinen tun können

1. Sie können bei einem Neugeborenen nichts verkehrt machen; seien Sie also unbekümmert, und probieren Sie es. Sie tun dem Kind nur Gutes, wenn Sie es herzen und ihm Ihre Aufmerksamkeit schenken.
2. Übertreiben Sie nichts in diesem frühen Stadium, und geben Sie kein Geld für Spielzeug aus, das das Kind noch nicht interessiert. Zwei oder drei Gegenstände gleichzeitig reichen völlig.
3. Lassen Sie das Baby am Fortschreiten verschiedener Dinge teilhaben, indem Sie es mit sich durch die Wohnung oder das Haus nehmen und stützen, damit es seine Umwelt in aller Ruhe betrachten kann.
4. Hängen Sie von Zeit zu Zeit ein blinkendes Mobile über das

Bettchen des Kindes, das es betrachten kann. Es soll etwa zwanzig Zentimeter vom Gesicht entfernt hängen, damit das Baby sich darauf konzentrieren kann.

5. Malen Sie ein großes Gesicht auf einen Karton, und hängen Sie das Bild so auf, daß das Kind es sehen kann. Babys mögen Gesichter und wenden sich ihnen betrachtend zu, wenn ihnen danach zumute ist.
6. Legen Sie das Baby täglich mindestens eine halbe Stunde und für jeweils fünf bis zehn Minuten nach den Mahlzeiten auf den Bauch, um seine Halsmuskulatur zu stärken. Wenn es seinen Kopf gut bewegen kann, sieht es mehr.
7. Sie sollten das Baby so oft wie möglich bei sich haben.

Wie Babys sich ihre Eltern heranziehen

Die tiefe Zuneigung zwischen einer Mutter und ihrem Kind beginnt mit der Geburt, wenngleich sie bis zur vollen Entfaltung oft Monate braucht. Das Baby übernimmt beim Entstehen dieser Zuneigung eine sehr aktive Rolle; es ist also keineswegs ein einseitiger Vorgang. Der Anteil des Babys am Zustandekommen dieser Bindung erfolgt in der Form, daß es weint, lächelt, Laute von sich gibt, kurz alles tut, was die Mutter in der Nähe hält. Es fordert mehr Aufmerksamkeit, wenn es Hunger oder Schmerzen hat, müde oder krank ist. Doch gehen Babys diese Sache unterschiedlich an.

Das positive Feedback einiger Babys ist nicht sehr gut; sie geben ihren Müttern keine große Sicherheit. Das Baby zeigt beispielsweise keine Freude, wenn es die Mutter sieht, gibt seine Gefühle jedoch zu erkennen und schreit, sobald es die Mutter aus den Augen verliert. Einige Kleinkinder machen genau das Gegenteil. Eine Mutter sollte auf die verschiedenen Arten achten, die ihr Baby gebraucht, um ihre Aufmerksamkeit zu fesseln, und es durch eine besonders liebevolle Geste spüren lassen, daß seine Bemühungen auf fruchtbaren Boden gefallen sind. Das steigert das Wohlbefinden des Kindes und seine Sicherheit.

Aber es gibt auch Babys, die offenbar überhaupt nicht wissen, was sie wollen, und daher dieses und jenes ausprobieren, um herauszufinden, was ihnen die größte Befriedigung verschafft. Auf die Eltern kann das sehr verunsichernd wirken, die doch ihr Bestes geben, um ihr Kind glücklich zu machen. Haben Sie Geduld, und seien Sie gegenüber den Kommunikationsversuchen Ihres Kindes offen, auch wenn es mehrere Monate dauert. Gemeinsam werden Sie bald eine

Lösung finden, die im großen und ganzen für die ganze Familie annehmbar ist.

Bei uns werden die Babys normalerweise gefüttert, wenn sie danach verlangen, was letztlich bedeutet, daß sie die Initiative ergreifen und sich melden, wenn sie Hunger haben. Hier im Westen reagiert eine stillende Mutter auf das Schreien ihres Kindes vielleicht damit, daß sie ihm ganz kurz die Brust gibt. Aber in Südamerika zum Beispiel, bei den Maya-Indianern, ist die Mutter schon zum Stillen bereit, wenn sich das Kind nur regt. Sie möchte ihr Baby stillen, noch bevor es so hungrig wird, daß es schreit. Sie fühlt mit dem Kind und nimmt seine Wünsche vorweg, anstatt zu warten, daß es sich meldet.

So laden wir schon unmittelbar nach der Geburt eine schwere Last auf diese schwachen Schultern. Bei uns erwartet man von den Babys, daß sie viele Entscheidungen, die ihr Leben betreffen, selbst fällen. Die Erwachsenen reagieren dann darauf in der Art, wie sie die höchst unbeholfenen Anweisungen auslegen. Ein anderes Beispiel dieser Art ist, welche Rolle die Babys spielen, wenn es um die eigene Annehmlichkeit geht. Sie geben zu erkennen, wie sie gerne gehalten werden möchten, indem sie schreien, wenn es nicht richtig ist und sie sich unwohl fühlen. Die Mütter wissen sehr bald, was den Babys behagt, denn diese lernen sehr schnell, und die Kommunikation zwischen Mutter und Kind wird immer besser. Das Maya-Baby dagegen hat keine Wahl; es wird fest in das traditionelle Tragetuch gepackt.

Die Babys bei uns müssen nicht nur selbst nach ihrer Nahrung verlangen, sondern sich auch selbst um ihr Wohlbefinden kümmern und das für sie optimale Schlafverhalten entwickeln, auch wenn einige Kinder das offensichtlich nicht gut können. Die im Beisein von Erwachsenen verbrachte Zeit ist wichtig für ein Baby, schon allein was Essen und Umsorgtsein betrifft, so daß das Kleinkind versuchen muß, wach zu sein, wenn jemand in seiner Nähe ist, und zu schlafen, wenn das nicht der Fall ist. Betrachtet man die Sache aus der Sicht des Neugeborenen, so kann es keineswegs sicher sein, daß immer jemand bei ihm ist, und es lernt bald, daß es nur dann etwas zu essen bekommt oder umsorgt wird, wenn es danach verlangt.

Es überrascht nicht, daß sich für das Baby daraus eine unangenehme Nebenwirkung ergibt, nämlich Angst. Wenn man nicht genau weiß, woher das nächste Essen kommt, und das von klein auf, ist es schließlich nicht verwunderlich, wenn ein Gefühl der Unsicherheit aufkommt.

Dieses Gefühl bemerkt man bei einigen älteren Kindern. Es entsteht durch die unterschiedliche Erziehung, die man Jungen und Mädchen angedeihen läßt. Kleine Mädchen dürfen oft anhänglicher sein als Jungen. So kann es beispielsweise sein, daß man eher nach ihnen sieht, wenn sie weinen, und sie werden öfter geherzt als Jungen, ohne daß sie extra darum bitten müßten. Daraus folgt dann, daß die älteren Jungen etwas bekommen, je schwieriger es ihnen fällt, andere um Hilfe zu bitten; man erwartet von ihnen mehr Selbständigkeit als von Mädchen. Das kann man auch bei erwachsenen Männern beobachten, die eine größere Angst vor Abhängigkeit haben als Frauen.

Oft fördern Eltern unbewußt bei Babys beiderlei Geschlechts Anzeichen von Unabhängigkeit von der Geburt an. Kleinere Anzeichen von Selbständigkeit werden im allgemeinen bemerkt und voller Anteilnahme unterstützt – so, wenn ein Baby die Flasche wegschiebt, weil es satt ist. Eine Mutter, die sich für die Selbständigkeit ihres Babys aussprach, sagte mir einmal: »Wir mußten die Wöchnerinnenabteilung sehr früh verlassen, weil Robert [das Baby] genug hatte und nach Hause wollte.«

Je mehr Freiheit wir unseren Babys einräumen, damit sie selbst nach dem Rechten sehen können, desto mehr Freundlichkeit und Sicherheit brauchen sie. Liebe und Freundlichkeit sind nicht das gleiche, und Babys brauchen auch Freundlichkeit.

Was Sie tun können, um mit Ihrem Baby »am gleichen Strick zu ziehen«

1. Achten Sie auf jedes Zeichen, das es Ihnen gibt, ein Blick, Weinen oder eine Bewegung mit der Hand, und reagieren Sie sofort mit einer extra Liebkosung darauf, um zu zeigen, daß Sie das Zeichen verstanden haben.
2. Versuchen Sie, sich auf Ihr Baby einzustellen. Wenn Sie wissen, was in seinem Köpfchen vorgeht, können Sie vorausdenken und seine Wünsche vorwegnehmen. So kann es beruhigt sein in dem Vertrauen, umsorgt zu sein.
3. Achten Sie darauf, daß Ihr Kind viel Körperkontakt mit Ihnen hat. Sorgen Sie vor allem dafür, daß ein Junge ebensoviel Kontakt bekommt, wie ein Mädchen bekommen würde.
4. Seien Sie freundlich und liebevoll zu Ihrem Baby.

Wissen Sie, ob ein Neugeborenes intelligent ist?
Intelligente Babys sind, wenn sie geboren werden, wahrscheinlich aufgeweckter als andere Babys. Einige können allein den Kopf für ein, zwei Sekunden heben und scheinen sich umzusehen und alles mit großem Interesse aufzunehmen. Gelegentlich wird der Arzt oder die Schwester den Eltern sagen, wenn das Neugeborene aufgeweckter als gewöhnlich erscheint – aber vielleicht sagen sie das allen Eltern.

Sehr empfängliche und aufnahmefähige Babys sind oft auch intelligent. Sie können diese Aufnahmefähigkeit spüren, wenn Sie das Kind auf dem Arm haben. Wenn es beispielsweise vor etwas zurückzuweichen scheint, gibt es damit zu erkennen, daß es zwischen dem unterscheiden kann, was es als angenehm und unangenehm empfindet – und das ist der erste Schritt zu geistiger Betätigung. Empfänglichere Babys sind auch kitzliger als andere Kinder.

Je früher Ihr Baby lacht, desto intelligenter ist es wahrscheinlich auch. Es ist zwar kein absolut zuverlässiges Zeichen für Intelligenz, aber doch ein Anhaltspunkt. Kinder, die sehr früh lachen, erweisen sich oft als intelligent.

Kräftige Kinder werden gewöhnlich von Müttern geboren, die während der Schwangerschaft gut ernährt und umsorgt worden sind. Möglich ist, daß schwerere Babys einen psychologischen Vorteil und auch einen besseren körperlichen Start ins Leben haben, weil sie Grund zu mehr Zufriedenheit haben als andere Kleinkinder. Sie können zum Beispiel mehr Nahrung auf einmal zu sich nehmen, brauchen daher nicht so oft gefüttert zu werden und können ihre Energie stärker auf geistige Dinge richten. Außerdem haben vielleicht die Eltern, die sich nicht wie bei kleineren Babys ständig mit Füttern und Saubermachen aufhalten müssen, das Gefühl, daß ein solches Kind doch schon ein soziales Wesen ist, und verhalten sich entsprechend anders ihm gegenüber. So erleben schwerere und hübschere Babys schon von der Geburt an die Welt wahrscheinlich als angenehmer und gefühlsmäßig förderlicher als leichtere Kinder und profitieren ihr ganzes Leben lang in vieler Hinsicht von diesem frühen Glück.

Die verschiedenen Fähigkeiten neugeborener Kinder entfalten sich unterschiedlich schnell, auch wenn ein gewisser Zusammenhang besteht, und es wäre unsinnig, die Entwicklung der einen oder anderen Fähigkeit messen und danach beurteilen zu wollen, wie alles übrige sich daraufhin gestaltet. Einige Fähigkeiten hängen bei einem

Baby von seiner körperlichen Entwicklung ab, andere von der Erfahrung und wieder andere von beidem. Wenn Sie bei Ihrem Kind sehr frühe Anzeichen für Intelligenz bewerten wollen, dann betrachten Sie es stets als eine ganze Persönlichkeit. Grundsätzlich läßt sich sagen, daß intelligente Babys in ihrer gesamten Entwicklung sehr gut abschneiden, und die Wahrscheinlichkeit ist hoch, daß sie diesen Vorsprung bei entsprechender Hilfe ihrer Eltern halten.

Was ein intelligentes Baby braucht

Das Wichtigste, was Eltern ihrem Baby in psychologischer Hinsicht mitgeben können, ist liebevolle körperliche Nähe in unbegrenztem Umfang. Das heißt, man sollte das Kind oft aufrecht halten und sehr viel Augenkontakt mit ihm haben. Das gibt dem Baby den Rückhalt, den es braucht, um ein Gefühl der Sicherheit zu bekommen, das seinerseits die Grundlage für das Erforschen und Lernen bildet und später dann für das Selbstvertrauen. Man kann ein Baby nicht dadurch »verderben«, daß man es zu oft in den Arm nimmt und herzt.

Untersuchungen neugeborener Kinder in Sambia durch den amerikanischen Professor Brazelton[3] haben ergeben, daß die Babys bereits mit fünf Tagen weiter entwickelt waren als amerikanische Babys und daß sich dieser Vorsprung mit zehn Tagen noch vergrößerte. Erst im Alter von etwa zwei Jahren überholten die untersuchten amerikanischen Kleinkinder die afrikanischen bei Tests, in denen es um einfache geistige Betätigungen ging. Brazelton war der Ansicht, diese sehr frühe Entwicklung sei auf die Art zurückzuführen, wie man mit den Babys umgehe. Die sambische Mutter trägt ihr Baby in einer Tuchschlinge mit sich herum, meistens auf dem Rücken. Das Baby wird gefüttert, wenn es schreit, schläft bei seiner Mutter und wird nach westlichen Vorstellungen ziemlich rauh angepackt. Die Mütter in Sambia befördern ihre Kinder zum Beispiel dadurch auf ihren Rücken, daß sie sie am Oberarm packen und sich über die Schulter werfen. Die später einsetzende Verlangsamung dieser Entwicklung läßt sich wahrscheinlich der Ankunft eines weiteren Babys zuschreiben, da dann nämlich das ältere Kind beiseite geschoben wird, nicht mehr die Brust bekommt und sich ernährungsmäßig schlechter steht als bisher.

Der enge körperliche Kontakt zwischen Mutter und Baby erleichtert es ihnen sehr, sich kennenzulernen. Wenn die Mutter das Kind im Arm hält und ansieht, kann sie sehr viel besser sofort auf irgendwelche Signale reagieren. Je schneller sie reagiert, desto wahrscheinlicher ist es, daß das Baby das neu Gelernte behält (sehr früh Gelerntes wird schnell wieder vergessen). Neugeborene können nur schlecht behalten, was geschehen ist, so daß die Mutter auf die gleichen Signale wieder und wieder reagieren muß, und das ist für beide Seiten leichter, wenn sie zur rechten Zeit ganz nahe ist.

Babys haben ein echtes Bedürfnis, in diesem frühen Alter eine Beziehung herzustellen. Mit einer guten Beziehung sind sie schon zufrieden, sie bewältigen aber auch mehrere. Sie brauchen die Gelegenheit, ihre Welt im Rahmen dieser Beziehung zu erkunden, was überwiegend mit Hilfe ihrer »Gespräche« mit einer anderen Person geschieht. Hier werden die Grundlagen des Verstehens und der Sprache gelegt. Die Betätigungen des Babys sind keineswegs nur darauf gerichtet, das Leben angenehmer zu gestalten. Sie sind vielmehr ein positiver Versuch, das Leben lebendiger zu gestalten, die Dinge gewissermaßen in Schwung zu bringen, damit es aus der eigenen Aufnahmefähigkeit und Verwundbarkeit lernen kann. Babys werden mit der Veranlagung für ein soziales Leben geboren, das ihnen zu gegebener Zeit ermöglicht, zu sozialen Wesen zu werden. Das Kind, das auf die Welt kommt, braucht Liebe (körperlich und emotional), Empfänglichkeit seitens der Erwachsenen, Anregung und völliges Akzeptiertwerden.

Ist das nicht ein intelligentes Kind!

Schon bald nach der Geburt beginnt das Baby, seine Erfahrungen auszuwählen und einzuordnen. Sobald es wach ist, reagiert es auf die Vorgänge in seiner Umgebung und versucht, das Beste aus den Informationen zu machen, die es sammelt. Bilder und Laute fliegen nicht wahllos vorbei, sondern erfahren eine systematische Zuwendung. Einige werden fallengelassen, andere gespeichert, um später verfügbar zu sein. Vom ersten Augenblick an bemüht sich das Baby zu lernen, probiert verschiedene Wege aus, experimentiert ununterbrochen und beurteilt den Wert der Ergebnisse. Auch wenn sich das Neugeborene kaum im Sinne eines Erwachsenen dessen bewußt ist, was es tut, ist es eine äußerst schwierige Sache, alles einzuordnen, und deshalb fängt es sofort damit an.

Über die geistige Entfaltung können Eltern von außen nicht verfügen, und es ist auch nicht damit getan, einfach dazusitzen und zu warten, daß sich die angeborenen Fähigkeiten wie eine Blüte öffnen. Es ist vielmehr ein aktiver Vorgang, bei dem das Baby eine wichtige

Rolle spielt. Es sucht sich selbst aus, was es lernen will, so daß es nie ganz davon abhängig ist, was der Zufall an geistigen Anreizen bringt – das Baby sorgt dafür, daß etwas passiert, indem es gurrt oder schreit, um die Aufmerksamkeit auf sich zu lenken. Würde ein Kleinkind nur passiv daliegen und auf Erlebnisse warten, geschähe unter Umständen sehr wenig. Es könnte sicher keine Kommunikation herstellen, was es von Anfang an zweifelsohne tut.

Bei der Geburt schon hat ein Baby einige unwillkürliche Körperreflexe, die mit geistiger Betätigung zu verwechseln man sich aber hüten sollte. So kann es z. B. den Finger eines Erwachsenen umfassen, wenn er ihm in die Faust gedrückt wird. Hält man das Kind in der richtigen Position, kann es Gehbewegungen machen, und wenn man es auf den Bauch legt, kann es den Kopf heben. Aber auch wenn diese Reflexe nützlich sind, beherrscht das Neugeborene doch keine eigentlichen Fähigkeiten; die muß es erst noch lernen.

Die Videokamera hat uns in unserem Verständnis der Neugeborenen einen gewaltigen Schritt nach vorn gebracht. Ihre Verhaltensweisen sind oft derart flüchtig, daß wir erst jetzt, in Nahaufnahmen und in der Zeitlupe, erkennen können, was vorher oftmals nicht ersichtlich war. Die Szenen können ein ums andere Mal wiederholt werden, bis dem Betrachter jede Einzelheit geläufig ist, denn kaum merkliche Bewegungen entdeckt man manchmal erst, wenn man das Band mehrere Male gesehen hat.

Man hat eine Wiedergabetechnik mit zwei Bildschirmausschnitten entwickelt, so daß man die Mutter und ihr Kind auf jeweils einem eigenen Bildschirm zur gleichen Zeit wiedergeben und sehen kann. Dieses Verfahren gestattet, das Verhalten beider Personen zu studieren, wenn sie zusammen sind; auf diese Weise ist ein Vergleich leichter, als wenn beide Personen auf einem Bildschirm zu sehen sind. Da diese Technik erst in den letzten Jahren angewandt worden ist, findet man selbst in neueren Lehrbüchern über Kinderentwicklung noch nichts von den Ergebnissen; vieles steht ausschließlich in Forschungsberichten. Hier einige der wichtigsten Erkenntnisse:

Blickkontakt

Die dem Kind angeborene Fähigkeit zum Blickkontakt ist der zentrale Punkt für die sich anbahnende Beziehung zwischen Mutter und Kind. Vom Tag der Geburt an sind Babys offenbar fasziniert vom menschlichen Gesicht; das Gesicht der Mutter können sie innerhalb einer Woche erkennen. Mit einem Monat kann ein Baby so viele

Informationen über Gesichter aufnehmen, daß es vertraute und nicht vertraute Gesichter unterscheiden kann. Alle Neugeborenen sind kurzsichtig, aber die Mütter wählen offenbar in den meisten Fällen instinktiv die richtige Entfernung zwischen ihrem Gesicht und dem des Babys – also weniger als dreißig Zentimeter.

Beobachten

Von Geburt an kann ein Baby einige Sekunden einem größeren Gegenstand mit den Augen folgen, wenn er ihm in der richtigen Entfernung hingehalten wird. Bei kleineren Gegenständen gelingt das noch nicht. Nach einer Woche bewegt es seine Augen gezielt und kann schon bald wählen, was es betrachten möchte, etwa wenn es die Bewegungen der eigenen Hand verfolgt. Schon ein paar Tage nach der Geburt können fast alle Babys einem roten Licht folgen, wobei sie den Kopf und die Augen bewegen. Bei diesem Vorgang konzentriert sich ihr ganzes Verhalten darauf, Sehen, Körperbewegung und Aufmerksamkeit zu koordinieren.

Hören

Schon Sekunden nach der Geburt können Babys die Richtung bestimmen, aus der ein Laut kommt, und wenden ihr Gesicht dorthin.

Im Alter von nur zwölf Stunden können sie den Unterschied zwischen der menschlichen Stimme und anderen Lauten erkennen; sie reagieren dabei mit kaum merklichen rhythmischen Bewegungen, wie man in Zeitlupenaufnahmen sehen kann. Mutter und Kind lernen sich unter anderem über den Austausch von Lauten kennen, sie »sprechen« miteinander und »hören« sich zu. Man sollte ein Baby nicht längere Zeit allein lassen, in der niemand in seiner Nähe ist, der mit ihm sprechen oder ihm zuhören könnte. Denn ein Baby muß ständig dieses wortlose »Plaudern« mit anderen üben können, das die frühe Grundlage seiner zukünftigen Sprache bildet.

Aufnahmefähigkeit

Wenn ein Baby auf die Welt kommt, arbeiten alle fünf Sinne. Auch wenn kein Baby dem anderen hinsichtlich Aufgewecktheit und Reaktionsfähigkeit genau gleicht, sind doch alle sehr empfänglich für Veränderungen in ihrer Umgebung. Ein Neugeborenes wird erschreckt stutzen oder weinen bei einer Veränderung in der Umgebung, die einem Erwachsenen kaum bewußt wird – wenn etwa eine neue Stimme hinzukommt. Ein Baby schließt bei zu hellem Licht oder einer es irritierenden Bewegung die Augen oder wendet den Kopf ab. Die Mutter sollte darauf achten, daß auf das Baby nicht zu viele Dinge einströmen. Dann wird das Kind wahrscheinlich »abschalten«, so daß es dem Geschehen in seiner Umgebung zeitlich immer weniger Aufmerksamkeit widmen kann und möglicherweise einiges in diesem frühen Lernprozeß verpaßt. Die Mutter muß sich von ihrem Gefühl leiten lassen; beobachten Sie Ihr Kind, damit Sie sehen, ob es sich Ihrer Zuwendung entzieht. Tut es das, halten Sie eine Weile inne damit, sein Interesse wecken zu wollen.

Lächeln

Schon oft haben Mütter behauptet, ihr Baby habe am Ende der zweiten Woche gelächelt, aber Ärzte und Krankenschwestern halten das nach wie vor für Einbildung. Inzwischen haben wir dank der Videofilme genügend Anschauungsmaterial, das uns zeigt, daß die Mütter sich nicht geirrt haben. Dieses sehr frühe Lächeln ist das Ergebnis einer hochentwickelten Verhaltensweise, die erste Anfänge des Denkens zeigt. Es unterscheidet sich vom Lächeln späterer Monate und Jahre, denn es entstammt inneren Gefühlen des Babys, ist keine Reaktion auf das Lächeln anderer. Die ersten wenigen Male, wenn das Baby lächelt, sind vielleicht eine Reaktion auf die Stimme der Mutter, oder sie gehen zurück auf eine Veränderung in der Umgebung des Kindes. Eine zu einschneidende Veränderung ruft vielleicht nur Anspannung und Weinen hervor; ist die Veränderung zu gering, wird das Kind sie gar nicht zur Kenntnis nehmen. Nach einigen Monaten, wenn das Baby schon stärker differenziert, tritt an die Stelle dieses spontanen Lächelns zunehmend ein echtes soziales Lächeln.

Nachahmen

Aufgrund der Videofilme wissen wir, daß Babys, anders als bisher angenommen, Gesichtsausdrücke und Körperbewegungen der Mutter schon kurz nach der Geburt bis zu einer gewissen Grenze nachahmen können. Ein vierzehn Tage altes Baby kann sogar schon die Fingerbewegung eines Erwachsenen nachmachen. Bereits nach wenigen Wochen fangen Babys an, mit den Lippen die Mundbewegungen der Erwachsenen nachzuahmen, aber schon mit der Geburt können sie zwischen verschiedenen Lauten beim Sprechen unterscheiden. Hier beginnt das Sprechen. Sprechen Sie mit Ihrem Baby, soviel Sie wollen, es versteht den Tonfall, auch wenn die Worte ihm verständlicherweise noch nichts sagen, und es mag den Rhythmus.

Weinen

Weinen oder Schreien ist für Babys das wichtigste stimmliche Kommunikationsmittel, um jemanden auf sich aufmerksam zu machen. Das Weinen kann sehr viele Formen annehmen, unterschiedliche Stärke und Rhythmen haben, die jeweils etwas anderes aussagen. Die Eltern wissen, wann ein Baby vor Hunger oder vor Angst schreit. Lassen Sie das Kind sich nicht zu oft »ausschreien«, da das zu Lasten seiner Kommunikationsfähigkeit geht. Reagieren Sie auf das Schreien Ihres Kindes, wenn Sie können, sofort und regelmäßig, denn das hat im Zweifel eine bessere Beziehung zwischen Ihnen beiden zur Folge und reduziert das Schreien. Wenn das Baby merkt, daß auf sein Weinen im allgemeinen sofort eingegangen wird, wird es dazu neigen, sich auch anderweitig umzutun und differenziertere Formen der Kontaktaufnahme zu erproben. Und es wird auch weniger nachdrücklich in seinen Forderungen sein.

Wenn man auf das Schreien eines Babys reagiert, wird das Kind dadurch nicht »verdorben«, wie mancher glaubt, auch wenn sich einige Babys leichter beruhigen lassen als andere. Ein »einfaches« Baby wird bereitwillig auf eine Vielzahl von Beruhigungsversuchen durch die Eltern eingehen, auf Wiegen, Streicheln oder Aufnehmen. Gelegentlich wird behauptet, Mädchen seien leichter zu besänftigen als Jungen. Ein zappeliges Baby reagiert vielleicht nicht so schnell auf ein normales Besänftigen, so daß die Mutter unter Umständen glaubt, als Mutter versagt zu haben. Ob sich ein Baby leicht beruhigen läßt oder nicht, hat Einfluß auf die Fürsorge, die es erhält – je leichter es sich besänftigen läßt, desto mehr Aufmerksamkeit wird ihm zuteil. Die beste Methode, ein schreiendes Baby zu beruhigen, ist die, es sich auf die Schultern zu setzen. Dann macht es meistens große Augen und schaut sich um. Hat Ihr Baby dagegen nicht viel für das Herzen übrig, versuchen Sie statt dessen, es höher zu setzen, indem Sie beispielsweise seinen Sitz auf den Tisch stellen.

Aber was Sie auch tun, es bleibt die Tatsache, daß einige Babys mehr schreien als andere, und die Eltern müssen selbst beurteilen, wie sie am besten damit fertig werden. Wächst Ihnen die Schreierei über den Kopf, und reagiert Ihr Kind nicht auf Ihr Zureden, scheuen Sie sich nicht, Hilfe zu suchen.

Frühgeburten

Zu früh geboren zu werden ist nach allgemeinem Dafürhalten nicht gerade der beste Start für ein Baby, wenngleich acht Prozent aller

Kinder auf diese Weise das Licht der Welt erblicken. Aber einige neuere Erkenntnisse erlauben uns eine bessere Einsicht in die Auswirkungen einer vorzeitigen Geburt und des damit zusammenhängenden geringeren Geburtsgewichts und wie man sie ausgleicht. Die geistige Fähigkeit eines Babys zu bewerten wirft ein Problem auf – soll man sich dabei an das Alter oder die körperliche Reife halten? Alles in allem ist das Alter des Babys die bessere Grundlage, aber die Entwicklung einiger Fähigkeiten hängt von der körperlichen Reife ab. Die Hirnwellen beispielsweise entwickeln sich altersabhängig, so daß ein zu früh geborenes Kind wahrscheinlich das gleiche Hirnwellenmuster aufweisen wird und geistig ebenso gut entwickelt ist wie ein gleichaltriges, normal geborenes Kind. Die Entwicklung des Sehvermögens dagegen hängt eng mit dem körperlichen Wachstum zusammen, das bei frühgeborenen Kindern verlangsamt ist.

Unglücklicherweise haben Frühgeborene neben ihrem ursprünglichen Handikap noch mit einer Reihe zusätzlicher Erschwernisse zu kämpfen; sie sind normalerweise größerem Streß ausgesetzt als andere Babys. Ein Inkubator ist für das Überleben des Frühgeborenen zwar unerläßlich, trotzdem aber nicht der ideale Ort zur Förderung der geistigen Entwicklung. Auf einer Frühgeborenenstation ist das Kind rund um die Uhr von Licht und Geräuschen umgeben. Das ist eine abnorme Situation, die das empfindliche Zusammenspiel zwischen Gehirn und Muskeln beeinträchtigen kann. Unter derartigen Umständen kann selbst ein Erwachsener Schaden nehmen. Aber das Hauptproblem für Babys in einem Inkubator ist der Mangel an normalen Erfahrungen, aus denen sie lernen können, sowie die übermäßige Anhäufung unzusammenhängender und verwirrender optischer und akustischer Erlebnisse, die sich über Wochen hinziehen können. Wo es möglich ist, diesen Kindern ein normaleres Umfeld zu bieten, sind große Fortschritte in ihrer Gesamtentwicklung zu erkennen. Babys, die man regelmäßig aus dem Inkubator geholt und liebevoll auf den Arm genommen hat oder die auf einer weicheren Unterlage liegen oder rhythmische Laute vorgespielt bekommen, nehmen schneller zu, sind geistig ansprechbarer und besser koordiniert als die Kinder, die diese Erfahrungen nicht machen können.

Diese extremen Belastungen in der Entwicklung des Frühgeborenen erfordern besondere Zuwendungen, wenn es nach Hause entlassen wird, so daß es all das nachholen kann, was es bisher versäumt hat. Weil zum Beispiel die Sehfähigkeit des Babys nicht so gut entwickelt ist wie bei einem normalgeborenen Kind, muß die Mutter besondere Anstrengungen unternehmen, um eine Beziehung zu ihrem Kind aufzubauen. Der Blickkontakt ist die Grundlage des Lernens und der geistigen Entwicklung des Neugeborenen, aber die Mutter hat damit bei einem Frühgeborenen unter Umständen größere Schwierigkeiten. Es ist wichtig, daß die Mutter sich intensiv um den Aufbau dieser Beziehung kümmert. Es wird am Anfang eine ziemlich einseitige Beziehung sein, aber es ist immerhin ein Anfang.

Wegen dieser eingeschränkten visuellen Reaktionsfähigkeit des Kindes und auch wegen seiner begrenzten Fähigkeit, seine Aufmerksamkeit auf etwas zu lenken (was eine Folge seiner Unterreife ist), müssen die Eltern frühgeborener Kinder besonders darum besorgt sein, daß das Baby, sobald es zu Hause ist, eine Fülle von Erfahrungen sammeln kann. Einige Wissenschaftler haben allerdings von einer »Aufhol«-Erscheinung berichtet, die in die kindliche Entwicklung eingebaut sei. Bei den Bauern Guatemalas werden Neugeborene im ersten Lebensjahr in einem abgedunkelten Raum gehalten und nur sehr wenigen äußeren Anreizen ausgesetzt – zu ihrem Schutz, wie man meint. Als diese Kinder im Alter von zwei bis drei Jahren auf ihre geistige Entwicklung untersucht wurden,[3] stellte man fest, daß sie zurückgeblieben waren, doch sie holten diesen Rückstand in den späteren Jahren ihrer Kindheit mehr oder weniger wieder auf. Diese Erscheinung gilt wahrscheinlich auch für Kinder, die nach der Geburt für einige Zeit im Krankenhaus bleiben müssen oder mangelhaft ernährt werden.

Alle Kinder sind bei der Geburt und in den ersten Lebenswochen am anfälligsten, weshalb der Rat des Arztes in dieser Zeit normalerweise Vorrang haben muß. Eltern, deren Kind auf einer Spezialstation liegt, erkennen zuweilen, daß sie ihren sehnlichsten Wunsch, das Kind auf dem Arm zu halten, zügeln müssen und Ausnahmen nur zu den erlaubten Zeiten möglich sind wie etwa beim Füttern. Es ist jedoch für die psychologische Entwicklung jedes Babys, unabhängig von seiner körperlichen Konstitution, von größter Wichtigkeit, daß es von der Geburt an Körperkontakt hat und Beziehungen aufbauen kann. Sie müssen vielleicht im einen oder anderen Krankenhaus darauf bestehen, Ihr Baby wenigstens streicheln zu dürfen, und sprechen können Sie immer mit ihm. Aber im allgemeinen sind die Ärzte und Krankenschwestern bereit, um des Kindes willen in die Wünsche der Eltern einzuwilligen, so daß es also vielleicht doch keine Probleme gibt.

In diesen ersten Lebenswochen ist der verläßlichste Führer der Eltern ihre Aufgeschlossenheit gegenüber den tastenden und forschenden Betätigungen ihres Babys. Zum Teil besteht diese Aufgeschlossenheit darin, zu wissen, wozu das Baby imstande ist, zum anderen Teil darin, ihm dabei zu helfen, sein neues Wissen zu erproben.

Was Sie für die geistige Entwicklung des Babys tun können
Von der Geburt an

1. Denken Sie daran, daß sich das Kind von Anfang an seiner Umgebung bewußt ist. Ermuntern Sie es, seinen Sinn für Erkundungen zu entwickeln, indem Sie beispielsweise Ihr Gesicht und auffällige Gegenstände dicht vor sein Gesicht halten. Ihr Baby kann dann sehen und mit den Fingern greifen, so daß es auch über das Fühlen lernt.
2. Haben Sie ein offenes Auge und Ohr für das, was Ihr Kind interessiert, etwa Ihre Haare oder ein eigenartiger Laut, und leiten Sie es an, sich mit diesen Dingen zu beschäftigen.
3. Bringen Sie über dem Bettchen (gut befestigt) einen Spiegel aus rostfreiem Stahl etwa zwanzig Zentimeter vom Gesicht des Kindes entfernt an, damit es sich betrachten kann. Es wird ihm viel Spaß machen, sich selbst Gesichter zu schneiden. Befestigen Sie den Spiegel mit einer halbstarren Halterung, zum Beispiel ein paar Plastikstäben, damit Ihr Kind danach greifen kann, sobald es dazu in der Lage ist. Hängende Gegenstände sind schwer zu fassen.
4. Im oder am Bettchen des Kindes sollten nicht zu viele Gegenstände sein. Ein zu reichhaltiges Angebot lenkt das Kind nur ab.
5. Achten Sie auf sein Schreien und Gurren, und reagieren Sie umgehend darauf.
6. Hängen Sie ein paar Spielsachen quer über das Bettchen oder die Wiege, damit Ihr Kind daran schlagen und beobachten kann, wie sie hin und her pendeln, und auch lernt, Augen und Hände zu koordinieren.

Ab sechs Monate

1. Geben Sie Ihrem Kind ein paar solide Spielsachen, die nicht gleich kaputtgehen, wenn sie mit den Zähnen bearbeitet oder hingeworfen werden. Sie sollten nicht zu klein sein – nicht kleiner als fünf Zentimeter –, da sie sonst verschluckt werden können.
2. Binden Sie am Fußende des Bettchens ein Spielzeug fest, das

Ihr Kind mit den Füßen bearbeiten kann – ein großes, flaches Schaumgummistück, das mit Stoff bezogen ist und ein großes, lustiges Gesicht zeigt. Das Kind wird sich stundenlang damit vergnügen und gleichzeitig seine Beine betätigen.

3. Erklären Sie immer, was Sie gerade machen, sich beispielsweise gerade die Strümpfe anziehen. Nennen Sie wichtige Worte immer wieder.
4. Lassen Sie das Baby jeden Tag einige Zeit auf einer Decke auf dem Fußboden machen, was es will. Es wird anfangen, zu krabbeln und schneller seine Umgebung zu erforschen.
5. Lassen Sie Ihr Kind Dinge tun, bei denen etwas geschieht, etwa das Licht anschalten, und wenn es Erfolg hat, sagen Sie: »Licht.« Auch ein Schachtelmännchen gefällt Babys sehr.
6. Schaffen Sie Ihrem Kind einen sicheren Bereich, in dem es, wenn es anfängt zu krabbeln, auf Erkundung gehen kann. Ungehindert herumkrabbeln zu können ist etwas sehr Wichtiges.
7. Gehen Sie immer auf Ihr Kind ein. Wenn Sie gerade telefonieren, unterbrechen Sie das Gespräch und sagen Sie Ihrem Kind: »Ich bin gleich fertig.« Das ist besser, als es nicht zu beachten.
8. Spielen Sie Spiele, in die Ihr Baby mit einbezogen ist, zum Beispiel Versteckspiel.
9. Benutzen Sie einen Laufstall oder andere Geräte, die das Kind einschränken, etwa einen Hochstuhl, nur, solange das Kind sich offensichtlich darin wohl fühlt. Zeigt es Langeweile, nehmen Sie es heraus.
10. Gestalten Sie das Leben Ihres Kindes lebendig. Verändern Sie öfter die Umgebung, sprechen Sie mit ihm, und interessieren Sie es für Ihre tägliche Arbeit. Nichts ist für ein Baby interessanter als die eigene Mutter. Übertreiben Sie das, was Sie tun, ein wenig, damit es verständlicher wird; sprechen Sie also langsam, seien Sie in Ihrer Mimik klar, und machen Sie eindeutige Körperbewegungen.

Kapitel 3
Die Geburt des Geistes

Körper und Geist sind so eng miteinander verbunden, daß kaum einmal der eine ohne den anderen handelt – beide arbeiten ständig zusammen und wirken aufeinander ein. Gedanken und vom Gehirn ausgehende Empfindungen sind nötig, damit der Körper Bewegungen ausführt (die unwillkürlichen Reflexe ausgenommen). So braucht beispielsweise der Bereich des Gehirns, der die Beinbewegungen steuert, die Zusammenarbeit mit dem Geist, und zwar über den Wunsch, eine bestimmte Bewegung auszuführen. So kann es kommen, daß Sie nach einem Beinbruch betrübt sind.

Wann immer der Mensch seinen Geist und Körper gebraucht, tut er es so, wie er es seit seiner Geburt gelernt hat, um sich anzupassen und mit der Welt fertig zu werden. Der menschliche Geist neigt dazu, eine gewisse Ordnung in das zu bringen, was um ihn herum vorgeht. Es macht uns Spaß, zu sortieren und einzustufen und Lebensregeln aufzustellen – hören Sie einmal einem Kleinkind zu, das erstmals auf diese Freuden aufmerksam wird. Viele dieser Regeln, die wir aufstellen, haben scheinbar keinen wirklichen Zweck oder ergeben keinen Sinn, sondern sind lediglich eine Art geistige Übung. Auch Verbotsregeln stellen wir gern auf: ein paar Kinder, die sich ein Spiel ausdenken, haben im Nu hundert »Du darfst« und »Du darfst nicht« zusammen. Aber die Verbote haben ihren emotionalen Ursprung häufig in der Angst, etwa wenn es heißt, »Stell dich nicht unter eine Leiter« oder »Geh nicht über die Risse im Fußboden«.

Nach einem Jahrhundert der Erforschung des Wesens der Intelligenz kann man es den Menschen nachsehen, wenn sie glauben, daß die Psychologen noch immer nichts über den Geist wissen. Aber es *gibt* so etwas wie Intelligenz – sie ist kein Mythos und bräuchte auch kein Geheimnis zu sein. Die Schwierigkeit ist die, daß Intelligenz nicht als eindeutige Geisteskraft auf die gleiche Art gemessen werden kann, wie wir beispielsweise die Körperkraft durch das Heben von Hanteln messen können. Die Intelligenz hat so viele Seiten, daß man mit Tests nur immer Teile von ihr messen kann, wobei wir aber nicht genau wissen, wie sie sich überlappen. Vielleicht ist es am einfachsten, sich die Intelligenz vorzustellen als eine formlose, bewegte

Ansammlung unterschiedlicher gedanklicher Fähigkeiten wie Folgern, kritisches Beurteilen, geistige Wendigkeit und ursprüngliches Denken, die alle ineinandergreifen. Unterschiedliche statistische Methoden haben über hundert verschiedene Arten gedanklicher Fähigkeiten hervorgebracht, wenngleich die Grenze zwischen ihnen manchmal so schmal ist, daß man sie mit »bloßem Auge« nicht mehr wahrnimmt.

Sprechen

Eine der frühesten Formen der Sprache bei den Menschen wie auch beim Baby besteht darin, den Dingen einen Namen zu geben. Selbst heute hat das Benennen noch einige magische Eigenschaften, die unsere etwas einfacheren Vorfahren erkannt hätten. Einige Religionen weigern sich zum Beispiel, ihren Gott beim Namen zu nennen aus Angst vor dem, was dann geschehen könnte. Als nächstes kommen normalerweise die »Tuwörter« und dann die Worte für die abstrakteren Vorstellungen. Die Kinder müssen Laute und Bedeutungen der jeweiligen Sprache von ihren Eltern lernen, und sie nehmen auch die gedanklichen Abläufe auf, die sich in dieser Sprache im Laufe der Jahrhunderte entwickelt haben. So sind bei den Kindern die Gedanken, die Verhaltensweisen und der Gebrauch der Sprache unentwirrbar miteinander verbunden. So sagt uns etwa die einfache Aufforderung eines Kindes, »Heb mich hoch«, eine ganze Menge über seine Geisteshaltung – zum Beispiel, daß es sich als von anderen Personen unterschieden sieht, an die eigene Kraft glaubt, Befehle erteilen zu können, und daß es den körperlichen Vorgang des Hochgehobenwerdens mit bestimmten emotionalen Bedürfnissen und Reaktionen verknüpft.

Die Art, wie wir Worte gebrauchen, sagt einiges darüber aus, wie unser Verstand arbeitet. Ein Gedanke muß in Worte umgesetzt werden, damit man ihn mitteilen kann; und damit er in Worte umgesetzt werden kann, muß er zuerst in Kategorien eingeordnet werden. Wir denken; dann wollen wir sagen, was wir denken, und drücken es irgendwie aus – so kommen neue Worte auf, während andere immer seltener gebraucht werden. Die Sprache lebt und ist offen für Veränderungen, und wir, die wir sie sprechen, verändern sie unablässig.

Das Sprechenlernen ist wahrscheinlich der wichtigste Einzelaspekt in der geistigen Entwicklung eines Kindes. Es beginnt gleich nach der Geburt (wir haben bereits in Kapitel 2 darauf hingewiesen) mit den »Gesprächen« zwischen Mutter und Kind. Eltern, die ihrem

Baby geduldig zuhören und antworten, legen damit einen soliden Grundstein zu einer guten sprachlichen Entwicklung des Kindes. Je besser diese Art der geistigen Fürsorge durch die Eltern war, desto ausgeprägter ist die geistige Entwicklung des Babys. Glücklicherweise besitzen Babys die angeborene Gabe, sich Sprache anzueignen, was ihnen das Sprechenlernen sehr erleichtert. Mit vier Jahren sind Kinder in ihrer Muttersprache so bewandert, daß sie bereits Jüngeren beim Sprechenlernen helfen können und sogar schon ihre Sprechweise vereinfachen, damit man sie besser versteht.

Wenn die Eltern die Sprechfähigkeit ihres Kindes fördern wollen, empfiehlt es sich, sooft sie können, mit ihm zu sprechen. Sie sollten dem Brabbeln und den ersten unbeholfenen Sprechversuchen ihres Babys zuhören und, soweit es geht, so darauf antworten, daß das Kind das Gesagte aufnehmen kann. Dazu muß man auf gleicher Augenhöhe mit dem Kind das Baby so oft wie möglich direkt ansprechen. Aber Babys lernen auch, wenn man nicht mit ihnen spricht.

Ein Kind kann sich im Sprechen nur dann verbessern, wenn es bereit dazu ist; man kann Sprache nicht in ein Kind hineinstopfen, weil es sie dann einfach nicht aufnimmt. Ein zwei Monate altes Baby kann beispielsweise Vokale nachahmen und lernen, Konsonanten aber noch nicht. Letztere eignet es sich ein paar Monate später an. Das erste Jahr, in dem das Kind sprechen lernt, birgt einige entscheidende Voraussetzungen für das Sprech- und Denkvermögen der späteren Jahre. So enthält das frühe Plappern sämtliche Laute, die das Baby als Kind einmal gebrauchen wird. Es kann sogar einen ersten Hinweis darauf geben, wie intelligent das Kind einmal werden wird. Kinder, die viel plappern, sind später oft sehr intelligent. Auf der anderen Seite kann es ernüchternd sein, daß Kinder, die früher als erwartet sprechen können, nicht unbedingt ausdrucksfähiger oder klüger sind, denn sehr frühes Sprechen ist lediglich ein Imitieren, kein bewußtes Aussprechen.

Der auffälligste und wahrscheinlich bedeutsamste Unterschied zwischen den Erfahrungen eines intelligenten und eines weniger intelligenten Kindes besteht im Umfang, in dem in der eigenen Familie das Gespräch gepflegt wird, sowohl mit dem Baby wie auch untereinander. Dabei ist selbstverständlich nicht nur der Umfang wichtig, sondern auch der Inhalt. In der Familie lernt ein Kind den Gebrauch der Sprache, um seine Gedanken auszudrücken, und durch den Gebrauch entwickelt es einen Stil geistiger Betätigung.

Vieles von dem, was wir mit unseren Sinnen begreifen – vor allem mit dem Hören und Sehen –, baut darauf auf, wie wir mit der Sprache groß geworden sind. Wird in einer Familie nicht viel gesprochen, ist viel weniger Gelegenheit, Gedanken und Vorstellungen umzusetzen und zu entwickeln. Doch ist das nicht automatisch die Folge frühen Sprechens. Viele berühmte Persönlichkeiten haben erst sehr spät angefangen zu sprechen – Winston Churchill ist eines der bekanntesten Beispiele dafür. Und trotzdem hatte das nichts zu sagen, denn später besaß er in Wort und Schrift eine selten erreichte Brillanz.

Sie können sich vielleicht ein besseres Bild von den tatsächlichen Sprachkünsten Ihres Kindes machen, wenn Sie einfach schriftlich festhalten, was es sagt. Mit etwa sechs Monaten wird es die ersten Konsonanten sprechen können, das »R« vielleicht und das »P«. Bis es etwa ein Jahr alt ist, geht es dann zügig voran. Mit einem Jahr hat ein Kind dann wahrscheinlich schon einige Wörter parat und macht dann rasche Fortschritte, wenngleich das nicht so sein muß.

Babys beginnen damit, daß sie dem, was sie täglich in ihrer Umgebung sehen, Namen geben; im allgemeinen sind das bewegliche Gegenstände. Am Anfang stehen oft Essen und Trinken, dann kommen Tiere, Kleidungsstücke und Spielsachen. Heute sagt ein Baby wahrscheinlich früher »Auto« als »Haus«. Zwischen dem vierzehnten und zwanzigsten Monat muß die Mutter dem Kind die Namen noch vorsprechen. Wenn sie mit fragender Stimme »Puppe« sagt, wird das Kind versuchen, das Wort nachzusprechen. Aber sie sollte nachhaken, sobald das Kind das Wort offensichtlich beherrscht, und kann dann zum Beispiel fragen: »Was ist das?« Die Mutter sollte immer ein wenig mehr erwarten als das, was ihr Kind bereits bewältigt.

Mit anderthalb bis zwei Jahren fangen Kinder an, Wörter aneinanderzureihen, etwa »Papa Auto fahren«. Das sind die ersten Schritte in Richtung Grammatik, aber es ist noch ein gutes Stück Wegs bis dahin. Dann, mit zunehmender Sprechfähigkeit, entfernt sich das Kind langsam vom Hier und Jetzt und beginnt, dem Zuhörer etwas zu erzählen und einfache Fragen zu stellen. Die Eltern können ein wenig nachhelfen und zum Beispiel fragen: »Was hast du gemacht? Was hast du gesehen?«

Jede Personengruppe, selbst wenn sie nur so klein wie eine Familie ist, hat in bezug auf die Sprache ihre eigenen Regeln, und das Kind muß lernen, sich den Regeln dieses Spiels zu unterwerfen. Zuerst lernt es, wie die Personen in seiner Umgebung sprechen und denken, dann befaßt es sich mit den Regeln, da es korrigiert wird. Ein Erwachsener sagt vielleicht: »Wärst du so nett, diesen Brief in den Kasten zu werfen?« Aber der Sprechende bittet das Kind in Wirklichkeit gar nicht darzulegen, wie nett es ist. Was grammatikalisch in Form einer Frage auftritt, ist tatsächlich eine (konventionell verpackte) Aufforderung, und das ist die Art, in der Sprache eigentlich gebraucht wird. Die Empfänglichkeit eines Kindes für die Art, wie Erwachsene denken, hilft ihm, die Sprachregeln zu lernen; das gilt auch für das spätere Erlernen von Fremdsprachen.

Wenn Kinder beim Sprechen Fehler machen, halten sie sich immer noch an bestimmte Regeln, auch wenn diese Regeln vielleicht falsch sind. Ein fünfjähriges Kind kann die Regeln so gut lernen, daß es fast fehlerfrei sprechen kann. Aber je mehr Übung und Zuwendung Kinder beim Erlernen der Sprache haben, desto besser beherrschen sie sie.

Im Alltagsgespräch selbst mit noch sehr kleinen Kindern können die Eltern die Sprache einsetzen, um dem Kind zu einer besseren Vorstellung des aktuellen Themas zu verhelfen. Ein einfaches Beispiel: *Daniel* (drei Jahre alt): »Wenn ich groß bin, werde ich Feuerwehrmann.« *Mutter:* »Ein Feuerwehrmann? Hm. Dann kannst du mit einem großen Schlauch viele, viele Feuer löschen.« *Daniel:* »Ich spritze das Wasser überallhin.« *Mutter:* »Aber dann bleibt dir vielleicht nicht mehr genug, um das Feuer zu löschen.« *Daniel:* »Na ja, das meiste spritze ich auf das Feuer.«

Hätte die Mutter Daniels ursprünglichen Gedanken nicht sogleich aufgegriffen, hätte er sich wahrscheinlich nicht weiter überlegt, wieviel Wasser er braucht, um das Feuer zu löschen. Dieser scheinbar so unbedeutende Gedankenaustausch hat Daniel in seinem Verständnis wieder ein Stück vorangebracht. Aber auch ein informierendes Gespräch zu führen ist eine Kunst. Hätte Daniels Mutter angefangen, sich über das Bekämpfen von Feuer auszulassen in dem Bemühen, ihm zuviel beizubringen, hätte er höchstwahrscheinlich abgeschaltet und kaum etwas gelernt.

Damit der Lerneffekt möglichst groß ist, muß das Gesprächsthema für das Kind interessant sein und sollte nur so lange verfolgt werden, wie es Anteilnahme zeigt. Wofür sich ein kleines Baby interessiert, kann man erkennen, wenn man beobachtet, wie lange es einen Gegenstand betrachtet. Dann können Sie ihm etwas darüber erzählen, auch wenn es noch nicht sprechen kann – Babys verstehen den Bedeutungsinhalt, lange bevor sie sprechen können. Mit zunehmendem Alter der Kinder werden ihre Unterhaltungen länger und komplizierter, aber sie geben Ihnen zu erkennen, wenn sie genug von einem

Thema haben. Zuhören wird immer eines der wichtigsten Geschenke sein, das Eltern einem aufgeweckten Kind machen können. Kinder lernen Sprechen nicht durch papageienhaftes Imitieren. Sie lernen in für sie angenehmen, geselligen Situationen, wo sie all das ausprobieren können, was sie bereits kennen, und sich auch ein bißchen darüber hinauswagen können. Wenn Sie bei den Bemühungen Ihres Babys, Laute von sich zu geben, Freude zeigen, gibt das ihm den Ansporn, weiterzulernen.

Das Gespräch mit einem Baby ist nicht bloß die seichte Version eines Erwachsenengesprächs. Sie sprechen nicht einfach nur, Sie lehren auch die ganze Zeit. Je mehr Fortschritte das Baby beim Sprechen macht, desto mehr Spielraum bekommt es, noch mehr zu lernen. Die Sprache kann sich selbst vorantreiben.

Hier einige Tips, wie Sie mit Babys oder kleinen Kindern sprechen können:

— Wiederholen Sie, was Sie sagen.
— Halten Sie sich an die unmittelbaren Gegebenheiten.
— Sprechen Sie ziemlich laut.
— Seien Sie deutlich in der Aussprache.
— Stellen Sie einfache Fragen.

Fragen

Wenn Kinder älter werden, fangen sie an, Fragen zu stellen. Während Durchschnittskinder mehr »Was«-Fragen stellen – etwa »Was ist das?« oder »Wo ist mein Bär?« –, fragt das intelligente Kind öfter »Warum?«, zum Beispiel: »Warum ist der Mond am Himmel?« Diese Warum-Fragen sind häufig schwer zu beantworten, manchmal sogar überhaupt nicht, aber sie entspringen einer forschenden, wachsenden Intelligenz und sollten nicht gönnerhaft oder abwertend beantwortet werden.

Eltern sollten versuchen, Warum-Fragen so unpersönlich zu beantworten, wie das Kind sie in seinem Alter verarbeiten kann. Das hilft ihm, die Denkschablonen der eigenen kleinen Welt zu verlassen und es mit abstrakteren Denkmustern zu versuchen. Eltern, die sich nicht zutrauen, diese (manchmal tiefsinnig klingenden) Fragen zu beantworten, versuchen oft, einer auf den Tatsachen beruhenden Antwort auszuweichen, auch wenn das Begriffsvermögen des Kindes sehr begrenzt ist und es eine Auskunft braucht. Hier ein Beispiel. *Mutter:* »Es ist vier Uhr.« *Angela* (drei Jahre alt): »Warum ist es vier Uhr?« *Mutter:* »Weil dein Tee fertig ist. *Angela:* Schweigen.

Besser wäre es gewesen, wenn Angelas Mutter etwa so geantwortet hätte: »Sieh mal, als wir zu Mittag gegessen haben, war es ein Uhr. Dann sind wir einkaufen gegangen, und die Uhr wanderte auf zwei, drei, und jetzt ist es vier und Zeit für deinen Tee.« *Angela:* »Ich mag vier Uhr.«

Kinder sind ständig auf der Suche und wollen alles verstehen, was um sie her vorgeht. Wenn sie auf Ereignisse und Bemerkungen stoßen, die für sie keinen Sinn ergeben, sollten sie die Freiheit haben, danach fragen zu dürfen. Sie streben ständig danach, sich ein Bild von dem zu machen, was sie sehen, aber sie sind sich nicht sicher, ob es richtig ist, so daß sie durch eine »Abfuhr« leicht verletzt werden können. Kinderfragen sind immer ernsthaft, auch wenn sie manchmal überhandnehmen, wenn nämlich die Kinder entdecken, daß das Fragen ein Mittel ist, um die Aufmerksamkeit auf sich zu lenken.

Problematisch an Fragen von Kindern ist, daß die Kinder sich nicht immer ganz klar ausdrücken können und unter Umständen Fragen stellen, die irreführend sind, was besonders dann gilt, wenn die Eltern nur mit einem Ohr zuhören. So können Kinder glauben, daß Gestalten aus dem Fernsehen echt sind, oder sie verstehen soziale Gewohnheiten der Erwachsenen nicht, etwa das Bezahlen einer Rechnung. Ihre Fragen können vollkommen logisch sein – innerhalb der Grenzen ihres Wissens. Was vielleicht als lächerliche Fragestellung erscheint, ist unter Umständen durchaus nicht kindisch oder Aufmerksamkeit heischend, sondern das Bemühen eines intelligenten Kindes, das, wenn auch nicht korrekt, sich etwas ausgedacht hat und jetzt mehr wissen möchte.

Kinder brauchen Zeit, um die eigenen Gedanken durchzuarbeiten, und es ist sinnvoll, wenn man ihre intellektuelle Neugier anspornt. Ein Einzelkind bekommt dazu viel mehr Gelegenheit als ein Kind, das noch Geschwister hat. Zwischen Eltern und Kind muß sich außerdem ein gewisses Vertrauen gebildet haben, damit das Kind sich befähigt fühlt, ausgefallenen Gedanken nachzugehen. Das stellt sich ein, wenn viele gemeinsame Erfahrungen vorliegen. Gemeinsam verbrachte Zeit hilft den Eltern, ihr Kind besser zu verstehen, längere Trennungen erschweren das erheblich.

Aber Kinder haben auch sehr viel Sinn für Humor, der besorgten Erwachsenen völlig abgehen kann. Ich habe einmal erlebt, wie ein gescheites fünfjähriges Mädchen einige Erwachsene fragte: »Was ist der Unterschied zwischen dem Knochen eines Dinosauriers und dem eines Huhns?« Die ernsthaften Erwachsenen gaben unterschiedliche gelehrte Antworten. Hatte es vielleicht etwas mit der Evolution zu tun oder mit dem Unterschied zwischen Vögeln und Reptilien? Jeder wußte etwas anderes. »Falsch«, erklärte das Mädchen, »der eine Knochen ist kleiner.«

Was Sie tun können – Sprache

Bei Babys

1. Bleiben Sie dem Baby körperlich nahe; »sprechen« Sie mit ihm, und »hören« Sie ihm zu, wann immer Sie können.
2. Zeigen Sie Ihrem Baby einfache Gegenstände, etwa ein Spielzeug und einen Kamm, und beobachten Sie, welchen Gegenstand es betrachtet. Nehmen Sie das entsprechende Objekt, und zeigen Sie es dem Kind ausführlich; »erzählen« Sie ihm etwas darüber. Zeigen Sie ihm auf die gleiche Art andere Dinge im Haus, etwa einen tropfenden Wasserhahn.
3. Bringen Sie Ihrem Baby mit ungefähr einem Jahr bei, auf bestimmte Dinge zu zeigen und sie zu benennen.
4. Sagen Sie Kinderverse auf; das macht dem Kind Spaß und läßt es den Sprachrhythmus erahnen.
5. Lesen Sie Ihrem Kind etwas vor, und zeigen Sie ihm die Bilder in den Büchern, wenn es einige Monate alt ist.
6. Überlegen Sie, ob die wenigen Wörter, die Ihr Baby kennt, irgend etwas gemein haben – Form, Farbe, Material. Zeigen Sie ihm ähnliche Gegenstände, und sprechen Sie über das, was gleich und was anders ist.
7. Gebrauchen Sie die gleichen Ausdrücke und Formulierungen, damit das Kind sich lautlich an sie gewöhnt.
8. Ermuntern Sie Ihr Baby, die führende Rolle bei Ihrem »Gespräch« zu übernehmen; dabei sollte es möglichst viel Spaß haben.

Bei Kleinkindern

1. Loben Sie jede Anstrengung, und verbessern Sie grammatikalische Fehler nicht zu oft.
2. Reduzieren Sie »Babysprache« auf ein Minimum.
3. Verwenden Sie immer wieder die gleichen »Schlüsselworte«.
4. Beschreiben Sie Gegenstände, die räumlich vorhanden sind, damit Ihr Kind all das koordinieren kann, was es hört, sieht und berührt.
5. Gestalten Sie Ihr Gespräch für das Kind so lebendig und interessant wie möglich.

6. Helfen Sie dem Kind, die Worte zu gebrauchen, die es bereits kennt.
7. Antworten Sie richtig, nicht nur mit »Oh« – schließlich sind Sie auf ein Gespräch aus.

Gehirn und Verstand
Sowohl die physische Ausstattung des Gehirns wie auch die Art, in der es arbeitet, haben Einfluß auf die Intelligenz eines Menschen. Vergleiche dazu, wie es genau arbeitet und sich entwickelt, zum Beispiel das Buch *Human Biology* von Joan Freeman[1].

Für unsere Zwecke hier können wir uns das Gehirn als eine äußerst komplizierte Schalttafel eines Telefonsystems denken, wenngleich der große Unterschied besteht, daß gedachte Botschaften fast unverzüglich übermittelt werden. Es arbeitet mit Hilfe spezieller Körperzellen (Nervenzellen), der sogenannten Neuronen, die dicht an dicht im Gehirn zusammengedrängt sind. Jede Nervenzelle speichert Bilder, die mittels eines elektrischen Stroms aufgenommen und an andere Neuronen weitergeleitet werden; der Strom überbrückt dabei die winzigen Räume zwischen den Neuronen, die sogenannten Synapsen.

Denken ist das Ergebnis der Arbeit von bis zu zehn Milliarden Neuronen, die ununterbrochen Informationen austauschen. Man glaubt, daß ein einziges Neuron gleichzeitig Verbindung zu maximal tausend anderen Neuronen aufnehmen kann. Je mehr Überleitungsfasern ein Neuron entwickeln kann, desto größer ist seine Übermittlungskapazität. Theoretisch gibt es keine Obergrenze für die Materialmenge, die das Gehirn verarbeiten kann. So gesehen könnten wir die Intelligenz steigern, wenn wir die Verzweigung der die Informationen überleitenden Fasern ausbauen könnten. Eine Theorie besagt, daß besonders intelligente Menschen mehr von diesen sich verzweigenden Fasern haben als weniger intelligente, wodurch sich erklären ließe, warum sie Informationen so sehr viel besser verarbeiten können. Nach einer anderen wird der Synapsenspalt um so schneller überbrückt, je öfter ein Kind eine bestimmte Nervenbahn benutzt, wobei geistige Übungen wie Kopfrechnen oder anregende Diskussionen von Nutzen sein sollen.

Psychologische Untersuchungen an Ratten haben ergeben, daß die Nervenfasern um so schneller Informationen weiterleiten und die Tiere sich um so intelligenter verhalten, je dicker die Fetthülle der einzelnen Nervenfasern ist. Diese Fettschicht wurde dicker, wenn die

Ratten verstärkt von ihren Züchtern betreut wurden, und auch, wenn man ihnen anregendere Aufgaben stellte – im Fall der Ratten ging es dabei um ein komplizierteres Labyrinth, mit dem sie fertig werden mußten. Es ist durchaus denkbar, daß das Verarbeiten von Informationen beim Menschen ähnlich beeinflußt wird. Wenn wir also diese Erkenntnisse auf Kinder übertragen, würde daraus folgern, daß Intelligenz – oder zumindest die Geschwindigkeit des Denkens – durch körperliche Zuwendung und ein interessantes Lernumfeld gefördert werden könnte.

Das Gehirn hat auch etwas von einem Computer, da es offenbar überwiegend mit Programmen arbeitet. Die Information, die die Nervenzellen speichern, kann aus einzelnen Bits oder aus Ketten bestehen. Eine einzige Körperbewegung, etwa das Heben eines Fingers, aktiviert gleichzeitig Millionen von Schaltungen – und zwar genau diejenigen, die für diese Bewegung erforderlich sind. Alles, was wir lernen, wird für den späteren Gebrauch in Programmen gespeichert, aber da wir Menschen und keine Computer sind, setzt unser Gehirn diese Programme meistens auf eine emotionale Art ein. Wir sind beispielsweise nicht besonders erpicht darauf, etwas Neues zu lernen, wenn es uns nicht interessant oder lohnend erscheint. Mit anderen Worten, am besten prägt sich uns das ein, was wir tatsächlich lernen wollen.

Intelligente Kinder bewältigen kompliziertere Programme als Kinder im Durchschnitt und können ihre bessere Speicherkapazität – ihr Gedächtnis – und ihre häufig bessere Konzentration nutzen, um neue Ideen zu entwickeln. Eltern können ihre Kinder anhalten, diese Speicherfähigkeit zu trainieren, indem sie den Kindern positiv begegnen und sie für gute Gedächtnisleistungen loben, anstatt, wie das üblich ist, abwertende Bemerkungen zu machen, wenn sie einmal etwas vergessen haben, etwa das sattsam bekannte »Gut, daß dein Kopf angewachsen ist, sonst würdest du den auch noch vergessen«. Zur Schulung des Gedächtnisses können Sie auch folgendes Spiel spielen: Legen Sie einige kleine Gegenstände auf den Tisch, etwa ein Gummiband, einen Puppenschuh, eine Tasse vom Puppengeschirr, eine kleine Schachtel oder ähnliches. Decken Sie ein Tuch darüber. Die Kinder dürfen nicht wissen, was auf dem Tisch liegt. Nehmen Sie nun fünf Sekunden das Tuch weg, damit die Kinder die Gegenstände sehen können, und decken Sie sie dann wieder zu. Die Kinder dürfen dann das hervorziehen, woran sie sich erinnern. Zählen Sie die Gegenstände, an die sie sich erinnert haben, und geben Sie auch einen Punkt, wenn sie sie in der richtigen Reihenfolge gezogen oder sich die Lage gemerkt haben. Das macht Spaß und ist außerdem ein ausgezeichnetes Spiel, bei dem man lernt zu lernen.

Die Arbeitsweise des Gehirns wird auch durch Hormone beeinflußt. Das sind körpereigene, von den Drüsen produzierte chemische Substanzen, die sich auf unsere Körperfunktionen auswirken, insbesondere auf unsere Empfindungen. Wenn beispielsweise ein Kind eine Abneigung gegen das hat, was es lernen soll, oder sich langweilt, verängstigt oder müde ist, sondert der Thymus Hormone (Endorphine) ab, die definitiv verhindern können, daß neue Informationen zu den entsprechenden Gehirnregionen gelangen, um dort verarbeitet zu werden. Die »Prüfungsangst« ist ein Beispiel dafür, wie sich Streß und Hormone auswirken können. Sie haben vielleicht schon einmal in einer Prüfung über einer Aufgabe gesessen und festgestellt, daß Sie sich an eine Einzelheit nicht erinnern konnten, und obwohl Sie sich verzweifelt bemüht haben, etwas zu Papier zu bringen, schienen Ihnen selbst Dinge entfallen zu sein, die Sie am Tag zuvor noch sicher beherrscht haben. Eine Möglichkeit, dieses Problem bei Kindern auszuschalten, besteht darin, das Lernen interessant und spannungsfrei zu halten und nicht mit Lob zu geizen, damit sie es gern tun. Versuchen Sie nicht, Kinder mit Stoff vollzustopfen. Sie sind keine leeren Gefäße, die darauf warten, gefüllt zu werden, sondern begierig Lernende, die offen sind für die Entdeckungen, die Sie ihnen enthüllen.

Rechte und linke Gehirnhälfte

Jahrhunderte hindurch haben bedeutende Denker über die Teilung des Denkens geschrieben, das auf dem Verstand oder dem Gefühl beruht. Aber erst Ende der fünfziger Jahre unseres Jahrhunderts haben Psychologen, insbesondere Robert Ornstein in Amerika[2], entdeckt, daß diese Unterteilung auf die unterschiedlichen Einflüsse der Gehirnhemisphären zurückgeht. Begonnen hatte das alles mit Beobachtungen von Epileptikern und Patienten mit Gehirnverletzungen, bei denen die beiden Gehirnhälften entweder getrennt oder bestimmte Teile des Gehirns geschädigt worden waren.

Menschen, deren Denken von der rechten Gehirnhälfte beherrscht wird, neigen dazu, die Dinge als Ganzes zu sehen. Sie befassen sich mit Mustern, Formen und Größen und sind besonders einfühlsam und intuitiv. Ihre Vorstellungen können vage und verschwommen auf Menschen wirken, bei denen die linke Gehirnhemisphäre vorherrscht und die oft besser in logischen und wissenschaftlichen Dingen sind, etwa in Mathematik und Wortspielereien. Während Ihnen die rechte Hemisphäre hilft, eine Melodie zu summen, ein Gedicht zu schreiben oder ein Gemälde als ein Gesamtkunstwerk zu betrachten, hilft Ihnen die linke Hemisphäre, grammatisch richtig zu schreiben, eine Maschine zu reparieren oder die Maltechnik des Künstlers zu bewundern. Aber bei den meisten Menschen arbeiten die beiden Hälften einträchtig zusammen.

Es hat den Anschein, als wenn die spontanere rechte Gehirnhälfte das fruchtbare Wissen in großen Zügen in sich aufnehmen würde, das dann von der linken Hälfte eingeordnet und verknüpft wird. Jede Hemisphäre kann in gewissen Grenzen auch die Arbeit der jeweils anderen übernehmen, ist aber effizienter, wenn die ankommenden Informationen ihrer Art der Verarbeitung entsprechen. Aber nicht immer befaßt sich die geeignete Gehirnhälfte mit diesen Informationen. Die meisten Menschen bevorzugen eine Seite, woraus sich der ihnen eigene Stil erklärt, was aber einigen Aspekten ihres Lernens zuwiderlaufen kann. Wer zum Beispiel Schwierigkeiten mit der Rechtschreibung hat, der neigt vielleicht dazu, lieber die rechte als die linke Hemisphäre zu benutzen; er verläßt sich also zu sehr auf seine Intuition und schenkt den Einzelheiten, den Buchstaben, nicht genug Beachtung.

Bei Babys und Kleinkindern herrscht normalerweise nicht eine bestimmte Gehirnhälfte vor, aber im herkömmlichen Schulunterricht wird manchmal die mit der linken Hemisphäre zusammenhängende Betätigung zum Nachteil derjenigen überbetont, die der rechten Hemisphäre zuzuordnen wäre. Daher herrscht bei den Kindern, wenn sie die Schule verlassen, im allgemeinen die linke Gehirnhälfte ein wenig vor. Schul- und Intelligenztests zum Beispiel stellen stärker auf die linke als auf die rechte Hemisphäre ab. Einige Psychologen glauben sogar, daß bestimmte der rechten Hälfte zugeordnete Aktivitäten bei nicht regelmäßiger Übung sich niemals richtig entwickeln und daß eine zu stark wissenschaftlich betonte Bildung und Erziehung die schöpferischen Kräfte eines Kindes beeinträchtigt, da die größten kreativen Leistungen beider Gehirnhälften bedürfen. Seit neuestem fangen einige Lehrer an, sich der eher intuitiven, schöpferischen rechten Hemisphäre zuzuwenden. Im folgenden eine kurze Aufzählung, wie sich Kinder wahrscheinlich verhalten, bei denen die rechte beziehungsweise linke Gehirnhälfte vorherrscht.

Linke Hemisphäre
Mag den formalen Unterricht
Ist ausdauernd
Ist zuverlässig
Lernt am liebsten allein
Bleibt beim Lernen ruhig auf seinem Platz sitzen
Ist ein guter Schüler

Rechte Hemisphäre
Mag gedämpftes Licht und Wärme
Ist nicht erpicht darauf, sich hinzusetzen und zu lernen
Lernt gerne in Gesellschaft
Läuft gerne herum und macht hier etwas und da etwas
Ist in der Schule nicht besonders gut

Es gibt möglicherweise sechs Unterschiede beim Einsatz der rechten und linken Gehirnhälfte. Von Mädchen wird im allgemeinen behauptet, sie würden von der rechten Hemisphäre beherrscht, bei den Jungen soll es die linke sein, weshalb sie auch besser in Mathematik und Technik seien. Aber da es bei Babys keinerlei Anzeichen für eine derartige Spezialisierung gibt, die sich erst zeigt, wenn die Kinder älter werden, ist sie höchstwahrscheinlich das Ergebnis der unterschiedlichen Erziehung der Geschlechter, die sich auf die Art zu denken auswirkt. Etwa mit dem Beginn des fünften Lebensjahres kann jedes Kind einseitige Denkgewohnheiten annehmen. Die Eltern können darauf achten und den Versuch machen, ausgleichend einzugreifen, um dem Kind zu geistiger Beweglichkeit zu verhelfen.

Eine andere Möglichkeit, diese Unterteilung der Denkarten zu betrachten, ist, die Kinder in divergente und konvergente Denker einzuteilen. Das entspricht recht gut der rechts- beziehungsweise linksseitigen Orientierung des Denkens. Wer konvergent denkt, hält sich an die Regeln, kommt wahrscheinlich ganz logisch zu einem Schluß und ist normalerweise gut in wissenschaftlichen, mathematischen Belangen. Divergente Denker sind eher kreativ, haben öfter neue und vielleicht verrückt klingende Ideen und Ansätze und neigen häufig zu künstlerischen Tätigkeiten. Konvergent ausgerichtete Kinder tun sich mit schnörkellosen Frage-Antwort-Tests leichter, divergente Kinder bevorzugen Texte, bei denen sie ihrer Phantasie freien Lauf lassen können.

Ein typischer Test konvergenten/divergenten Denkens ist die Frage an ein Kind, was man mit einem Ziegelstein anfangen kann. Das konvergent denkende Kind baut damit Häuser, Mauern, errichtet Regale usw. Das divergent denkende Kind gebraucht den Ziegel als Briefbeschwerer, zerreibt ihn, um daraus Zement zu machen, wirft ihn durch ein Fenster usw.

Es heißt manchmal, daß man ein Kind, das man zu divergentem Denken anleiten wolle, nur zu ermuntern brauche, albern zu sein – was einiges über diejenigen aussagt, die das sagen. Es ist keineswegs so, daß ein Kind völlig dem einen oder anderen Typ entspräche – wir brauchen beides, um überleben zu können –, aber wir sind hier am beherrschenden Stil interessiert.

Was Sie tun können – Denken

1. Sparen Sie nicht mit körperlicher Zuwendung – Körperkontakt und Zärtlichkeiten –, damit sich das Kind geliebt und geachtet fühlt. Kinder, die ausgeglichen sind, lernen besser und denken mehr.
2. Halten Sie viel Material für das Kind bereit, von und mit dem es lernen kann.
3. Ermuntern Sie zu Mut, Konzentration und Erinnerung, indem Sie Freude daran zeigen.
4. Zeigen Sie dem Kind, wenn Sie selbst von einem Gedanken begeistert sind.
5. Gestalten Sie das, was das Kind lernt, so anregend wie möglich, zumindest interessant. Langeweile wirkt außerordentlich hemmend.
6. Versuchen Sie nicht, einem müden Kind noch etwas Neues einzutrichtern. Nicht Ihre Ausdauer ist wichtig, sondern der Wunsch des Kindes, weiterzumachen.
7. Bemühen Sie sich, das Spannungsniveau in Ihrem Haus so niedrig wie möglich zu halten. Es kann einen sich entfaltenden Geist sehr beeinträchtigen.
8. Tanzen Sie gemeinsam zur Radiomusik, um sich körperlich aufzulockern, bevor Sie sich hinsetzen, um gemeinsam ernsthaft etwas zu bedenken oder zu besprechen.
9. Dämpfen Sie gelegentlich das Licht, und wechseln Sie die Musik, wenn Sie zusammensitzen und über Dinge sprechen, die Sie beide betreffen. Hören Sie genau zu, was Ihr Kind sagt, bevor Sie antworten.
10. Wenn Sie das Gefühl haben, daß bei Ihrem Kind die rechte Ge-

hirnhemisphäre dominiert, tun Sie etwas für die linke Hälfte – spielen Sie zum Beispiel Spiele mit Ihrem Kind, etwa die Suchspiele, wie sie in den Kindercomics vorkommen.

11. Wenn Sie den Eindruck haben, daß bei Ihrem Kind die linke Gehirnhälfte vorherrscht, versuchen Sie, größere Dinge aufzuwerten – etwa wie der Himmel und die Erde zusammentreffen –, oder geben Sie sehr große Papierbogen aus, auf denen das Kind mit einem großen Pinsel malen kann.

Der Intelligenzquotient

Auch wenn Eltern, Lehrer und Psychologen den Begriff Intelligenzquotient (IQ) ganz unbekümmert gebrauchen, gibt es erhebliche Meinungsverschiedenheiten darüber, was das denn eigentlich ist. Zu Beginn dieses Jahrhunderts glaubte man, die Intelligenz werde beim Zeitpunkt der Empfängnis für das ganze Leben festgelegt. Heute wissen wir allerdings, daß sie sich mit den Umständen verändert, ja sogar von einem Tag auf den anderen schwanken kann. Nicht nur der Wert des einzelnen kann sich verändern, verschiedene Tests ergeben auch verschiedene IQs. Von den beiden am häufigsten verwendeten Intelligenztests hat zum Beispiel der eine als Obergrenze einen IQ von 145, der andere von 170. Das gleiche Kind, das diese beiden Tests durchläuft, kann durchschnittlich sieben IQ-Punkte Unterschied in der Bewertung bekommen. Manchmal werden Tests, mit deren Hilfe spezielle Fähigkeiten gemessen werden sollen, fälschlicherweise dazu benutzt, den IQ zu bestimmen (ich habe selbst erlebt, daß so etwas geschieht).

Die Abkürzung IQ steht für den Begriff Intelligenzquotient. Ein Quotient ist das Ergebnis einer rechnerischen Division. Es ist eine Zahl, die sich aus einer Bewertung errechnet, die ein Kind bei einem Intelligenztest erreicht. Diese Bewertung wird Intelligenzalter genannt, das man durch das Lebensalter teilt und dann mit hundert multipliziert, um die Zahl abzurunden. Die Formel lautet also:

$$\frac{\text{Intelligenzalter}}{\text{Lebensalter}} \times 100 = \text{IQ}$$

Im Durchschnitt erreichen Kinder einen Wert um 100 – sechzig Prozent der Kinder haben einen IQ zwischen 90 und 110. Ein IQ von 120 oder mehr bedeutet die Zuordnung zur Gruppe der intelligenten Kinder; etwa zehn Prozent der Bevölkerung fällt unter diese Rubrik.

Begabte Kinder aus den oberen zwei Prozent erreichen einen IQ zwischen 135 und 170. Eine IQ-Bewertung ist immer relativ; sie benennt das Verhältnis zwischen dem Erfolg eines Kindes bei bestimmten Aufgaben und dem anderer Kinder seines Alters.

Aber ein Test kann nur die Leistung eines Kindes zu der Zeit wiedergeben, zu der sie gemessen wurde. Er gibt an, wie gut das Kind das aufgenommen hat, was es gelernt hat, und wie gut es das für den jetzigen Test wiedergeben kann. Hat es sich aber erkältet, wird das Testergebnis wahrscheinlich schlechter ausfallen. Das Gute an einem Intelligenztest ist, daß er als eine Art Sicherheitsnetz fungieren kann, und zwar dergestalt, daß man in den Kindern, insbesondere den intelligenten, das erkennt, was sie wirklich sind. Andernfalls werden sie eventuell verkannt und erhalten keine angemessene Erziehung, die ihnen erlaubt, auf ihrem Niveau zu arbeiten. So wird ein Kind vielleicht irrtümlich dem unteren Klassendrittel zugerechnet, weil es zu Hause Schwierigkeiten hatte und anfing, schlechte Noten zu bekommen. Es verliert folglich das Interesse und bringt nur noch durchschnittliche Noten nach Hause. Ein Intelligenztest würde Eltern und Lehrern sehr schnell klarmachen, daß es weit unter seinen tatsächlichen Möglichkeiten geblieben ist, und sie könnten ihm helfen, wieder aufzuschließen und einen ihm angemessenen Platz unter den Besten einzunehmen. Schlechtestenfalls ist ein Intelligenztest ein objektiver Anhaltspunkt in einem Meer von Meinungen.

Schon wenn das Wort IQ nur erwähnt wird, gehen viele Leute auf die Palme; ihnen erscheint es vielleicht überhaupt falsch, die Fähigkeiten der Kinder zu messen und mit diesen Werten dann Entscheidungen über ihre Zukunft zu begründen. Es werden sowohl die verwendeten Maßstäbe angezweifelt wie auch die moralische Begründung, die für solche Tests angeführt wird. Die Fähigkeit, sich in einem IQ-Test gerecht zu werden, hängt entscheidend von den Lebensumständen eines Kindes ab wie dem Gebrauch der Sprache in der Familie oder davon, ob das Kind etwas hat, womit es spielen kann. Ohne die richtigen Gelegenheiten kommen einige Seiten der Intelligenz unter Umständen nie zum Tragen. Ist es dann gerechtfertigt, die Intelligenz in Tests zu bewerten? Im folgenden einige der Fragen, die im Zusammenhang mit dem IQ oft gestellt werden.

Wird der IQ von den Eltern ererbt?

Es läßt sich schwer genau feststellen, wieviel vom IQ eines Kindes auf die häusliche Umgebung zurückgeht, also auf die Umwelt, und wieviel auf die Vererbung. Die Wissenschaftler können Kinder nicht einfach in verschiedene Milieus verpflanzen, um herauszufinden, was dann geschieht. Doch die Natur hat uns in Gestalt der eineiigen Zwillinge eine ideale Forschungsgruppe an die Hand gegeben. Im Gegensatz zu zweieiigen Zwillingen, die sich lediglich wie Geschwister gleichen und nur zufällig zur gleichen Zeit geboren sind, haben eineiige Zwillinge genau die gleichen Erbanlagen. Wenn wir eineiige Zwillinge betrachten, die in verschiedenen Familien groß geworden sind, können wir feststellen, wie die unterschiedliche Umgebung zwei Kinder mit der gleichen Erbanlage beeinflußt.

Hier gibt es allerdings Probleme, wenn nämlich die Adoptivfamilien der beiden Zwillinge sich stark ähneln. In Gesellschaften, die Adoptionen zulassen, wird normalerweise versucht, die Adoptivkinder in Familien unterzubringen, die der Ursprungsfamilie so ähnlich wie möglich sind. Dadurch werden die umweltbedingten Unterschiede stark zurückgedrängt. Aber selbst dann zeigt sich noch, daß ein Teil des IQs Veranlagung ist.

Unterschiedliche statistische Methoden ergeben unterschiedliche Resultate. In einigen Fällen wird behauptet, daß Intelligenz zu achtzig Prozent ererbt sei, was nur noch zwanzig Prozent Einfluß für die Umwelt ließe. Nach den zurückhaltendsten Schätzungen liegt der ererbte Anteil der Intelligenz jedoch bei nur dreißig Prozent. Zweifellos wird die Antwort irgendwo zwischen diesen beiden Extremen zu finden sein, wenngleich auch möglich ist, daß der Anteil des vererbten IQs bei verschiedenen Kindern schwankt. Die Professoren Eysenck und Kamin erläutern die gegensätzlichen Standpunkte in dieser Frage sehr deutlich in ihrem Buch *The battle for the mind*[3].

Wie wirkt sich die Umwelt auf den IQ aus?

Auf diese Frage möchte das vorliegende Buch eine Antwort geben. Die Umstände (die Bemühungen der Eltern inbegriffen) können nur die latent vorhandene Intelligenz beeinflussen, die gefördert werden soll; es ist daher wichtig, zu wissen, was einen Unterschied bewirkt.

Man hat wieder und wieder festgestellt, daß Kinder aus höheren sozialen Schichten im Durchschnitt einen höheren IQ haben als Kinder aus den unteren Gesellschaftsschichten. Der Grund dafür liegt nicht darin, daß die Kinder reicher Eltern klüger auf die Welt kommen, sondern darin, daß sie im allgemeinen eine erzieherisch positiver ausgerichtete Kindheit verbringen. Das geht auf die Einstellung zurück, die die Eltern zur geistigen Entwicklung ihrer Kinder haben, und auf die Bedingungen, die sie zu Hause und in der Schule vorfinden. Wer einen hohen IQ haben möchte, muß ein Mindestmaß lernen, und die Kinder, die die beste Ausgangsposition haben, sich das Richtige anzueignen, werden ihre Fähigkeiten wahrscheinlich eher ausschöpfen können – und genau das mißt ein IQ-Test. Bei meinen Untersuchungen überdurchschnittlich begabter Kinder (vgl. Kap. 7) habe ich festgestellt, daß die beiden wichtigsten Aspekte ihres Lebens, die auch den größten Einfluß auf die Erhöhung der IQ-Bewertung der Kinder hatten, die familiären Lebensumstände und die Erziehungsbedingungen waren.

Die Frage der Rassenzugehörigkeit und ihrer Beziehung zur Intelligenz ist das wahrscheinlich heikelste Thema in der heutigen Bildungsszene. Der amerikanische Wissenschaftler Professor Arthur Jensen kommt in einigen seiner Untersuchungen zu dem Schluß, daß schwarze Kinder einen niedrigeren IQ haben als weiße, während andere Rassen irgendwo dazwischen lagen. Das ist sowohl aus psychologischen wie statistischen Gründen auf das heftigste kritisiert worden; die ursprünglichen Ergebnisse werden inzwischen als wertlos betrachtet, und sogar der Professor ist inzwischen ein wenig von seiner Meinung abgewichen. Bei uns werden alle Kinder individuell und unabhängig von ihrer Hautfarbe beurteilt; jedes Kind hat die Freiheit, aufgrund des Erlebens der eigenen Handlungen seine Grenzen und Stärken zu erkennen.

Kann der IQ Erfolg voraussagen?
Ja. Den Erfolg auf einigen Gebieten, etwa den Leistungen in Schule oder Universität, kann er sehr gut voraussagen – aber das gilt dann auch für die soziale Herkunft, denn beide sind miteinander verknüpft. Aber ein hoher IQ allein ist noch keine Garantie für irgendeinen Erfolg. Der Anteil der Personen mit einem hohen IQ an der Gesamtbevölkerung läßt sich leicht errechnen, aber man kann sicher nur einige von ihnen im herkömmlichen Sinn als erfolgreich bezeichnen, während viele andere mit einem niedrigeren IQ außergewöhnlich viel Erfolg haben.

Persönlichkeit und Glück sind für den Erfolg ebenso wichtig wie Intelligenz. Wenn ein Kind aus eigenen Kräften Millionär werden möchte, ist ein hoher IQ, der eventuell der Grund für ein Universitätsstudium wäre, vielleicht sogar ein positives Hindernis. Ein Kind, das nicht schon einen Beruf hat, den es nach dem Studium ergreift, hätte die auf der Universität verbrachten Jahre nutzen können, sich selbst etwas aufzubauen und zu lernen, wie man sich behauptet, anstatt sich mit wissenschaftlichem, abstraktem Denken abzugeben.

Haben Jungen und Mädchen unterschiedliche IQs?
Man kann unmöglich behaupten, daß ein Geschlecht intelligenter als das andere wäre, doch es gibt Anzeichen dafür, daß es unter den Jungen ein größeres *Vorkommen* an Intelligenz gibt. Das soll heißen, daß ein Junge eine größere Chance als ein Mädchen hat, entweder dumm oder begabt zu sein. Aber selbst nach fast hundertjähriger Praxis haftet dem Messen der Intelligenz noch immer eine solche Unsicherheit an, daß es durchaus denkbar ist, daß es gesellschaftliche Gründe für diese Unterschiede gibt, die uns nur noch nicht alle bekannt sind. So wissen wir beispielsweise, daß geistig zurückgebliebene Jungen sehr viel öfter in Heime gegeben werden als Mädchen, wahrscheinlich weil man es für tragbarer hält, solche Mädchen im Haus zu haben. Vielleicht sind derartige gesellschaftliche Gründe verantwortlich dafür, daß vergleichsweise wenig begabte Mädchen auffallen; ihr Leistungsstreben wird möglicherweise auf andere Verhaltensweisen umgelenkt, die für ein Mädchen als angemessener gelten.

Das Hauptproblem bei der Bewertung des Intelligenzquotienten liegt darin, daß die Zahl für ein ganzes Bündel von Fähigkeiten steht. Es ist etwa so, als wollte man sagen, die Persönlichkeit eines Menschen drücke sich in einem Persönlichkeitsquotienten von 124 aus, was wirklich nicht besonders informativ ist. So ist man beispielsweise schon in Großbritannien davon abgekommen, die Intelligenz durch eine einzige Zahl, eben den IQ, anzugeben, und legt als Ergebnis statt dessen ein »Fähigkeitsprofil« vor. Da Tempo und Art der geistigen Entwicklung bei Jungen und Mädchen unterschiedlich sind, muß man auch die Ergebnisse im Verhältnis zum Alter der Kinder sehen, die einem solchen Test unterzogen werden. Wie intelligent ein Mädchen als Erwachsene sein wird, läßt sich zum Beispiel voraussagen, wenn das Mädchen zwischen drei und sechs Jahre alt ist; bei Jungen ist eine solche Voraussage erst im Alter zwischen sechs und zehn Jahren möglich. In dieser späteren Entwicklungsperiode weisen beinahe doppelt so viele Jungen wie Mädchen einen Anstieg des IQs auf. Im übrigen sind Mädchen im allgemeinen in Sprachen besser, die Jungen bei Zahlen. Wenn also ein Test veranstaltet wird, bei dem einer dieser Fähigkeiten ein besonderer Stellenwert eingeräumt wird, bekommt ein Geschlecht unter Umständen höhere Bewertungen. Die Psychologen bemühen sich noch immer intensiv darum, die Einflüsse der Veranlagung und der Umwelt auf diese geschlechtsspezifischen Unterschiede einzuordnen und auch alle anderen strittigen Fragen im Zusammenhang mit dem IQ zu erörtern.

Wie geht es mit den Intelligenztests weiter?
In den Laboratorien der Psychologen werden Dutzende neuer Ideen darüber ausgebrütet, wie man die Intelligenz messen kann. Vielleicht werden zukünftige Testpersonen
— im Kopfhörer klickende Geräusche hören und blinkende Lichter betrachten, während an ihren Schläfen Elektroden angebracht sind, die die Gehirnströme aufzeichnen, die anschließend von einem Computer analysiert werden;
— (als Babys) hochgehalten, und man läßt sie zusehen, wie Spielzeugautos Puppen überfahren, während man gleichzeitig die Herzfrequenz der Kinder mißt;
— eine Schablone nachzeichnen;
— ihren Lebensalltag schildern;
— Punkte ordnen;
— mit drei Jahren bereits entscheiden, wie sie sich verhalten würden, wenn sie bei einem Spiel wären, zu dem man drei Mitspieler braucht, bei dem aber nur zwei Lust haben, mitzumachen;
— so schnell sie können auf Knöpfe drücken.

In Rußland, wo man dem IQ nie sonderlich gewogen war, versuchen die Wissenschaftler, das »Lernpotential« zu messen. Bei dieser Methode werden Kindern unbekannte Probleme vorgesetzt und die Zahl der »Einflüsterungen« sowie der Umfang der Hilfestellung gemessen, die sie brauchen, um die Probleme zu lösen. Im Westen versucht man, die verschiedenen Schritte der Gedankenprozesse zu bestimmen, wenngleich es manchmal den Anschein hat, als wenn wir immer mehr über immer weniger wüßten.

Können Eltern den IQ eines Kindes steigern?
Aufgrund des bereits vorhandenen Wissens ist es möglich, den IQ eines durchschnittlich begabten Kindes um bis zu zwanzig Punkte zu erhöhen, und dieses Ergebnis läßt sich demnächst vielleicht noch verbessern. Aber eine Erhöhung des IQ ist nicht nur eine Frage der Verbesserung der Umwelt eines Kindes, etwa dadurch, daß man beispielsweise in eine Gegend mit reiner Luft zieht. Sie ergibt sich viel-

mehr aus den vermehrten Versuchen des Kindes, sich mit den Umständen auseinanderzusetzen – aus seinen Erfahrungen im Umgang mit den Dingen und Menschen seiner Umgebung und der Erkenntnis dessen, was daraus erwächst.

Ununterbrochener Lärm, selbst laute Musik, denen ein Baby ausgesetzt ist, können sich tatsächlich negativ auf die Entwicklung seines IQs auswirken, weil das seine Fähigkeit beeinträchtigt, unter den Dingen auszuwählen, denen es zuhören möchte. Die früheste Entwicklung erfährt der IQ durch die normalen »Gespräche« der Mutter mit ihrem Kind. Sie ahmt oft die Laute des Babys nach, wartet auf eine Reaktion und macht dann diese nach. Nach einer Weile geht sie vielleicht zu neuen Lauten und Worten über – »Jetzt kitzel ich dein *Bäuchlein«*. Wichtig sind dabei die Reaktion des Babys und die Veränderungen, die das in seinem Kopf bewirkt. Das »Gespräch« hilft dem Baby auch dabei, seine Kommunikation mittels der Mimik zu entwickeln; außerdem bildet sich ein Vertrauensverhältnis. Die Folge ist, daß das Kind den Eltern noch anziehender erscheint. Zu sagen, man sollte Kinder sehen, aber nicht hören, hieße, ihre geistige Entfaltung zu begrenzen; glücklicherweise kommt so etwas in der Wirklichkeit nie vor.

Je früher die Eltern anfangen, im Leben eines Kindes den IQ zu fördern, desto mehr Erfolg haben sie wahrscheinlich damit, wenngleich die Entwicklung in keinem Alter jemals abbricht. Es ist nur das *Tempo* der Entwicklung, das sich ändert und das in den ersten zwei Lebensjahren am höchsten ist. Je länger Sie danach warten, desto schwieriger wird es. Darüber hinaus gibt es im Leben eines Kindes besonders fruchtbare Perioden, in denen das Lernen schubartig zunimmt. Eine dieser Perioden endet offenbar mit vier Jahren, eine andere liegt zwischen dem fünften und neunten Lebensjahr. Das Alter, in dem die Kinder in den Kindergarten kommen, ist möglicherweise eine Zeit langsamen geistigen Wachstums.

Das eigentliche Problem besteht für die Eltern darin, die Umstände zu finden, die für das Kind lebhaft und anregend genug, aber in seinem speziellen Entwicklungsstadium nicht zu anspruchsvoll sind. Wenn sie zu einfach sind, wird das Lernen langweilig; sind sie zu schwierig, wird es zur Qual. Aber wenn Fähigkeiten und Anforderungen einander entsprechen, bringt das dem Kind so viel Freude und steigert seinen Lerneifer derart, daß es aus freien Stücken vorwärtsstrebt und überhaupt keines Anstoßes bedarf. Wahrscheinlich ist das die Kunst elterlicher Fürsorge.

Was Sie tun können – IQ

1. Besorgen Sie Ihren Kindern Spielzeug, Malpapier, Musikinstrumente, alles, womit sie ihre geistigen und künstlerischen Fähigkeiten schulen können, und seien Sie so großzügig wie möglich. Kaufen Sie zum Beispiel Papier rollenweise, kein Zeichenpapier, damit das Kind unbekümmert malen kann und Sie nicht das Gefühl haben, daß es Geld verschwendet. Lassen Sie es nicht an Gegenständen fehlen, mit denen Ihr Kind spielen und arbeiten kann.
2. Gestalten Sie Ihr eigenes Leben abwechslungsreich und farbig. Es ist wichtig, daß die Kinder miterleben, wie ihre Eltern selbst ihre Intelligenz einsetzen. Lassen Sie Ihre Kinder an Ihrem Leben teilhaben – hören Sie zum Beispiel gemeinsam Musik. Es eignet sich jede Musik; wichtig ist das aufgeschlossene Zuhören.
3. Versuchen Sie, die Fähigkeiten Ihres Kindes realistisch einzuschätzen. Hohe Anforderungen können zwar manchmal Wunder wirken, aber wenn sie zu hoch geschraubt sind, können sie auch schaden. Kann ein Kind das von Ihnen gesteckte Ziel nicht erreichen, weil es zu ehrgeizig angesetzt ist, kann sein Selbstwertgefühl bei einem Scheitern zerstört werden.
4. Überprüfen Sie ständig, daß Ihr Kind sich nicht in starren Denkschablonen verfängt, von denen es heißt, sie seien für sein Geschlecht angemessen, die aber im vorliegenden Einzelfall alles andere als angemessen sind.
5. Denken sie positiv, und loben Sie viel – wo es berechtigt ist –, so daß zu Hause eine Atmosphäre des Vertrauens und Akzeptiertwerdens entsteht. Das gibt dem Kind die psychologische Freiheit, neue Gedanken und Erkenntnisse zu erproben, ohne daß es Angst haben muß, durch sarkastische Bemerkungen oder scharfe Zurechtweisungen vor den Kopf gestoßen zu werden.

Die Freude am Entdecken

Intelligenz beinhaltet mehr als die Fähigkeit, etwas zu kopieren, wenngleich auch dazu eine Menge Geschick gehört. Es ist das Verlangen des Kindes, etwas herauszufinden und selbst etwas auf die Beine zu stellen, was ein intelligentes Kind über den Durchschnitt erhebt. Das suchende, kreative Kind weiß, daß es viel zu entdecken, auszuwählen und zu ringen gibt. Deshalb geht es mit solchem Ernst ans Werk. Die erste Erfahrung ist notwendig, damit sich Eindrücke und Vorstellungen bilden, und zwar nicht nur durch bloßes Anfassen und Betrachten, sondern auch durch die geistige Auseinandersetzung mit anderen Beteiligten. Die »kindischen« Vorstellungen und »dummen« Fragen der ersten Jahre sind eine Form des Tastens und Testens, das nicht einfach abgetan werden sollte – jedenfalls das meiste nicht.

Die Freude am Entdecken beginnt mit der Geburt – jedes Kind weiß das. Aber diejenigen, die das Glück haben, sich diese Freude vielleicht für ihr ganzes Leben zu bewahren, sind ständig bestrebt, zu lernen, Probleme aufzuspüren und sie zu lösen. Das Leben kann für Kinder ununterbrochen anregend und erfüllend sein, wenn sie den richtigen Start haben. Es hat keinen Sinn, darauf zu warten, daß die Schule vielleicht diese Anregung vermittelt, denn dazu kommt es unter Umständen nie. Außerdem ist es dann schon ziemlich spät – die Möglichkeiten, das Lernen zu erforschen, werden zu Hause geschaffen.

Spielzeug ist für Kinder etwas sehr Wichtiges, vor allem, wenn sie schöpferisch damit umgehen können; es ist dabei überhaupt nicht nötig, den Vorschriften des Herstellers zu folgen. Ein Kind findet es vielleicht viel interessanter, aus mit einer Laubsäge ausgesägten Holzteilen einen Turm zu bauen, als sie an die dafür vorgesehene Stelle zu legen.

Natürlich bewerten Kinder die Tätigkeiten der Erwachsenen oft höher als die Spielsachen, die man ihnen gibt. Beziehen Sie die Kinder in das mit ein, was Sie zu Hause tun; lassen Sie sie »mitarbeiten«, Nägel einschlagen, kochen oder im Garten helfen. Versuchen Sie, über das zu sprechen, was Sie tun; verbinden Sie es mit anderen Gedanken, und kommen Sie dann langsam wieder auf das zurück, was Sie gemeinsam gemacht haben.

Man braucht Kinder nicht zu drängen, etwas zu erforschen; jedes normale Kleinkind beweist das. Was sie aber brauchen, ist viel Erfahrung, und je vielfältiger sie ist, desto breiter ist das Fundament, auf dem sie mit ihrem kreativen Bewußtsein aufbauen können. Wo diese Vielfalt nur schwer zu verwirklichen ist wie zum Beispiel in einer winzigen Wohnung im zehnten Stock, müssen sich die Eltern noch größere Mühe geben. Hier kann das Fernsehen helfen. Sendungen wie *Sesamstraße* sind eigens für diesen Zweck entworfen worden. Dann gibt es Bibliotheken. Ihre Benutzung ist kostenlos, der Nutzen für die Kleinen gewaltig. Mit Sicherheit kann man dort wunderschöne Bilderbücher entleihen, und vielleicht werden auch Vorschulkurse abgehalten. Sie können mit Ihrem Kind auch in Galerien und Museen gehen, aber achten Sie darauf, daß diese Ausflüge immer ein Spaß bleiben und nicht zu lange dauern. Von übereifrigen Eltern von einem Ausstellungssaal zum nächsten geschleppt zu werden ist alles andere als anregend.

Es ist sicher möglich, den Kindern beizubringen, ihre Sinne voll einzusetzen. Wenn sie die Welt, in der sie leben, nur teilweise erleben, verringern sich ihre Chancen entsprechend, etwas auszuwählen, an dem sie wachsen und mit dem sie etwas schaffen können. Schöpferisch zu sein verlangt aber selbst in bescheidenster Form viel Einsatz und Zeit, um Gedanken und Ergebnisse zu entwickeln. An einem trüben Nachmittag zu malen ist sicher schön, aber es verliert sehr schnell seinen Reiz, wenn das Kind ständig unterbrochen wird, um dies und jenes zu tun, und am Ende gesagt bekommt, alles wegzupacken, bevor etwas Rechtes zustande gekommen ist. Ist das Kind wirklich mit ganzem Herzen bei einer Arbeit, muß es gelegentlich vielleicht im Lauf mehrerer Wochen immer wieder an sein Werk zurückkehren. Es kann zwar erregend sein, etwas zu entdecken, aber ein Fehlschlag, das hervorzubringen, was man möchte, kann auch Verzweiflung nach sich ziehen, und wenn Eltern das zu Herzen gehende »Ich schaffe es nicht« hören, sollten sie ermuntern und Interesse zeigen, um ihrem Kind über diese Durststrecke hinwegzuhelfen.

Anerkennung ist in der Tat eine kräftige Stütze für die Kreativität. Arbeiten, die dem Kind besonders am Herzen liegen, sollten dort sein, wo jeder sie bewundern kann, nicht in das Kinderzimmer verbannt oder an sonst einem kaum zugänglichen Ort. Jede kreative Betätigung ist eine Form des Selbstausdrucks, und was ein Kind für sich selbst macht, ist für es selbst wichtiger als das, was ein Außenstehender vielleicht für sein Leistungsniveau hält. Wenn Eltern und andere mit dem Ergebnis offensichtlich zufrieden sind, ist die Befriedigung des Kindes um ein Vielfaches größer.

Viel von der natürlichen Kreativität, mit der wir geboren werden, wird offenbar durch den Zwang zur Anpassung erdrückt. So wird einem Jungen vielleicht gesagt, er solle nicht in der Wohnung bleiben und an seinem Modell aus Pappe arbeiten, sondern draußen sein, mit dem Dreirad fahren und mit den anderen Kindern spielen. Und warum? Weil seine Mutter das für das Richtige hält (die Gesundheit spielt gar nicht einmal eine so große Rolle dabei). Oder man verleidet einem Mädchen das Spielen mit einem Auto oder Bagger; ihre Eltern sind der Meinung, daß das kein Spielzeug für ein

Mädchen ist. Zu oft wird kreative Betätigung nur als Spiel betrachtet, während sie in Wirklichkeit ein wichtiger Teil des Lernens ist. Die Freude, welche die meisten Kinder heute an ihrer Arbeit in der Schule empfinden, geht im wesentlichen auf deren kreative Seite zurück. Lernen durch Handeln macht nicht nur mehr Spaß, es prägt sich auch leichter ein und ist besser zu nutzen. Das Kind einer aufgeschlossenen Familie wird in der Schule wahrscheinlich besser dastehen als das aus stärker konventionell ausgerichtetem Hause.

Es gibt viele praktikable Wege, wie man einem Kind helfen kann, sich kreativ auszudrücken, wenn das Malen auch der naheliegendste ist. Wenn die Mutter dafür sorgt, daß das Kind, der Fußboden und freie Flächen vor Farbe sicher sind, ist der psychologische Durchbruch schon geschafft. Selbstverständlich muß ein Kind lernen, mit dem Werkzeug umzugehen – ein zu nasser Pinsel oder zu dünnes Papier würde den künstlerischen Fluß hemmen. Das Wasser beim Wasserfarbenmalen muß des öfteren erneuert werden, und Papiertaschentücher empfehlen sich für das Aufwischen. Aber denken Sie immer daran, daß Sie die Dinge anders sehen als Ihr Kind – ein purpurroter Baum ist genauso gut wie ein grüner.

Manchmal machen Kinder lieber etwas Handfestes. Aus Kartons und Klebeband lassen sich verwinkelte Wohnungen und sogar ganze Städte basteln. Mit Knetmasse und einem stumpfen Messer kann man sehr eindrucksvolle Dinge »schnitzen«. Älteren Kindern, die schon in die Schule gehen, kann man den Umgang mit einem scharfen Messer beibringen; sie können – immer vom Körper weg – in Balsaholz oder Seife schnitzen. Baukästen mit vorgefertigten Teilen lohnen kaum und können den Reiz nehmen, etwas selbst gemacht zu haben. Kleine Kinder haben ihren Spaß mit Leim und runden Scheren, mit denen sie Stoff- und Tapetenstückchen abschneiden und zu einem Bild auf Pappe kleben können. Manche Kinder basteln gern menschliche Gestalten, andere ziehen abstrakte Muster vor. Man kann das Bild vorzeichnen oder aber auch frei entstehen lassen.

Die meisten Grundschulen bieten inzwischen schöpferische Gelegenheiten. Sollten Sie jedoch in einer Gegend wohnen, wo das nicht der Fall ist, müssen Sie zu Hause dafür sorgen. Eine Schule, die den Kindern nur Lesen, Schreiben und Rechnen vorsetzt, dazu ein bißchen Gemeinschaftssingen und Malen, unterrichtet ihre Schüler nicht ausgewogen. Wahrscheinlich ist auch, daß die so wichtige Begeisterung und der Schwung, zu denen die Kinder fähig sind, entweder verkümmern oder sich auf außerschulische Interessengebiete konzentrieren. Für eine solche Situation gibt es verschiedene Bücher, die von Nutzen sind. Lassen Sie sich von den Kinderzeichnungen darin nicht entmutigen, die Ihnen immer soviel besser vorkommen werden als das, was Sie zu Hause sehen. Denken Sie daran, daß selbst das simpelste Gekritzel um ein Vielfaches aufgewertet wird, wenn es gedruckt erscheint. Erkundigen Sie sich in Ihrer Bücherei, und fragen Sie die Bibliothekare, was sonst noch auf dem Markt ist.

Außergewöhnlich kreativen Kindern wird in einer konservativen Schule unter Umständen sehr viel vorenthalten. Da diese Kinder oft die lebhaftesten in der Klasse sind, werden sie von den Lehrern häufig als Störenfriede angesehen. Dabei haben diese Kinder der Umwelt etwas ganz Besonderes zu bieten: Sie hinterfragen nämlich, was bisher stets hingenommen worden ist. Sie gehen oft sehr stark auf andere ein und sind äußerst selbstkritisch, haben aber gleichzeitig viel Sinn für Humor und lustige Einfälle.

Wenn Sie glauben, ein solches Kind in Ihrer Familie zu haben, dann denken Sie daran, daß es zwischen schlechtem Benehmen und Selbständigkeit einen Unterschied gibt, genauso wie ein Unterschied besteht zwischen einem Kind, daß lieber selbst etwas macht, und einem, das allein ist, weil niemand mit ihm spielen möchte. Ein geduldiges Kind ist nicht das gleiche wie eins, das sich nicht entschließen kann. Und schließlich besteht ein deutlicher Unterschied zwischen dem »Ergebnis«, das lediglich ganz nett ist, und dem, das wirklich kreativ und originell ist. Falls Sie sich nicht sicher sind, womit Sie es zu tun haben, holen Sie sich fachmännischen Rat, wo immer Sie können. Wirkliche Kreativität sollte man nicht verpassen – im Interesse des Kindes und auch in dem aller anderen.

Besonders aufgeweckte Kinder brauchen das Selbstvertrauen und den Willen zum Wagnis, und genau das können die Eltern fördern. Kinder, die so geartet sind, daß sie in anderen Bahnen denken als ihre Freunde, müssen unabhängig in ihrem Wesen und sich ihrer selbst sicher sein. Sie machen sich nicht so viele Gedanken um das, was »richtig« oder »falsch« ist, wie andere Kinder. Sie richten sich nach ihren eigenen Wertvorstellungen, nicht nach dem, was andere ihnen erzählen.

Eltern lenken ihre Kinder auf zwei Arten. Die eine ist befehlend: »Sei ruhig, weil ich es dir sage.« Die andere ist belehrend: »Sei ruhig, dann hörst du, wie die Vögel singen.« Wenn Sie den Unternehmungsgeist Ihres Kindes wecken wollen, sollten Sie Befehle nur selten gebrauchen; sie sind tatsächlich auch gar nicht so oft nötig. Die belehrende Art ist sehr viel besser, da sie dem Kind ermöglicht, selbst etwas zu überdenken, was die eigentliche Grundlage kreativen Denkens ist.

Es gibt genügend Beweise dafür, daß Eltern, die die Handlungsfreiheit ihrer Kinder sehr stark eingrenzen und ständig »Tu dies nicht« und »Tu das nicht« predigen, auch deren Neugier und den Drang zum selbständigen Denken zurückdrängen. Wenn die Kinder dann älter werden, kann es sehr gut sein, daß sie nicht wohlerzogen und folgsam sind, sondern aufsässig, angestrengt und anstrengend. »Laß das« ist wahrscheinlich die von Eltern am häufigsten gebrauchte Ermahnung. Wird sie zu oft gebraucht, kann das die Anteilnahme eines Kindes an seiner Umwelt beeinträchtigen. Es ist daher am besten, die Kristallvase, mit der das Kind spielen will, so lange außer Reichweite zu stellen, bis es älter ist. Die Kinder, deren Denken kreativer ist, kommen aus Familien, in denen man nicht so sehr im herkömmlichen Sinn auf schulische Erfolge aus ist und wo die Kinder weitgehend selbst ihre Freunde und ihr Betätigungsfeld aussuchen können.

Um phantasievoll und kreativ zu sein, muß ein Kind nicht unbedingt hochintelligent sein. Große Künstler sind beispielsweise nicht besonders bekannt dafür, geistig übermäßig zu brillieren. Es läßt sich nur soviel sagen: Während ein hoher Intelligenzquotient keineswegs besondere Kreativität garantiert, steht ein niedriger Intelligenzquotient ihr mit Sicherheit entgegen.

Entdeckungen um ihrer selbst willen bringen nicht viel. Sie müssen einen Bezug zu dem haben, was das Kind bereits weiß, und dann von ihm auf ihren Wert hin beurteilt werden. Es funktioniert wie bei einem sich drehenden Kaleidoskop – sie stöbern durch, was sie bereits kennen, und bilden neue Muster, und erst sie ermöglichen den kreativen Sprung zu neuen Ideen.

Die Eltern können ihren Kindern beibringen, kreativ zu denken. Die erfolgreichsten Methoden bedienen sich sowohl der Intelligenz des Kindes wie auch seiner Gefühle. Das Schlüsselwort heißt geistige Übung. Wenn einem Unternehmen die Ideen ausgehen, setzen sich die Führungskräfte ein oder zwei Tage zusammen und veranstalten ein Brainstorming. Sie tun nichts anderes, als ihr Gehirn mit Erlebnissen und Tätigkeiten zu bombardieren, die den Kaleidoskopeffekt und die Urteilskraft des Gehirns hervorholen sollen. Außerdem werden unterschiedliche Denkstile zusammengebracht, damit diejenigen mit der aktiveren rechten und diejenigen mit der aktiveren linken Gehirnhälfte sowie konvergente und divergente Denker sich gegenseitig anregen können.

Der erste Schritt, einem Kind (oder Erwachsenen) kreatives Denken beizubringen, besteht darin, sein Bewußtsein zu schärfen. Sie können einem Kind ein Problem vorsetzen, für das seine Fähigkeiten gerade noch ausreichen, damit es sich daran versucht. Sie können beispielsweise folgende oder ähnliche Fragen stellen:

Bei einem dreijährigen Kind: Was kann man mit einem Stück Papier machen? Bei einem fünfjährigen: Was würde passieren, wenn alle Menschen plötzlich doppelt so groß wären? Bei einem zehnjährigen: Was müssen wir machen, damit alle Menschen auf der Welt zu essen haben?

Hier etwas zum Kopfzerbrechen aus einem amerikanischen Erziehungssystem namens *Syntectics*[5]:

— Der Himmel, der vor einem herannahenden Unwetter dunkel wird, ist wie was in der Tierwelt? Warum?
— Wieso ist eine metallene Sprungfeder wie eine Hoffnung?
— Ein Eisberg ist wie ein großer Gedanke, weil . . . ?
— Wenn ein See ein Tisch wäre, was wären dann die Boote?

Sie können im kleinen Rahmen ein solches kreatives Brainstorming veranstalten und zu Beginn einige dieser Fragen oder auch andere Fragen stellen, die keine offenkundigen Antworten haben. Der dahinterstehende Gedanke ist, die Vorstellungskraft des Kindes so stark wie möglich zu beanspruchen. Man kann sich zwar mit nur einem Kind zusammensetzen, aber mit mehreren macht es mehr Spaß. Fangen Sie damit an, daß Sie versuchen, mögliche Antworten auf die Fragen auszudenken. Stellen Sie dabei sicher, daß das Kind seiner Phantasie freien Lauf lassen kann. Eherne Regel ist, daß niemand ein Urteil fällt; richtige oder falsche Antworten gibt es nicht. Die Regel ist einfach, doch sie spornt zu einer wirklich freien Entscheidung in einer geschützten Atmosphäre an. Gewöhnlich testen die Kinder zunächst einmal die Regel – sie können ihr Glück noch gar nicht fassen, wirklich frei zu sein. Aber wenn Sie sich an die Spielregeln halten, sind die Kinder bald so weit, daß sie sowohl die eigenen wie auch die Gedanken anderer erkennen und achten. Ein Geistestraining unter diesen Umständen steigert das Selbstwertgefühl des Kindes und seine persönliche Kraft. In diesem Klima des Vertrauens, das für das kreative Denken so überaus wichtig ist, kann das Kind auch weiterhin geistig etwas wagen.

Halten Sie das Brainstorming in dem Tempo ab, das die Situation zuläßt. Lassen Sie der Phantasie immer mehr Spielraum, und stellen Sie abwechselnd Fragen, und machen Sie Vorschläge. Den Kindern gefällt es im allgemeinen, geistig angetrieben zu werden.

Das Ergebnis dieser Art von Übungen sollte sein, daß den Kindern geholfen wird, bei Entscheidungen mehr und unterschiedliche Vorstellungen zu nutzen. Aber von den Eltern erfordert das ein gewisses Maß an Einfühlungsvermögen und Kontrolle. So wie sie wissen, wenn Kinder müde werden und Schlaf brauchen, werden sie auch merken, wenn sie sich zu sehr in etwas hineinsteigern, so daß sie eingreifen können, bevor die Kinder erschöpft und überfordert sind. Manchmal entsteht unter den Teilnehmern ein wildes Gekichere, wogegen, wenn es hin und wieder vorkommt, nichts einzuwenden ist. Aber auch hier bedarf es einer festen Hand, da die Übungen sonst zu nichts führen. Sobald Sie das geringste Anzeichen von Müdigkeit bemerken, sollten Sie behutsam und mit elterlichem Geschick auf ein Ende zusteuern. Die Kinder sollen sich am Schluß des Zusammenseins wie die Könige fühlen.

Die Bulgaren haben ein System, das sie Suggestologie nennen und das auf dem Prinzip der Freude am Lernen aufbaut. Als erstes entspannt sich das Kind geistig, ist aber bereit zu handeln. Dann sprechen das Kind und seine Eltern oder der Lehrer darüber, wie verschieden man Vorstellungen und Gegenstände sehen kann. Sie können sich zum Beispiel ganz entspannt mit Ihrem Kind zusammensetzen und völlig zwanglos irgendwelchen Gedanken nachhängen – über Räder, Achsen, Schwerkraft oder Gewicht. Die Gedanken wirbeln ziellos durcheinander, heben sich vielleicht deutlicher voneinander ab und ergeben ganz neue Gesichtspunkte. Es ist so ähnlich wie ein Brainstorming, nur ohne den Druck, und am Schluß haben Sie vielleicht gemeinsam ein Gefährt entworfen, mit dem man zum Mond fliegen kann.

Auf den Flügeln der Phantasie

Kreatives Denken ist normalerweise an Empfindungen und Bedürfnisse, an Wünsche und Ängste gebunden. Der Tagtraum ist ein Beispiel für diese Art des Denkens. Ein kleines Mädchen, das mit seinen Puppen spielt, erkundet seine Empfindungen gegenüber dem Familienleben und ordnet sie ein. Diese Erfahrungen helfen dem Mädchen, mit seinem eigenen Bedürfnis nach Liebe und Fürsorge zurechtzukommen, und gleichzeitig lernt es, mit seiner Phantasie umzugehen. Die großen Künstler, Schriftsteller und Wissenschaftler nutzen dieses kindliche Erforschen des Geistes für ihre Arbeit. Auch wenn sie nie mehr jene echte Unschuld aus Kindertagen zurückgewinnen können – wer sich kreativ betätigt, muß offen für die Phantasie sein und darf sich nicht so stark durch Urteile über das, was richtig oder falsch ist, beeinflussen lassen wie die meisten von uns. Das setzt ihn in die Lage, wirklich neue Ideen hervorzubringen, an denen er dann mit Hilfe seiner Fertigkeiten als Erwachsener im Detail weiterarbeiten kann. Und so läuft es offensichtlich ab:

1. Vorbereitung

Das macht die meiste Arbeit. Der kreativ Schaffende muß für das, was er sich vorgenommen hat, alles Wissenswerte zusammentragen, etwa was bisher bereits auf diesem Gebiet geleistet worden ist, welche Verfahren es gibt usw. Das ist die unentbehrliche Grundlage des kreativen Denkens.

2. Unbewußtes Denken

Jetzt legt der Betreffende seine Arbeit ganz beiseite, drängt alle Gedanken daran zurück und macht mit etwas anderem weiter. Es ist eine Art Gärungsprozeß, der nur wenige Minuten, aber auch Jahre dauern kann.

3. Inspiration

Ideen können einem jeden Augenblick kommen, aber meistens stellen sie sich dann ein, wenn man im Begriff ist einzuschlafen oder aufwacht. Es ist äußerst fesselnd, wenn sich etwas anbahnt, auch wenn es nur der Ansatz zu einem Gedanken ist.

4. Das Ausarbeiten

Der Vorgang, mit der neuen Inspiration noch einmal an die Tafel zu treten, alles logisch zu überprüfen und noch einmal zu durchdenken, ist unumgänglich, wenn man etwas Kreatives schaffen will. Hier zeigen sich das wahre Können und die Sachkenntnis. Richard Wagner hat mehr als sechsundzwanzig Jahre an seinem *Ring* gearbeitet. Und Edison wird oft mit dem Ausspruch zitiert, Genie sei ein Prozent Inspiration und neunundneunzig Prozent Schweiß.

Kreative Kinder sind außergewöhnlich selbständig und ziehen es unter Umständen sogar vor, nicht einmal mit der eigenen Familie enge Beziehungen zu unterhalten. Sie kommen im allgemeinen aus Häusern, wo sie in dem, was sie tun möchten, sehr viel Unterstützung finden.

Wenn ein Kind wirklich ganz darin aufgeht, etwas über eine Sache herauszufinden, dann ermuntern Sie es. Es ist etwas ganz anderes, ob ein Kind sich einer Sache verschrieben hat oder nur hartnäckig ist, und Eltern können diesen Unterschied in der Regel durchaus erkennen. Wofür sich die Kinder interessieren, ist das beste Anzeichen dafür, wie sie sich weiterentwickeln. Basteln sie gerne etwas, oder machen sie gerne Musik, oder lesen sie mehr als ihre Schulkameraden? Auch wenn sich die Neigungen der Kinder ändern, entwickeln sie sich doch für gewöhnlich nach einem erkennbaren Schema. Es ist der Mühe wert, im Tagebuch festzuhalten, welche Interessen Ihr Kind zeigt und wie intensiv es ihnen nachgeht. Wenn Sie es nicht ohnehin schon wissen, gibt Ihnen das einen Fingerzeig, wo seine wirklichen Interessen liegen, und auch den einen oder anderen Hinweis darauf, wie es seine Zukunft meistern wird.

Die Zukunft

Intelligente Kinder zeigen sich oft sehr besorgt um die Zukunft des »Raumschiffs Erde«. Sie sind gebannt von unbekannten Möglichkeiten und fühlen sich herausgefordert, sich an der Lösung von Problemen zu beteiligen, die noch eintreten müssen. Die Gedankenprozesse, die nötig sind, damit zukünftige Probleme erahnt und gelöst werden können, hängen mit einem hohen Maß an Fähigkeiten zusammen. Und gerade die Kinder, die sich Sorgen um die Zukunft in vielen Bereichen des Lebens machen – kulturellen, wissenschaftlichen, politischen und erzieherischen –, sind unser wertvollster natürlicher Rückhalt. Es ist daher wichtig, die intelligenten Kinder mit den Problemen dieser Welt zu befassen, nicht nur mit denen ihrer eigenen kleinen Gemeinschaft. Leider dreht sich vieles von dem, was in den Schulen gelehrt wird, um das Erwerben und Wiedergeben von Wissen, und das kann die angeborene Neugier eines Kindes und seinen Wunsch nach Veränderungen ersticken. Wenn ein Kind in seinem Denken auf das begrenzt wird, was bereits bekannt ist, wie soll es dann einmal Entscheidungen über das treffen, was noch nicht bekannt ist?

Der größte Feind des phantasievollen Denkens und jeder Veränderung ist die Gleichförmigkeit. Intelligente Kinder müssen ihre sich entfaltenden und reifenden Fähigkeiten schulen können, damit sie in der Lage sind, das, was sie tun können, zu steuern und Vertrauen in ihre Handlungen zu haben. Das gibt ihnen die Sicherheit, neue Erkenntnisse zu gewinnen und neue Probleme gemeinsam anzugehen und nicht so kurzsichtig zu sein, eifersüchtig alles für sich behalten zu wollen.

Was Sie tun können – um dem Entdeckungsdrang entgegenzukommen

1. Wenn überhaupt möglich, sorgen Sie dafür, daß das Kind genügend Zeit und Raum hat, mit seinem Seelenfrieden allein zu sein, so daß es das Wissen in einem psychologisch sicheren, geschützten Umfeld praktizieren und erforschen kann.
2. Ein Kind muß das richtige Arbeitsmaterial haben. Yehudi Menuhin zum Beispiel hätte nicht Geiger werden können, wenn seine Eltern ihm nicht eine kleine Geige gekauft hätten. Sorgen Sie dafür, daß immer reichlich Papier und Farbstifte und Eierschachteln und sonstige Behältnisse im Haus sind, mit denen man etwas basteln kann. Zeigen Sie den Kindern, wie sie mit möglichst wenig Unordnung hantieren können, lassen Sie ihnen aber auch immer einen Platz, wo Unordnung nichts ausmacht.
3. Mischen Sie sich nicht ständig ein, und erwarten Sie nicht immer sofort ein Ergebnis. Täglich ein Bild zu verlangen ist vielleicht nicht gerade das beste.
4. Geben Sie viel Ansporn und Unterstützung. Kreativität erzeugt Angst. Es heißt, daß die kreativsten Menschen diejenigen sind, die Angst am besten ertragen können.
5. Respektieren Sie rückhaltlos das Bedürfnis des Kindes nach Zurückgezogenheit und Vorwänden, und lassen Sie in Ihren Reden niemals Sarkasmus anklingen.
6. Demonstrieren Sie durch Ihre eigene Art zu leben, daß Entdekken ein Vergnügen ist. Bewahren Sie sich Ihre Interessen, und lassen Sie Ihre Kinder daran teilhaben. Ihre Gegend können Sie zum Beispiel gemeinsam erkunden.
7. Formulieren Sie Ihre Anweisungen positiv. »Mach . . .« ist besser als »Mach nicht . . .«.
8. Regen Sie die Kinder an, ihr Spielzeug auch einmal auf andere Art zu gebrauchen. Selbst Babys machen das – anstatt zum Beispiel mit ihrer Rassel ständig zu rasseln, lernen sie sehr schnell, sie auf den Boden zu werfen, weil es ihnen Spaß macht zuzusehen, wie Sie sie wieder aufheben.

Kapitel 4
Intelligenz und Lebensumstände

Dieses Kapitel befaßt sich mit der Art von Familienleben, die einem intelligenten Kind am zuträglichsten ist. Die Erziehung, die man Kleinkindern in der Familie zukommen läßt, hat einen weit größeren Einfluß auf ihre geistige Entfaltung als alles, was danach kommt. Die ersten Lehrmeister eines Babys sind sämtliche Mitglieder seiner »Familie« – nicht nur die Eltern und Geschwister, auch andere Personen, die es häufig sieht. Jede Familie ist einzigartig, eine kleine Gruppe, die wie ein Filter die Informationen aussondert, die von außen auf das Kind einströmen. Auf diese Weise verhilft sie dem Kind zu seiner ganz individuellen Geistesbildung. Kinder, die das Glück haben, in einem intakten, familienbezogenen Erziehungsumfeld aufzuwachsen, haben eine weit bessere Ausgangsposition, um das zu nutzen, was die Schule ihnen zu bieten hat. Diejenigen aber, bei denen das Lernen zu Hause zu kurz kommt, sind um so mehr auf das Erziehungs- und Ausbildungssystem angewiesen.

Nehmen wir beispielsweise die kleine Susanne, die in die Schule kam, ohne das Denken und Fragen gelernt zu haben, das sie hätte lernen können. Ihren Eltern war nicht bewußt gewesen, daß Babys ein reiches soziales Leben brauchen, und so hatten sie sich an die ziemlich strenge Regelung gehalten, daß sie zu tun habe, was man ihr sagte. Die Folge war, daß Susanne nicht die Übung gehabt hatte, die sie im Sprechen und passiven Zuhören hätte haben können. Obwohl sich ihr Lehrer Mühe gab, verlief ihr erstes Gespräch daher ungefähr so: der *Lehrer,* als er ein Bild Susannes betrachtete: »Ein sehr schönes Bild. Erzähl mir etwas darüber.« *Susanne:* »Katze.« *Lehrer:* »Eine schöne Katze. Gehört sie dir?« *Susanne:* »Ja.« *Lehrer:* »Was für eine Katze ist das?« Susanne gab keine Antwort.

Der Lehrer hatte den Eindruck, mit Susanne nicht sehr viel weiterzukommen, und war besorgt wegen der übrigen neunundzwanzig Kinder in der Klasse. Er ließ es also zunächst gut sein, um später noch einmal einen Anlauf zu nehmen, als Zeit dazu war. *Lehrer:* »Das hast du sehr gut gemacht. Möchtest du das Bild mit nach Hause nehmen?« *Susanne:* »Ja . . . hmm . . . bitte.«

Mit fünf Jahren hätte Susanne in der Lage sein und auch genügend

Übung haben sollen, frei darüber zu sprechen, warum sie eine Katze gemalt hatte. Sie hätte in der Lage sein sollen, ihre Erlebnisse zu rekapitulieren, etwa die Tatsache, daß die Katze als Junges zu ihr gekommen war – als ein Geburtstagsgeschenk – oder an dem Tag, als die Katze Junge bekam. Sie sollte außerdem in der Lage sein, über die Zukunft zu sprechen, etwa wenn sie Weihnachten die Großmutter besuchen wollen und einen Nachbarn bitten müssen, die Katze zu füttern. Die Unterhaltung mit dem Lehrer hätte eher so aussehen sollen: *Lehrer:* »Ein sehr schönes Bild. Erzähl mir etwas darüber.« *Susannne:* »Das ist meine Katze, und sie heißt Minni. Sie hat gelbe Augen, und sie gehen irgendwie an den Ecken hoch. Aber sie ist nicht sehr groß.« *Lehrer:* »Wie alt ist sie?« *Susanne:* »Sie ist noch nicht sehr alt. Wir haben sie von Tante Maria geholt, als sie noch ganz jung war. Jetzt ist sie schon viel größer, aber Mami sagt, sie ist noch nicht ausgewachsen. Ich glaube, sie wird noch größer.« (Und so weiter ...)

Ein weiteres Problem für Susanne war, daß sie nicht genau wußte, wie sie reagieren sollte, als der Lehrer ihr indirekte Fragen stellte, wie »Möchtest du deine Malsachen mitnehmen?«. Sie war so daran gewöhnt, gesagt zu bekommen, was sie zu machen hatte, und nicht gebeten zu werden, selbst mitzuentscheiden, daß sie in ihrer Verwirrung nicht immer auf solche Fragen antwortete. Der Lehrer mußte daher umformulieren und sie auffordern: »Räum deine Malsachen jetzt weg, Susanne.« Und das tat sie dann. Der Lehrer sah das Problem zwar, hatte aber im Unterricht nicht die Zeit, sich ihm zu widmen. Das Ergebnis war, daß die Chancen für dieses intelligente Kind nicht sehr gut standen, sich voll dem geistigen Leben hinzugeben, zu dem sie fähig gewesen wäre. Ein solches Kind würde normalerweise wahrscheinlich unbeachtet als Durchschnittsschülerin die Klasse absolvieren.

Wenn ein Neugeborenes sich zu einem intelligenten Kind entwikkeln soll, muß es die Liebe und auch die Achtung seiner Eltern haben. Die Liebe gilt häufig als die einzige gefühlsmäßige Unterstützung, die ein Kind braucht, und die Achtung wird manchmal übersehen. Aber Babys sind Menschen und sollten vom ersten Tag an auch so behandelt werden. Gelegentlich allerdings deuten Eltern diese Achtung falsch und beugen sich jedem Verlangen des Babys, so daß sich alles nur noch um das Kind dreht. So erzählte mir einmal ein Vater: »Ich komme wegen Robert oft zu spät zur Arbeit.« Ich fragte: »Wieso?«, und bekam zur Antwort: »Er spricht soviel, und ich kann erst gehen, wenn er mich läßt.« Beide Elternteile erklärten mir voller Glück, daß Robert doch so intelligent sei, daß man ihm zuhören müsse; andernfalls würde er vielleicht zornig. Robert hatte sich inzwischen längst daran gewöhnt, seine Macht auszuspielen – er beherrschte die Familie seit vier Jahren. Ich konnte mich des Eindrucks nicht erwehren, daß Robert von etwas mehr Strenge in seinem Leben mehr profitiert hätte, etwa der Tatsache, daß der Vater jeden Morgen zu seiner bestimmten Zeit zur Arbeit gehen muß, ob Robert seine Zustimmung dazu gab oder nicht.

Das Gefühl der Sicherheit und des Vertrauens zu den Eltern kann dem Kind helfen, sich selbst gegenüber ein positives Gefühl zu entwickeln, das es braucht, um sich zu behaupten. Bei der weitreichenden Entscheidung für ein Kind sollten sich die Eltern, die das Beste für ihr Kind wollen, im klaren darüber sein, ob sie sich das finanziell leisten können. Die Kosten, ein Kind in die Welt zu setzen, vor allem wenn es das erste ist, sind sehr hoch – viele tausend Mark –, auch wenn diese Summe selbstverständlich nicht auf einmal aufzubringen ist. Im allgemeinen müssen die Einkommenseinbußen der Mutter einkalkuliert werden, auch wenn es nur für eine Weile ist. Je sicherer die Eltern sowohl finanziell wie auch emotional sind, desto mehr Freiheit haben sie, sich um die differenzierteren Fragen der Kinderbetreuung zu kümmern. Eltern, die Sorgen haben oder abgehetzt sind, weil sie sehen müssen, wie sie über die Runden kommen, haben es sehr viel schwerer, ihren Kindern die unauffälligen, aber dauerhaften Segnungen eines unbeschwerten Gesprächs zu bieten, die richtigen Lernerfahrungen, einen Kontakt, der eng genug ist, und eine friedvolle Atmosphäre.

Eine Tatsache, die sich aus vielen Untersuchungen über heranwachsende Kinder ergeben hat und besonders nachdenklich stimmt, ist die, daß Kinder, die mit den gleichen Fähigkeiten starten, sich oft unterschiedlich entwickeln und auch unterschiedliche Leistungen erbringen. Kinder aus den (erzieherisch) besten Familien überflügeln regelmäßig diejenigen, die zu Hause weniger Unterstützung erfahren. In Großbritannien wurde in den sechziger Jahren eine Untersuchung[1] von Dr. Douglas durchgeführt, durch die herausgefunden werden sollte, wie das Familienleben von fünftausend Kindern sich auf deren schulischen Erfolg auswirkte. Berücksichtigt wurden die mütterliche Fürsorge und die häusliche Lebensart. Die Kinder wurden mit acht, elf und fünfzehn Jahren getestet. Douglas stellte fest, daß der bedeutendste Einfluß auf die Schulleistungen der Kinder vom Interesse der Eltern an ihren Kindern ausging, von den Hoffnungen der Eltern für ihre Kinder und dem Leben, das die Eltern selbst führten. Kinder aus Familien, in denen die Eltern sich nicht sonderlich um die Erziehung kümmerten, ließen diesen Mangel bereits bei ihrer Arbeit in der Grundschule erkennen. Dieser Unterschied zwischen den erzieherisch positiv und indifferent oder negativ eingestellten Familien machte sich in der höheren Schule immer stärker bemerkbar. »Diese Auswirkungen«, so Douglas, »erstrecken sich selbst auf Schüler mit großen Fähigkeiten.« Der Plowden-Report[2], in dem dreitausend andere englische Familien untersucht worden waren, kam zu dem gleichen Ergebnis.

Die Chancen eines Babys, sich gut zu entwickeln, sind besser, wenn sowohl die Mutter wie auch der Vater sich des Kindes annehmen. Selbstverständlich gibt es Familien, wo nur ein Erwachsener die Arbeit beider Elternteile übernimmt und die Kinder hervorragend großzieht, aber das ist leider nicht immer der Fall. Und ganz sicher ist es auch beschwerlicher. Selbst in Familien, wo dem Vater aufgrund seiner Arbeit wenig Zeit bleibt, die Kinder zu sehen, kann es für sie und die Mutter doch eine erhebliche Hilfe sein, wenn er wenigstens da ist. Wechseln die Eltern den Partner, kann sich das nachteilig auf die Entwicklung des Kindes auswirken, vor allem in den Wirren unmittelbar vor und nach der Trennung. In Schulberichten kommt das ganz klar zum Ausdruck – die Kinder lassen in ihren Leistungen nach. Auch wenn niemand die Garantie für eine allzeit intakte Ehe übernehmen kann, so ist es doch unverantwortlich, Kinder in die Welt zu setzen, wenn sich Auflösungserscheinungen zeigen. Ein Neugeborenes verlangt aufrichtige und langjährige Verpflichtung von Mutter und Vater – es sollte niemals dazu herhalten müssen, eine Ehe zu kitten, die in einer Krise steckt.

Arbeitende Mütter

Die Frage, ob die Mutter eines Kleinkindes arbeiten gehen sollte, weckt offenbar ein Schuldgefühl bei der Mutter, gleichgültig, wie sie sich entscheidet. Wenn sie sich entschließt, sich ganz der Familie und dem Haushalt zu widmen, hat sie unter Umständen ein schlechtes Gewissen, weil sie finanziell nichts beisteuert. Geht sie jedoch arbeiten, enthält sie ihrem Kind womöglich die gerade in diesem Lebensalter so wichtige Anwesenheit der Mutter vor. In den meisten Baby-Büchern wird von der Annahme ausgegangen, daß die Mütter kleiner Kinder auch Hausfrauen sind und fast alles, was mit der Fürsorge für das Kind zu tun hat, allein bewältigen. Etwa vierzig Prozent der Mütter kleiner Kinder gehen heute irgendeiner Arbeit außerhalb des Hauses nach, und die Väter spielen eine zunehmend wichtigere Rolle bei der Erziehung der Kinder. Eine (bereits erwähnte) Frauenzeitschrift berichtet jedoch in einem Überblick unter anderem, daß nur sechzig Prozent der Väter ihr Kind schon einmal ins Bett gebracht hatten. Es hat also den Anschein, als wäre noch einiges zu tun, bevor die elterlichen Lasten gleich verteilt sind.

Glücklicherweise gibt es inzwischen eine ganze Reihe Untersuchungen darüber, wie und ob es sich auswirkt, wenn die Mütter kleiner Kinder arbeiten gehen. Diejenigen, die zu Hause bleiben, weil sie das möchten (und sich auch leisten können), ziehen normale, glückliche Kinder groß. Aber viele Mütter leiden unter Langeweile, vor allem, wenn sie bisher gearbeitet haben. Sie fühlen sich isoliert, sind abgespannt, insbesondere, wenn mehrere Kinder da sind, und haben vor allem das Bedürfnis, auch mit anderen Menschen in Berührung zu kommen, nicht nur mit ihrem Baby. Unter solchen Umständen kann sich eine junge Mutter *unglücklich* fühlen, und das ist wiederum nicht gut für das Kind. Dr. Brown aus London hat einige Beweise zusammengetragen,[3] daß ein bißchen Arbeit außerhalb des Haushalts ausreicht, die Mütter aus diesem Dilemma zu befreien. Aber was geschieht dann mit den Kindern?

Die Kinder arbeitender Mütter kommen sich oft nicht abgeschoben und unerwünscht vor, sondern haben infolge eines abwechslungsreicheren Lebensstils eher ein Gefühl der Unabhängigkeit und der Achtung gewonnen und ihre Mütter überwiegend als selbständige Frauen gesehen. Es gibt offensichtlich keine Beweise dafür, daß allein das Arbeiten der Mütter außer Haus schon Schwierigkeiten für die Kinder bringt. Die wirklichen Probleme im Leben eines Kindes sind wohl eher auf andere Entbehrungen zurückzuführen.

Psychologen halten die ständige Anwesenheit der Mutter in den ersten fünf Lebensjahren eines Kindes inzwischen für nicht mehr so wesentlich für sein Wohlergehen und sind der Meinung, daß die Väter die Arbeit und die Freude mit ihren Frauen teilen sollten, wenn das Kind ganz auf seine Kosten kommen soll. Ein Baby kann von zwei Personen mindestens genausogut umsorgt werden wie von einer, vorausgesetzt, sie haben die gleiche Art und stellen sicher, daß das Kind, auch wenn nur einer da ist, alles bekommt, was es braucht. Jede Ehepaar muß selbst über die Frage entscheiden, ob die Mutter außer Haus arbeiten soll, wenn kleine Kinder da sind. Leider ist das offenbar häufig eine Kompromißsituation, die einen »Preis« hat, den die Mutter zahlen muß, egal, wie sie sich entscheidet: Eine Mutter, die den ganzen Tag arbeitet, kann am Abend entsetzlich abgespannt sein; arbeitet sie nur halbtags, wird sie vielleicht bei Beförderungen übergangen, und bleibt sie widerwillig zu Hause, leidet sie womöglich unter Depressionen und Enttäuschungen. Vielleicht muß man sich die Frage stellen, welcher »Preis« für die eigene Familie noch annehmbar ist.

Was Sie tun können – für Ihre Familie

1. Halten Sie die Größe Ihrer Familie und die des Wohnraums in einem Rahmen, den Sie sich leisten können, sowohl emotional wie finanziell.
2. Seien Sie Ihrem Baby vom ersten Tag an nah – versuchen Sie es zumindest. Manchmal kann es einige Zeit dauern, bis Gefühle sich einstellen.
3. Seien Sie Ihren Kindern »Eltern«, nicht nur Freunde. Sie brauchen einen Halt im Leben und die Gewißheit, daß sie auf Sie zählen können.
4. Oft müssen die Prioritäten wechseln, wenn Kinder da sind. Können Sie zum Beispiel etwas vom Wohnraum abtreten, damit die Kinder dort spielen können? Sind Sie bereit, mit dem Durcheinander zu leben, das sie oft hinterlassen?
5. Ob die Mutter außer Haus arbeitet oder nicht, müssen die Eheleute gemeinsam entscheiden. Seien Sie, wenn Sie darüber sprechen, so offen und aufrichtig wie möglich, da die unterdrückte Abneigung eines Partners sonst das Familienleben nicht unerheblich beeinträchtigen kann.
6. Ständige Abwesenheit eines Elternteils von den Kindern ist deren gesunder, ausgewogener Entwicklung abträglich. Wenn Ihre Arbeit Sie zu sehr in Anspruch nimmt, müssen Sie sich unter Umständen entschließen, sie etwas einzuschränken oder Ihr Kind in einer Familie mit nur einem (oder gar keinem) Elternteil aufwachsen zu lassen.

Erstgeborene sind ein Sonderfall

Es ist noch immer eines der Geheimnisse der Psychologie, warum die erstgeborenen Kinder einer Familie wahrscheinlich intelligenter und erfolgreicher als die anderen sind. Der große Wissenschaftler Francis Galton machte zufällig diese interessante Entdeckung, als er eine Untersuchung über seine Kollegen von der Königlich Britischen Akademie der Naturwissenschaften durchführte; die eindeutige Mehrheit der Mitglieder waren erstgeborene Kinder. Seitdem sind die unterschiedlichsten Personengruppen untersucht worden, von italienischen Professoren über amerikanische Astronauten bis zu Stripteasetänzerinnen, und immer waren mehr Erstgeborene unter ihnen, als zu erwarten gewesen wäre. Liegt es an ihren angeborenen Eigenschaften oder an der Art und Weise, wie sie aufwachsen? Falls diese Kinder, die intelligenter als ihre Geschwister sind, tatsächlich anders behandelt worden sind, könnte das einige Anhaltspunkte liefern, wieso sie einen solchen Vorsprung erlangen konnten.

Das erstgeborene oder, was auf das gleiche hinausläuft, einzige Kind zu sein hat erhebliche Auswirkungen auf seine geistige und persönlichkeitsbezogene Entwicklung, so daß diese Kinder oft intelligenter und sprachbegabter sind als andere. In einer Untersuchung kamen Eleanor Maccoby und ihre Kollegen zu dem verblüffenden Ergebnis, daß das Blut von Erstgeborenen einen höheren Hormonspiegel aufweist als das von später geborenen Kindern, vor allem, wenn die Schwangerschaften dicht aufeinander folgen. Wir wissen allerdings noch nicht, was diese Entdeckung zu bedeuten hat. Die meisten Studien über hochintelligente Kinder erbrachten einen überdurchschnittlichen Anteil an Erstgeborenen und Einzelkindern. Gelegentlich schneiden auch Letztgeborene gut ab, wohingegen die in der Mitte geborenen Kinder im allgemeinen die erfolglosesten sind.

Aber auch wenn diese Unterschiede in der Intelligenz tatsächlich existieren – bei Zugrundelegen entsprechend großer Bevölkerungszahlen –, können sie doch nicht ganz die erstaunlich hohe Erfolgsquote unter den Erstgeborenen erklären. Eine Untersuchung über Schüler, die Mary Stewart 1962 durchführte,[4] befaßte sich mit der Geburtenfolge aller Kinder von Realschulen in einer größeren städtischen Gemeinde. Sie stellte fest, daß der Anteil der Erstgeborenen in den Gymnasien deutlich höher war als in den Realschulen. Das hieß, daß proportional mehr von ihnen die Aufnahmeprüfung bestanden hatten und später eine Universität besuchen würden.

Eine wichtige Studie über 400 000 junge Soldaten der holländischen Armee ergab, daß die Wahrscheinlichkeit hoher Intelligenz um so größer war, je höher der Wehrdienstpflichtige in der Geburtenfolge rangierte. Es zeigte sich außerdem, daß die Intelligenz der jüngeren Kinder voraussichtlich um so niedriger war, je größer die Familie war. In anderen Untersuchungen wie der von Dr. Douglas in

Großbritannien kam man ebenfalls zu dem Schluß, daß Kinder aus großen Familien häufig nicht so gut abschneiden wie die aus kleineren.[5] In armen Großfamilien, wo sich alles auf kleinstem Raum zusammendrängt und wo nicht genügend Geld für Bücher oder Freizeitbeschäftigungen vorhanden ist, herrscht in vieler Hinsicht manchmal zuviel Enge, als daß sich die geistigen Fähigkeiten der Kinder richtig entfalten könnten. Je stärker der Bestand an Aufmerksamkeit, Fürsorge und Interesse der Familie beansprucht wird, desto weniger kommt jedem weiteren Kind wahrscheinlich davon zugute; das erstgeborene bekommt im Zweifelsfall immer den Löwenanteil.

Es gibt Beweise dafür, daß die meisten erstgeborenen Kinder tatsächlich eine andere Erziehung erhalten als die später geborenen, wie Sutton-Smith und Rosenberg in einer Zusammenfassung der Arbeit auf diesem Gebiet beschrieben haben.[6] Die Erstgeborenen sind ja tatsächlich eine Zeitlang Einzelkinder, was die anderen Kinder nie sein können. In dieser Zeit können sie die ganze Aufmerksamkeit ihrer Eltern auf sich ziehen, wenngleich sie auch die Rolle des Versuchskaninchens bei den Erziehungsbemühungen der Eltern spielen müssen. Das bedeutet, daß sie in ein andersgeartetes Familienleben hineinkommen wie die später Geborenen. Frischgebackene Eltern – vor allem die Mütter – haben hinsichtlich ihres ersten Kindes sehr oft höhere Erwartungen als bei den später geborenen Kindern. Aber Mütter geben dem Erstgeborenen auch sehr viel mehr Hilfe und Ansporn als den übrigen Geschwistern, und die Väter machen es wahrscheinlich ebenso.

Die zusätzliche Aufmerksamkeit, die das erstgeborene Kind erhält – überwiegend in den ersten zwei Lebensjahren –, überträgt sich auf seine spätere Beziehung zu den Eltern, wenn auch in anderer Form. Eltern tun sich mit ihrem ersten Baby nicht so leicht wie mit den anderen. Das liegt vielleicht daran, daß sie als junge Eltern einfach keine Übung im Umgang mit Babys haben und das Erstgeborene daher oft als nicht so anschmiegsam bezeichnen wie seine Geschwister. Aber trotz dieses möglichen Mangels an Anschmiegsamkeit bleibt die Tatsache, daß Erstgeborene mehr Zuwendung erhalten als später Geborene. Sie kommen öfter nach ihren Eltern als die Zweit- oder Drittgeborenen, die sich eher an ihren Freunden ausrichten. Da Erstgeborene meistens auch überlegter sind, können sie »altmodischer« und erwachsener wirken als die jüngeren Geschwister.

Der typische Erstgeborene ist klug und weiß sich zu benehmen. Er gibt sich alle Mühe, andere zufriedenzustellen, kann aber durchaus zu verstehen geben, daß er jemanden einen Gefallen tut. Er ist ein wenig ängstlich, was das Leben allgemein angeht, und hat Mühe, sich zu entkrampfen. In seiner Freizeit beschäftigt er sich folglich mit ziemlich »erzieherischen« Hobbys, etwa dem Briefmarkensammeln, wobei er eine ganze Menge lernen kann. Ist er mit anderen Kindern zusammen, meint er in der Regel, es am besten zu wissen, da er sich mehr als Erwachsenen denn als Kind sieht. Die Erwachsenen neigen dazu, ihn wie ihresgleichen zu behandeln, und sprechen mit ihm nicht wie mit kleinen Kindern, selbst wenn er noch sehr klein ist. Wahrscheinlich übernimmt er mehr Verantwortung als seine Geschwister. Das schlägt offenbar durch, da er meistens »verantwortlicher« ist. Sein bester Trumpf ist der eigene Erfolg. Die ersten Astronauten, die ihren Fuß auf den Mond setzten, waren ausnahmslos Erstgeborene, und die Wahrscheinlichkeit spricht dafür, daß auch der Klassenbeste einer ist.

Einzelkinder sind in der Schule und bei Intelligenztests unter Umständen noch besser als Erstgeborene, da sie oft höher hinauswollen und ehrgeiziger sind. Aber sie sind abhängiger, gesagt zu bekommen, was zu tun ist, und auch abhängiger von der Meinung der Eltern und der Lehrer. Auch wenn das dieser Abhängigkeit zu widersprechen scheint, haben sie auf der anderen Seite ein größeres Selbstvertrauen.

Man sagt oft, daß Mittelkinder es schwer haben, sich innerhalb der Familie durchzusetzen. Das stimmt. Sie haben tatsächlich nicht die Aufmerksamkeit, die den anderen Familienmitgliedern zuteil wird, und spüren das offenbar über weite Strecken des Lebens. Wenn sie noch klein sind, unternehmen sie oft größte Anstrengungen, um sich bemerkbar zu machen, selbst wenn sie sich dafür Strafen einhandeln. Sie können äußerst unleidlich und aufsässig sein und sind häufig die unbeliebtesten Mitglieder der Familie. Es ist wenig wahrscheinlich, daß sie es jemals soweit bringen wie die Erstgeborenen, denn ihr Erfolgsstreben ist im allgemeinen deutlich geringer.

Auch die Beliebtheit eines Kindes bei seinen Freunden wird von seiner Stellung in der Familie beeinflußt. Die Erstgeborenen, die so erwachsen sind und manchmal »alles wissen«, sind die unbeliebtesten. Mittelkinder haben normalerweise so viele Freunde, wie sie wollen. Die Letztgeborenen aber schlagen alle Popularitätsrekorde. Die Lehrer bringen ihnen die gleiche Zuneigung entgegen wie ihre gleichaltrigen Freunde. Von der Kindergartenzeit an sind die Letztgeborenen die Lieblinge der Lehrer und Erzieher.

Was Sie tun können – die Stellung in der Familie

1. Halten Sie den Altersabstand zwischen den einzelnen Kindern möglichst groß, damit jedes Kind, solange es noch klein ist, viel Zuwendung findet. Wenn der Abstand zwischen den Geburten relativ groß ist, etwa drei oder vier Jahre vielleicht, kann jedes Baby eine Weile fast ein Erstgeborenes sein, wenngleich Kinder, die dicht aufeinanderfolgen, später mehr Gewinn aus der Gemeinsamkeit mit den Geschwistern ziehen.
2. Geben Sie sich ganz besondere Mühe, den später geborenen Kindern zukommen zu lassen, was auch das Erstgeborene schon bekommen hat. Es liegt auf der Hand, daß das nicht restlos gelingen kann, aber Sie können versuchen, sich der Automatik zu entziehen, jedem neuen Kind, das Sie bekommen, immer weniger Aufmerksamkeit zu schenken. Um das sicherzustellen, könnten Sie ganz grob auflisten, was Sie für jedes Kind tun.

Intelligente Kinder und Freunde

Gelegentlich wird behauptet, daß intelligente Kinder sich nur schwer mit Gleichaltrigen anfreunden, weil Kinder mit einem niedrigeren Verständnisniveau sie langweilen. Auch wenn es ein Problem werden kann, daß ein intelligentes Kind den Gleichaltrigen sehr weit voraus ist, so ist das doch nicht die Norm und auch nicht unlösbar, falls es dazu kommt. Wenn intelligente Kinder offensichtlich keine Lust haben, sich mit Gleichaltrigen anzufreunden, kann das zwei Gründe haben. Erstens ein hohes Maß an Selbständigkeit, was bedeutet, daß sie länger als andere Kinder zufrieden sind, wenn sie allein sind. Zweitens kann es aber auch daran liegen, daß den Kindern verleidet worden ist, mit anderen zu spielen, weil die Eltern sich dagegen ausgesprochen haben.

Aber ob intelligent oder nicht, in einer Klasse, deren Schüler unterschiedliche Fähigkeiten aufweisen, haben auch die Freunde jedes Kindes ein sehr unterschiedliches geistiges Niveau. Und zu Hause ist es das gleiche – intelligente Kinder spielen normalerweise mit weniger intelligenten in schönster Eintracht. Aber manchmal vermitteln Eltern ihren Kindern die Vorstellung, ganz anders (wenn nicht gar besser) zu sein, und erwarten, daß sie ihre Zeit mit etwas Sinnvollerem als Spielen verbringen. Diese Botschaften werden höchst unterschwellig übermittelt. So kann eine Mutter beispielsweise sagen: »Ach, du möchtest mit Dirk spielen ... eigentlich ist er ein bißchen sehr ruhig für dich, findest du nicht?« Oder sie macht ein mißbilligendes Gesicht, wenn Kinder erwähnt werden, die nicht ihre Zustimmung finden.

Intelligente Kinder besitzen im allgemeinen Zuneigung, Anpassungsfähigkeit und Mitgefühl im Überfluß und entschließen sich normalerweise nicht, ohne Freunde zu sein. Sich selbst überlassen, haben sie genauso viele und intensive Freundschaften wie andere Kinder in der Schule, aber sie sind manchmal weniger darauf aus, die Zeit damit zu verbingen, zu Hause zu spielen. Der Grund dafür ist häufig der, daß es so vieles gibt, was sie nach der Schule machen wollen. Viele intelligente Kinder gehen in dieser Zeit ihren Hobbys nach oder spielen vielleicht irgendein Instrument. Danach trinken sie vielleicht einen Tee, unter Umständen ein bißchen Fernsehen, und dann ins Bett – und schon ist der Tag gelaufen.

Für die emotionale und damit auch die geistige Entwicklung jedes Kindes ist es wichtig, daß es Freunde hat. Kinder, die nicht viele Freunde haben, haben es weit schwieriger, zu ausgeglichenen Erwachsenen heranzureifen. Viele Psychologen haben festgestellt, daß Kinder durch ihre Freunde eine Menge darüber lernen, wie sie sich zu verhalten haben und mit dem Leben fertig zu werden.

Freunde helfen einem Kind, das Leben aus dem Blickwinkel eines anderen zu sehen, so daß er auch mehr darüber lernen kann, auf einen anderen Menschen einzugehen. Außerdem haben Freunde ähnliche Probleme mit den Erwachsenen. Kritik und Anerkennung sind für ein Kind häufig eher annehmbar, wenn sie von Freunden kommen. Die Befürchtungen der Eltern, Freunde könnten einen schlechten Einfluß ausüben, sind im allgemeinen nicht gerechtfertigt. Das wildbewegte Auf und Ab, mit dem die Kinder lernen, eigene Beziehungen anzubahnen und abzubrechen, hilft ihnen, den eigenen Standort zu bestimmen. Es vermittelt ihnen außerdem die Fähigkeiten, die sie für die Arbeit und das Zusammenleben mit anderen brauchen. Und das ist etwas, das für intelligente Kinder genauso wichtig ist wie für jeden anderen auch.

Jüngere Kinder spielen sehr gern mit älteren und ahmen sie für gewöhnlich nach. Ältere Kinder können daher oft sehr gute Lehrer für die jüngeren sein. In einigen Schulen macht man sich das zunutze und überträgt älteren Schülern irgendwelche Aufgaben, vor allem bei Erstkläßlern. Die »alten Hasen« können den Neuankömmlingen sagen, wie sie sich in der Schule zu verhalten haben, ganz zu schweigen davon, daß sie auch mal beim Binden einer Schleife helfen können.

Es gibt Kinder, die man als »sozial begabt« bezeichnen kann. Sie haben eine Unmenge Freunde und scheinen ein ungewöhnliches Gespür dafür zu haben, die Gefühle anderer Kinder zu verstehen. Diese Kinder erweisen sich sehr oft als Anführer, wenngleich sie nicht notwendigerweise intelligenter als ihre Anhänger sein müssen.

Was Sie tun können

1. Sorgen Sie ab etwa einem Jahr dafür, daß Ihr Kind öfter in Gesellschaft anderer Babys ist. Sie werden zwar nicht miteinander spielen, sich aber daran gewöhnen, mit Kindern zusammen zu sein.
2. Bringen Sie Ihrem Kleinkind bei, seine Spielsachen und die Aufmerksamkeit der Erwachsenen mit anderen zu teilen; erklären Sie ihm das mit Geduld und Liebe, wenn das nötig ist. Es wird die Botschaft rechtzeitig verstehen.
3. Respektieren Sie die Wahl der Freunde durch Ihr Kind, auch wenn es Sie überrascht und gelegentlich hart ankommt. Das ist ein Teil Ihres Respekts für Ihr Kind als Mensch.
4. Seien Sie nicht zu besorgt. Kinder lernen andere Kinder durch die eigenen Fehler kennen und akzeptieren im allgemeinen die Wertvorstellungen eines Erwachsenen in Sachen Freundschaft nicht.
5. Kindern macht es ganz besonderen Spaß, mit ihresgleichen zusammenzutreffen. Wenn Ihr Kind wirklich keine Gelegenheit hat, in Ihrer Gegend mit einem ähnlich befähigten Kind zu spielen, dann bemühen Sie sich darum, daß es solche Kinder kennenlernt, selbst wenn sie etwas weiter weg wohnen.

Über den Schlaf

Intelligente Kinder, so heißt es manchmal, bräuchten weniger Schlaf als andere Kinder. Wenn dem so wäre, könnten die Eltern intelligenter Kinder das vorwegnehmen und lernen, damit umzugehen, doch noch gibt es keine Beweise, die eine solche Behauptung stützen würden. Eine ganze Menge spricht jedoch dafür, daß die Schlafgewohnheiten der Kinder wesentlich durch die Erziehungsmethoden der Eltern geprägt werden.

Mit zunehmendem Alter nimmt die gesamte Schlafdauer der Kinder ab, und auch das Wachsein während der Nacht geht zurück. In dieser Hinsicht gibt es deutliche Unterschiede, nicht nur bei den einzelnen Kindern, sondern auch familienbedingt. Als Lawson und Ingleby die Tagesgewohnheiten englischer Babys untersuchten,[7] stellten sie fest, daß die sogenannte »normale« Schlafenszeit bei einzelnen Familien um mehrere Stunden voneinander abwich. Als »normale« Aufwachzeit für Kleinkinder galt alles zwischen sechs Uhr morgens und halb elf vormittags, während die Zeit für das Ins-Bett-Gehen zwischen halb sechs und elf Uhr abends lag. Die Wissenschaftler fanden heraus, daß erstgeborene Babys weniger oft ins Bett gelegt wurden als später geborene, und sie schliefen auch weniger. Es gab außerdem Unterschiede, die durch die Zugehörigkeit zu bestimmten sozialen Schichten bedingt waren; je höher die gesellschaftliche Schicht, desto länger sollte das Baby schlafen, und sowohl das Ins-Bett-Gehen wie das Aufwachen lagen früher am Tag. Andere Wissenschaftler wie Richards in Cambridge stellten fest, daß die Eltern nicht in der Lage waren, das Schlafmuster der Kinder zu ändern, gleichgültig, was sie unternahmen – die Kinder schienen mit einem bestimmten Schlafmuster auf die Welt gekommen zu sein.

Die Ansichten der Eltern darüber, was ein Schlafproblem ausmacht, hängen weitgehend von ihrer Einstellung ab. Wenn die Eltern relativ frei und ungezwungen vorgehen, bekommt das Kind vielleicht Spielzeug und Bücher und darf lange aufbleiben, so daß sich höchstwahrscheinlich keine Probleme ergeben. Nehmen sie es jedoch sehr ernst mit ihrer Verantwortung, gute Gewohnheiten einzuführen, dann wird von dem Kind unter Umständen verlangt, schon um sechs Uhr im Bett zu liegen, ruhig zu sein, nicht mehr zu lesen usw. Lawson und Ingleby machten die Entdeckung, daß von den Eltern in Großbritannien ein erheblicher Prozentsatz eben das jeden Abend macht. War das Kind um diese Zeit noch nicht bereit zu schlafen, wurde das meistens als Problem aufgefaßt.

Tatsächlich haben fast alle Kinder zu irgendeiner Zeit einmal Probleme mit dem Schlafen, und etwa die Hälfte aller Eltern macht sich Sorgen, ob ihre Kinder genug Schlaf bekommen. Kinder neigen in besonders angsterfüllten Lebensperioden zu Schlafproblemen, etwa wenn ein Geschwisterchen geboren wird, das Kind in die Schule kommt, eine Trennung von der Mutter bevorsteht oder Spannungen zwischen den Eltern aufkommen. Die Schlafmuster der Babys beeinflussen die sich entwickelnde Beziehung Eltern–Kind. Wenn ein Baby beispielsweise nicht so schläft wie erwartet, sind die Eltern unter Umständen irritiert und lassen das Kind diese Gereiztheit spüren.

Einige Kinder sind unglücklicherweise von Hause aus schlechte

Schläfer. Diese ansonsten völlig normalen Kinder haben eventuell eine gemeinsame Vorgeschichte. Ihrer Geburt sind häufig lange Wehen vorausgegangen, und sie waren vom ersten Tag an ziemlich zappelig und viel wach. Im Durchschnitt verbringen sie weniger Zeit als andere Kinder im Bett, aber das scheint ihnen in keiner Weise zu schaden. Die Eltern schlechter Schläfer können vieles ausprobieren, etwa die Fütterungszeiten ändern oder dem Kind mehr Zuneigung und Aufmerksamkeit zukommen lassen, aber normalerweise wirkt sich das alles nicht auf die geringe Schlafneigung aus. Nicht einmal das Verhalten der Eltern gegenüber dem Kind scheint irgend etwas zu verändern. Es kann passieren, daß sich ein ständiger Kampf entfacht, in dessen Verlauf alle zuwenig Schlaf bekommen – nur das Baby nicht. Einige Eltern ändern ihren Lebenswandel und passen sich den Schlafgewohnheiten ihres Kindes an – sie stehen beispielsweise um drei Uhr nachts auf, um mit dem Baby zu spielen. Das ist wahre Hingabe – oder Irrsinn, je nachdem.

Was Sie tun können

1. Gestalten Sie die Schlafenszeit so ruhig und regelmäßig wie möglich. Etwa die Hälfte aller Kinder zwischen ein und zwei Jahren veranstaltet, wenn sie ins Bett soll, ein großes Theater. Versuchen Sie, sie zu beruhigen, und besänftigen Sie sie dennoch bestimmt.
2. Jedes Kind wacht nachts mehrere Male auf und schläft wieder ein. Gehen Sie nicht ständig in das Kinderzimmer, um nachzusehen, ob alles in Ordnung ist. Sie stören unter Umständen den natürlichen Rhythmus und leisten Erwartungen oder Forderungen Vorschub. Ihr Kind kann zum Beispiel jedesmal, wenn Sie ins Zimmer kommen, aufwachen und den Wunsch äußern, in Ihr Bett genommen zu werden. Geben Sie dem nicht nach, Sie werden es bereuen.
3. Versuchen Sie, sich selbst ein Bild darüber zu machen, wieviel Schlaf ein Kind wirklich braucht, anstatt sich auf ein Buch zu verlassen, in dem steht, wie lange ein Kind schlafen »sollte«.
4. Legen Sie dem Kind genügend (aber nicht zu viele) Spielsachen in sein Bettchen, mit denen es sich beschäftigen kann, wenn es wach ist. Falls Ihr Kind noch sehr klein ist, können Sie sie an der Seite anbinden. Geben Sie ihm anspruchsvollere Dinge, etwa ein gebundenes Buch, wenn es älter wird. (Vgl. wegen des Spielzeugs Kapitel 2.)

5. Machen Sie aus dem Schlafen keine Staatsaffäre, das verschlimmert alles nur.
6. Eltern brauchen auch für sich selbst einmal etwas Zeit. Kinder begreifen bereits sehr früh, daß die Eltern ein Recht darauf haben auszuspannen, sobald sie selbst gut im Bett liegen und etwas zu tun haben.

Eltern mit Problemen

Kinder haben ein besonders feines Gespür für die Gefühle anderer, insbesondere die der Eltern. Wenn daher zu Hause Spannungen aufkommen, sind sie unter Umständen die ersten, die das merken. Aber Kinder werden von dem, was sie empfinden, unterschiedlich berührt, und auch sie haben ihre Höhen und Tiefen, weshalb es schwierig sein kann, zu sagen, wie sie berührt werden. Wie ein Erwachsener kann auch ein Kind seine Probleme heute als drückend empfinden und morgen darüber lachen.

Auch wenn es Kinder gibt, die offenbar recht gut damit fertig werden, wenn die Eltern nicht mehr richtig miteinander auskommen, kann es das Leben vieler doch erschüttern, so daß sie unglücklich werden und dann »Probleme« haben. Jungen scheinen ein besonders feines Gespür für Schwierigkeiten der Eltern zu haben, zumindest reagieren sie stärker auf sie als Mädchen, wie eine eingehende Untersuchung von Professor Rutter auf der Isle of Wight ergeben hat.[8] Die ständige Anspannung durch eine belastete Beziehung richtet dabei den meisten Schaden an. Hin und wieder lasten Eltern allerdings ihre Sorgen auch dem Kind an, das lediglich auf deren persönliche Probleme reagiert, und so wird die Situation noch schlimmer. »Wenn Johanna nicht wäre«, so äußern sie sich vielleicht, »dann wären wir glücklich.« Aber es ist wahrscheinlicher, daß das Verhalten der Eltern die Kinder beeinflußt und nicht umgekehrt, so daß, wenn das Leben der Eltern wieder harmonischer wird, sehr oft auch das Verhalten der Kinder und ihre Leistungen in der Schule sich wieder bessern.

Die Art und Weise, wie die Eltern zueinander stehen, berührt auch die Art, wie sie ihre Kinder erziehen. Wird beispielsweise ein Kind einer liebevollen, toleranten Familie bestraft, erkennt das Kind den Grund dafür und empfindet keine seelischen Qualen. Wenn die Eltern jedoch in einer angespannten Situation leben, leidet darunter womöglich ihre allgemeine Fürsorge, so daß sie wahllos strafen und damit das Kind durcheinanderbringen, das nicht immer versteht, weshalb es bestraft wird. Manchmal kommt es auch zum genauen Gegenteil, und in gespannten Verhältnissen lebende Eltern entwikkeln eine übertriebene Schutzhaltung gegenüber dem Kind.

Am häufigsten reagieren Kinder auf eine angespannte Beziehung auf eine der beiden folgenden Arten:

Durch Überängstlichkeit.

Diese Angst äußert sich oft als Aggression in der Form schlechten Benehmens. Unmutsäußerungen kann bereits ein Baby lernen, das etwa entdeckt hat, daß es nur dann die Aufmerksamkeit erhält, die es haben möchte, wenn sich seine Erregung bis zum Schreien steigert, während Schweigen oder leichtes Jammern zu nichts führt.

Sie werden zu einem Sicherheitsventil.

Kinder können das Augenmerk von der angespannten Familiensituation, dem eigentlichen Problem, auf sich ziehen. Sie können sich zum Beispiel scheinbar krank fühlen. Die meisten Eltern diagnostizieren die Bauchschmerzen vor Schulbeginn richtig als ein Zeichen von Anspannung. Aber auch andere, ernster zu nehmende Probleme wie Asthma oder Diabetes können ein Ausdruck von Streß sein und sehr oft wieder verschwinden, sobald der Streß vorbei ist.

Dummerweise gibt es auch Eltern, die das schlechte Benehmen ihres Kindes mit der Behauptung rechtfertigen, das sei ein Zeichen seiner Intelligenz. Sie erklären, es sei völlig normal, daß ihr Kind in dieser Welt der »Mittelmäßigkeit« Verhaltensstörungen zeige. Wenn also ein intelligentes Kind einen Wutanfall bekommt oder die anderen Kinder in der Klasse stört, wird das entschuldigt, weil es doch nur gelangweilt war. Enttäuschung und Langeweile, die von Zeit zu Zeit bei fast allen Kindern festzustellen sind, sollten nie als Entschuldigung für schlechtes Benehmen anerkannt werden. Wenn intelligente Kinder Verhaltensschwierigkeiten haben, gibt es höchstwahrscheinlich Gründe dafür, und diese Gründe muß man erforschen, nicht entschuldigen.

Ein paar warnende Worte an die Eltern

Charlie Brown, einer der bekanntesten Philosophen unseres Jahrhunderts, hat es erkannt: »Es gibt keine schwerere Bürde als eine große Begabung.« Manchmal überziehen Eltern, wenn sie ihr Kind herausstellen, dessen Fähigkeiten in strahlendem Licht. Stolz auf die Leistungen des eigenen Kindes ist etwas Richtiges und Gutes, aber sobald Sie feststellen, daß Sie an nichts anderes mehr denken und von nichts anderem mehr reden, wird es Zeit, sich hinzusetzen und nachzudenken, warum das so ist. Eltern können »durch« ihre Kinder leben, indem sie sie antreiben, Anforderungen zu genügen, die sie selbst nie erfüllt haben, weil sie entweder nicht dazu in der Lage waren oder keine Gelegenheit hatten.

Es ist für ein Kind unmöglich, jederzeit die Erwartungen seiner Eltern zu erfüllen, und manchmal wird es sie enttäuschen. Diese kleinen Fehlschläge können sein Selbstvertrauen erschüttern, was normalerweise nicht allzuviel ausmacht. Wenn das Kind aber unter zu starkem Erfolgszwang steht, kann ein Mangel an Selbstvertrauen es entweder dazu treiben, übermenschliche Anstrengungen zu unternehmen, um die Eltern zufriedenzustellen, oder aber einfach aufzugeben. Ein Kind kann zu »gut« sein, was dazu führen kann, daß es vielleicht für den Rest seines Lebens Haßgefühle mit sich herumträgt.

Es ist wichtig, daß ein Kind ein starkes Selbstwertgefühl und auch die Freiheit hat, einmal zu versagen und dennoch zu wissen, daß die Eltern nach wie vor zu ihm halten; all das gehört zum Lernen. Versuchen Sie, zu Hause eine Atmosphäre zu schaffen, in der sich das Kind sicher und akzeptiert fühlt, gleichgültig, was es tut. Das heißt nicht, alle Vorschriften fallenzulassen – auch Eltern haben ein Recht, zu leben –, sondern sich bewußtzumachen, was das eigene Kind bewältigen kann. Die Erwartungen sollten weder zu hoch noch zu niedrig sein, sondern angemessen.

Was Sie tun können

1. Drücken Sie sich klar aus, wenn Sie Ihrem Kind Anweisungen geben, und machen Sie deutlich, wie Ihr Standpunkt ist. Soll »Benimm dich« eigentlich »Sei ruhig« bedeuten? Wenn ja, dann sagen Sie es auch, und sagen Sie auch warum.
2. Jeder Elternteil sollte vermeiden, Anweisungen zu geben, die denen des anderen zuwiderlaufen. So etwas bringt ein Kind durcheinander und macht es ängstlich. Versuchen Sie daher, Übereinstimmung zu schaffen.
3. Achten Sie die Integrität Ihres Kindes. Vertrauen Sie ihm, daß es gute Absichten hat.
4. Halten Sie die häusliche Atmosphäre möglichst frei von Spannungen; streiten Sie sich zum Beispiel nicht im Beisein der Kinder.
5. Versichern Sie das Kind seines ihm in der Familie zustehenden Platzes, und sagen Sie ihm das mit nur einsilbigen Worten.
6. Wenn Sie im Unrecht sind, räumen Sie es ein. Daß Sie Ihr

Gesicht wahren ist nicht so wichtig wie die Gefühle Ihres Kindes und das, was es von Ihnen über das Leben lernt.

Wie sich Befähigung entwickelt

Befähigung ist ein wesentlicher Bestandteil im Lernprozeß eines Kindes. Auch wenn sie sich schwer beschreiben läßt, wissen wir doch alle, was es ist, sobald wir mit ihr in Berührung kommen. Etwas bewältigen können heißt das Richtige zur richtigen Zeit tun; es heißt etwas in die Wege leiten und darauf achten, daß alles richtig abläuft. Kinder lernen diese Befähigung und die Selbsteinschätzung, die aus ihr folgt, in ihrer Familie kennen.

Babys erkennen sehr früh, wie sie auf ihre Umwelt einwirken können, und fangen zur gleichen Zeit an zu lernen, wie sie sich selbst einzuschätzen haben. Im ersten Lebensjahr macht das Baby die Erfahrung, daß es unabhängig von anderen existiert und sich von ihnen unterscheidet. Das ist der Zeitpunkt, an dem es zum erstenmal ansatzweise die Bedeutung des Wortes »ich« zu verstehen beginnt. Aus diesem Grund sollten Eltern das Weinen und Rufen eines Babys wenn eben möglich beachten, denn sein sich entfaltendes Selbstwertgefühl kommt aus seiner Verständigung mit anderen. Auch wenn ein Kind sich erst mit etwa drei Jahren wirklich als individuelles Mitglied der Familie sieht, hat es doch schon lange vorher große Anstrengungen unternommen, dieses Ziel zu erreichen. Wenn man zwei Jahre alt ist, ist man noch klein und nicht imstande, sehr weit vorauszudenken. Der beste Versuch, den man in Richtung Selbständigkeit unternehmen kann, ist folglich der, zu allem »nein« zu sagen.

Wenn das Baby mit etwa sechs Monaten anfängt, vertraute Gesichter von fremden zu unterscheiden, kann man erste Regungen seiner Selbständigkeitsbestrebungen erkennen. Schon bald fängt es an, herumzukrabbeln und seine Umgebung zu erkunden, wenn es sicher ist, daß Mama und Papa die ganze Zeit dasein werden. Babys beginnen mit diesen Erkundungen, wenn sie dazu in der Lage sind; die Eltern können sie nicht dazu drängen, wohl aber den Weg ebnen. Spielen Sie mit Ihrem Baby, und geben Sie aufmunternde Laute von sich, wenn es nach irgend etwas greift. Erzählen Sie ihm währenddessen, wie fein es das macht – das gibt Ihrem Kind Selbstvertrauen, ein bißchen mehr zu wagen. Wo immer das Kind sich gerade aufhält, sollte das Zimmer im großen und ganzen babysicher sein, da die Eltern sonst die ganze Zeit »Nicht anfassen, nicht anfassen« rufen müssen, was für niemanden gut ist. Manchmal erlauben die eigenen

Gefühle der Unsicherheit den Eltern nicht, ihrem Baby zu helfen, sich zurechtzufinden. Wie oft sagen überängstliche Mütter: »Tu das nicht, du tust dir weh.« Ob das wirklich wahrscheinlich ist oder nicht, auf jeden Fall hemmt es den Erkundungsdrang des Babys einige Zeit. Erwachsene, die ein Baby merken lassen, daß es hilf- und nutzlos ist, können sowohl sein Selbstvertrauen wie auch seine Fähigkeit untergraben, auf seine inneren Möglichkeiten zurückzugreifen, wenn es sie braucht; sie können auf diese Weise tatsächlich seine Denkfähigkeit beeinträchtigen. Jeder Schritt, den ein Baby vorwärts macht, jede neue Freundschaft, jeder neue Gedanke, der ihm kommt, kann seine Gefühlswelt und seine wachsende Befähigung erweitern. Die geistige Entwicklung eines Kindes hängt sehr eng mit seinem emotionalen Zustand zusammen; Eltern, die ihm helfen, sich durchzusetzen, helfen ihm auch, sich im Leben besser zurechtzufinden. Hier geht es nicht nur darum, den Kindern Selbstvertrauen zu geben, sondern auch Mittel, die ihnen zeigen, wie etwas anzufassen ist, und sie in den Prozeß miteinbeziehen.

Hier zwei Beispiele, wie das Ausbilden von Befähigung vor sich geht. Als ich vor kurzem in einer Apotheke darauf wartete, daß eine Arznei für mich zubereitet würde, konnte ich die vollständige Interaktion einer Mutter mit ihrem etwa vierjährigen Jungen verfolgen, eine Demonstration, wie man die Kommunikationsfähigkeiten eines Kindes lähmen kann. Ich wurde aufmerksam, als der Junge hartnäkkig nach Bonbons verlangte. Die Mutter gab schließlich nach und beachtete ihn dann nicht mehr, während er die Bonbons auswickelte und das Papier einfach auf den sauberen Boden fallen ließ. Dann versuchte der kleine Bub, mit ihr zu sprechen, aber sie hörte zunächst überhaupt nicht zu. »Sprich deutlich«, sagte sie schließlich, »ich kann nichts verstehen, wenn du so nuschelst.« Und der Junge sprach deutlich ... »Schrei nicht so«, fuhr sie ihn an, »ich bin nicht schwerhörig.«

Für die vierjährige Anna ging die Sache besser aus. Sie hatte zum Geburtstag eine einfache Eisenbahn bekommen, die aber dennoch den Fußboden des ganzen Zimmers einnahm. Anna und ihre Eltern beratschlagten gemeinsam. Der Vater, der sich beim Herumtapsen zwischen den Schienen den Fuß verstaucht hatte, wollte, daß die Bahn noch am gleichen Abend abgebaut würde. Die Mutter, die Wert auf Ordnung legte, neigte dazu, sich seiner Meinung anzuschließen, verstand aber auch Annas Lage. Anna kam schließlich in letzter Minute die Idee, das Bett umzustellen, wodurch das Problem gelöst wäre. Der Lohn für ihr aktives Sicheinschalten war die aufrichtige Freude über ihre Befähigung, die sie im Gesicht ihrer Eltern las – und die Bahn konnte stehenbleiben. Sie wird ihren Verstand wieder einsetzen, wenn sie ihn braucht.

Was Sie tun können

1. Geben Sie Ihrem Baby ausreichend Gelegenheit, seine neuerworbenen Fähigkeiten zu erproben. »Pädagogisches« Spielzeug, etwa Ringe auf eine Stange zu stecken, ist für Babys etwas Sinnvolles. Später werden Freunde wichtiger; sorgen Sie dann dafür, daß Ihr Kind Spielkameraden hat und mit Menschen zusammenkommt.
2. Ermuntern Sie Ihr Kind, das, was es macht, zu begreifen, und auch, warum es etwas macht. Das fördert sein Selbstverständnis. Damit können Sie bereits sehr früh anfangen, wenn Sie darüber sprechen, was Sie und Ihr Kind gerade machen, und die Dinge immer wieder anders angehen; Sie können zum Beispiel sagen: »Gucken wir mal, was passiert, wenn du es schüttelst.«
3. Belohnen Sie gutes Verhalten, wenn es vorkommt, anstatt ständigen Forderungen einfach nachzugeben, nur um für den Augenblick Ruhe zu haben. Wenn Ihr Kind Ihnen zum Beispiel bemerkenswert gut beim Spülen »geholfen« hat, belohnen Sie es mit einem Kuß oder einer netten Kleinigkeit und sagen Sie danke schön. Aber wenn es an der Kasse im Supermarkt nach Süßigkeiten schreit, die dort normalerweise so verlockend ausliegen, geben Sie nicht nach. Das animiert Ihr Kind nur, beim nächstenmal wieder zu schreien.
4. Pflegen Sie die Vorstellung, daß das Lernen Freude macht, damit Sie das Wort »nein« nicht öfter gebrauchen müssen als unbedingt nötig. Fördern Sie den angeborenen Erkundungsdrang des Babys, und beteiligen Sie sich auch an diesen Erkundungen.
5. Man kann kleinen Kindern einfache Werkzeuge geben, damit sie lernen, sie zu benutzen, was selbstverständlich unter Aufsicht zu geschehen hat. Die Fähigkeit zu gängigen, potentiell gefährlichen Tätigkeiten wie der Umgang mit Hammer und Nägeln oder das Schwimmen ist sehr viel besser, als hinterher die Schäden wieder in Ordnung bringen zu müssen.
6. Babys brauchen einen Ausgleich in ihren Interessen. Die Mütter sollten versuchen, eine ungezwungene und harmonische Beziehung zu ihrem Baby herzustellen, und zwar etwa bis zum Abschluß des ersten Lebensjahres. Das Baby wird dann so viel Ver-

trauen haben, daß es seine Mutter aus den Augen läßt und sich zunehmend für andere Dinge interessiert – andernfalls könnte es Ihnen passieren, daß Sie nach zwei Jahren eine Nervensäge herangezogen haben.

Kapitel 5
Lesen, Schreiben, Rechnen

Lesen

Nur ein kleiner Teil der Kenntnisse, die für das Lesen nötig sind, wird durch das gedruckte Wort vermittelt; das meiste kommt vom Zuhören und Sprechen. Eltern können helfen, die Kluft zwischen der gesprochenen und geschriebenen Sprache zu überbrücken, denn je mehr die gesprochene Sprache des Kindes mit dem übereinstimmt, was es geschrieben in einem Buch vor sich sieht, desto leichter wird ihm das Lesen fallen. Ein Kind mit Gesprochenem zu überhäufen kann eine Überforderung sein – was zählt, sind der Inhalt und die Teilnahme des Kindes.

Sie können Ihr Kind dazu anhalten, sich klar auszudrücken, indem Sie beispielsweise versuchen, es dazu zu bringen, eine Botschaft auf verschiedene Arten zu übermitteln. Diese geistige Übung wird ihm helfen, sein Denken zu schulen. Das folgende Gespräch zwischen der vierjährigen Barbara und ihrer Mutter ist vielleicht nichts Weltbewegendes, aber es macht doch klar, daß die Gedanken des Mädchens ein wenig an Verständlichkeit gewinnen. *Barbara:* »Der Milchmann hat die Milch gebracht.« *Mutter:* »Ah. Aber ich möchte zu gerne wissen, wo er sie her hat.« *Barbara:* »Ja, weißt du, Kühe. Die machen das.« *Mutter:* »Was machen die Kühe?« *Barbara:* »Man bekommt Milch von ihnen.« *Mutter:* »Und dann?« *Barbara:* »Sie wird in Flaschen getan, und wir bekommen sie.« *Mutter:* »Erzähl mir mal, wie sie in die Flaschen kommt.« *Barbara* (denkt kurz nach): »Der Milchmann drückt sie rein.«

Die beiden wichtigsten Dinge bei einem Gespräch mit einem Kind sind das Gesprächsthema und der -partner. Der Gesprächsgegenstand muß das Kind fesseln, und der Erwachsene sollte jemand sein, der ihm etwas bedeutet. Eltern müssen wirklich zuhören und gewissenhaft antworten. Nehmen wir Andreas, der fast drei Jahre alt war und mit einem Auto auf dem Boden spielte, während sein Vater ihm vom Sessel aus zusah. Nach einiger Zeit sagte Andreas: »Das Auto ist kaputt.« Der Vater ging zu ihm: »Sehen wir mal nach. Oh, es ist nicht kaputt. Es ist ein Lastwagen, und die Ladefläche geht hoch. Sieh mal, so geht das.« *Andreas:* »Laß mich, laß mich!« *Vater* (gibt ihm das Auto wieder): »Such etwas, das der Lastwagen transportieren kann, dann siehst du, wie es geht.« *Andreas* (zeigt, was er gelernt hat): »Das ist mein Lastwagen, und das mach ich nicht.« *Vater:* »Was willst du denn machen?« *Andreas* (triumphierend): »Ich setz diesen Lastwagen auf einen anderen drauf.«

Andreas hatte verstanden, daß man einen Lastwagen benutzt, um etwas zu transportieren. Er hatte seine zunehmende Selbständigkeit demonstriert, indem er den Rat seines Vaters zurückgewiesen hatte, und hatte dann noch etwas Besseres gewußt, daß nämlich der Lastwagen selbst transportiert wird. Beide mußten sie lachen über die Freude, die Andreas angesichts seiner Klugheit empfand. Das gedruckte Wort ist, psychologisch gesehen, genau das gleiche wie das gesprochene. Seine Interpretation ist aber weit schwieriger. Wenn man etwas liest, erfolgt die Umwandlung vom Gedruckten in etwas Bedeutungshaltiges auf zwei Arten. Die Buchstaben auf dem Papier müssen zuerst als Laute und dann als Worte verstanden werden. Die Augen huschen hin und her, erfassen, wie die Buchstaben auf der Seite stehen, und erhaschen mit einem kurzen Blick, was als nächstes kommt, während der Kopf verarbeitet, was diese Ansammlung von Zeichen bedeutet.

Das erste, was ein Kind beim Lesen lernen muß, ist, zu erkennen, was es »aussprechen« und was es übergehen muß. Lesen ist aber keineswegs nur eine Frage des Entschlüsselns von Zeichen in gesprochene Sprache; es ist auch die Fähigkeit zur Kommunikation. Jeder Mensch nutzt und kontrolliert diese Fähigkeit auf eine ihm eigene Weise.

Wenn ein Anfänger Ihnen etwas laut vorliest, hören Sie nicht nur zu, um festzustellen, ob er es richtig macht oder nicht, damit Sie ihn korrigieren können. Hören Sie auf das, was er sagt. Wenn er dann etwas falsch macht, beteiligen Sie ihn, damit er lernt, sich selbst zu verbessern. Sagen Sie nicht: »Du sprichst das ‚Z' in Kerze nicht richtig aus.« Drücken Sie sich lieber etwa so aus: »Sag es noch mal, so wie du es sonst immer aussprichst.«

Manchmal versuchen sich Kinder an einem Wort, das sie nicht kennen, und benutzen die Regeln von anderen Worten, die sie kennen, etwa wenn ein Kleinkind sagt, »Ich gingte«. Auch wenn dieser Ansatz zu einem falschen Ergebnis führen kann, zeigt er doch den Anfang eines Bewußtseins, daß das gedruckte Wort eine Botschaft enthält. Es zeigt außerdem, daß das Kind seine Intelligenz einsetzt, um lesen zu lernen, und eine solche Anstrengung sollte mit allem

Nachdruck unterstützt werden. Die Eltern müssen dem Anfänger die Gewißheit vermitteln, daß er zum Vergnügen liest, und ihm helfen, daß er den Wunsch verspürt, für sich selbst lesen zu lernen. Wenn man den Kleinen laut vorliest, erleichtert man es ihnen, dieses Gefühl schon in den ersten Wochen zu bekommen, selbst wenn sie noch kein Wort verstehen. Ein kleines Kind lernt dadurch den Rhythmus und die Struktur der geschriebenen Sprache kennen, so daß es, wenn es demnächst selbst liest, das Vorwegnehmen beim Lesen besser beherrscht. Die Sprache der Bücher ist wirklich etwas ganz Besonderes.

Eine Untersuchung, die Dr. Margaret Clark vor einiger Zeit mit Kindern durchgeführt hat, die bereits vor dem Schuleintritt lesen konnten, hat einige Erkenntnisse über das frühe Lesen zutage gefördert, wovon Eltern wissen sollten.[1] Diese (schottischen) Kinder, die es zu Hause gelernt hatten, konnten besser leise lesen als die Kinder, die gelernt hatten, vor der Klasse vorzulesen. Sie hatten mehr Freude daran und konnten außerdem besser buchstabieren, da ihnen während der ganzen Zeit, in der sie lesen gelernt hatten, ihre Eltern auch geholfen hatten, schreiben zu lernen. Sie hatten Tafeln und Kreide bekommen und durften damit schaffen und selbstverständlich ausreichend Papier und Stifte. Die Folge war, daß sie ein Gefühl dafür bekommen hatten, wie sich Wörter aus Buchstaben zusammensetzen und wie sie klingen sollten, und daher gaben sie sich große Mühe, es richtig zu machen.

Wenn Kinder lesen lernen und sich dann an schwierigere Bücher wagen, machen sie größere Fortschritte, wenn sie jederzeit Hilfe von einem interessierten Erwachsenen erhalten, falls sie festsitzen. Hier haben die Eltern den Lehrern etwas voraus. Während ein Lehrer einfach nicht in der Lage ist, jeden Schüler einer Klasse, wenn er es braucht, auf diese Art zu betreuen, ist das den Eltern oder jedem anderen Erwachsenen, der das Kind beaufsichtigt, möglich.

Kinder, die früh und mit Freude lesen lernen, haben im allgemeinen Eltern, die über die Freude beim Lesen ähnlich denken. Es ist keine Frage des Geldes oder der Zugehörigkeit zu einer bestimmten sozialen Schicht, sondern einzig eine Frage dessen, was Eltern gemeinsam mit ihren Kindern machen. Wo in einer liebevollen, offenen Umgebung geschriebene und gesprochene Sprache vom Kind als etwas Alltägliches erlebt wird, erfährt seine Erziehung eine außergewöhnliche Starthilfe.

Sollten Eltern ihren Kindern das Lesen beibringen?

Viele Eltern befürchten, daß den Kindern später Probleme entstehen, wenn sie ihnen vor dem Schuleintritt das Lesen beibringen. Einige meinen, das störe die normale Entwicklung des Kindes, andere argwöhnen, die Schule werde ihr Kind nicht so gut aufnehmen. Tatsächlich sagen Eltern den Lehrern häufig nicht, wenn ihr Kind bereits lesen kann, da sie deswegen ein ungutes Gefühl haben. Agatha Christies Eltern lehnten es ab, ihre Tochter lesen lernen zu lassen, bevor sie sieben war, da sie der Meinung waren, es sei nicht gut für Kinder dieses Alters. Aber sie, ein intelligentes Kind, bekannte in ihrer Autobiographie, daß sie es sich bereits mit knapp fünf Jahren beigebracht hatte.

Der Gedanke der »Lesebereitschaft« – daß das Kind emotionale Schwierigkeiten bekommt, wenn man ihm das Lesen beibringt, bevor es dazu »bereit« ist – war früher weit verbreitet. Er hat sich viele Jahre in Amerika gehalten, und so wird dort in einigen Gegenden noch immer versucht, die Kinder davon abzuhalten, vor dem siebten Jahr lesen zu lernen. Das andere Extrem bildete Doman mit seinem *Teach Your Baby to Read*[2], der Babys beibringen wollte, noch vor Beendigung des ersten Lebensjahrs auf Karten geschriebene Wörter zu erkennen – eine Übung, die wohl kaum einen Wert haben dürfte. Bemüht man den gesunden Menschenverstand, so erscheint es absurd, zu behaupten, daß ein Kind nicht bereit sei zum Lesen, wenn es bereits fließend lesen kann.

Die Lehrer reagieren unterschiedlich auf die Mitteilung, daß ein fünfjähriges Kind schon lesen könne. Einige sind begeistert und sehen darin eine große Chance für das Kind, andere dagegen sind eher unentschieden oder glauben, das Kind werde sich langweilen. Einige Grundschullehrer sind leider nicht sehr daran interessiert, daß die Kinder auch außerhalb der Schule Lernerfahrungen sammeln. Sie sind der Ansicht, daß die Erziehung für die Kinder mit dem Augenblick beginnt, wo sie durch das Portal der Schule treten.

Meistens wissen die Eltern bereits bei den Fünfjährigen, welche Schule sie einmal besuchen werden, und können die Haltung der Schule erkunden. Nicht, daß sie ein Kind davon abhalten sollten zu lesen, selbst wenn das an der Schule nicht gern gesehen wird, aber sie können dem Kind beim Eintritt in aie Schule den Weg ebnen. Eltern, die dem Lehrer die Informationen vorenthalten, die er haben sollte, machen es ihm schwerer, seiner Arbeit richtig nachzugehen – welche Gründe sie immer haben mögen. Es bedeutet außerdem, daß der Lehrer lernt, den Eltern nicht zu vertrauen. Die Umstellung muß offensichtlich mit einigem Fingerspitzengefühl vor sich gehen, aber wenn Ihr Kind schon lesen kann, dann sagen Sie es.

Interessiert sich ein Kind nicht für das Lesen, hat es keinen Sinn, es ihm mit Gewalt beibringen zu wollen, bevor es in die Schule kommt. Es ist wichtig, daß die ersten Leseerlebnisse eines Kindes von Erfolg gekrönt sind. Ein Kind lernt dadurch lesen, daß es liest und den Wunsch hat, mehr zu lesen. Die Befürchtungen der Eltern hinsichtlich des Lesens können bei einem Kind das Gefühl entstehen lassen, ein Versager zu sein, was sich als emotionale Belastung für das weitere Lernen erweisen kann. Es ist höchst unwahrscheinlich, daß ein Kind mit normalem Sehvermögen körperliche Probleme hat, das Entschlüsseln eines gedruckten Textes zu lernen, aber es kann auch andere Gründe für Schwierigkeiten beim Lesen geben.

Dyslexie

Kinder können Schwierigkeiten beim Lesen- und Schreibenlernen haben. Der Ausdruck, der für den gesamten Problembereich oft gebraucht wird, ist Dyslexie oder Wortblindheit. Die Deutungen dieses Befundes reichen von sehr leichten Schwierigkeiten beim Lesen bis zu ganz speziellen Problemen wie etwa der Unfähigkeit eines Kindes, die optischen Symbole auf dem Papier, die Buchstaben, in Worte umzusetzen. Aber von den Kindern mit Leseschwierigkeiten bilden diejenigen mit Dyslexie nur eine kleine Minderheit. Ein Kind mit Dyslexie muß nicht nur eine Leseleistungsschwäche haben, sondern auch eine durchschnittliche oder überdurchschnittliche Intelligenz und normal funktionierende Sinnesorgane. Häufig haben andere Mitglieder einer Familie, in der ein Kind Dyslexie hat, die gleichen Schwierigkeiten. Darüber hinaus tritt die Störung meistens bei Jungen auf. Die Schauspielerin Susan Hampshire, die selbst unter Dyslexie leidet, hat in ihrem Buch *Susan's Story*[3] erklärt, daß 12,5 Prozent aller Kinder in einem gewissen Umfang eine Leseleistungsschwäche haben.

Es gibt einige Anzeichen für Dyslexie, auf die Eltern achten können, wenn sie sich Sorgen wegen der Leseleistungen ihres Kindes machen. Je früher diese Anzeichen erkannt werden, um so größer sind die Chancen einer Besserung. Obwohl auch Kinder, die normal lesen lernen, ähnliche Probleme bekommen können, werden sie damit fertig und machen gute Fortschritte, aber die Kinder mit Dyslexie scheinen festzustecken und kommen ohne Hilfe nicht weiter.

Viele, die von dieser Störung betroffen sind, haben offenbar Schwierigkeiten, die Buchstaben eines Wortes in der richtigen Reihenfolge zu deuten. Beim Wort »Eis« lesen sie unter Umständen »sie«, und aus »Neger« kann »Regen« werden. Oder die Eltern stellen fest, daß ihr Kind so schreibt, als blicke es dabei in einen Spiegel. Mit diesen Kindern muß man sehr geduldig lernen. Nach unendlich viel Mühen lernt ein Kind mit Dyslexie vielleicht, daß H–u–t sich Hut schreibt, nur um es am nächsten oder auch schon am gleichen Tag wieder zu vergessen. Manchmal kann die Schreibweise eines von Dyslexie betroffenen Kindes derart bizarr sein, daß selbst der bemühteste Leser es nicht entziffern kann. Diese Rechtschreibfehler halten sich oft bis ins Erwachsenenalter, auch wenn der Betreffende gelernt hat, brauchbar zu lesen. Kinder mit Dyslexie haben im allgemeinen Schwierigkeiten, Lateralität auszubilden – rechts/links und oben/unten –, und können auf einer Seite nicht die Stelle wiederfinden, wenn ihre Aufmerksamkeit für einen Augenblick abgelenkt worden ist. Sie haben unter Umständen ein sehr schlechtes Kurzzeitgedächtnis, vergessen sofort, was man ihnen gesagt hat, können häufig offenbar nicht ruhig bleiben und ermüden sehr leicht. Als Kleinkinder haben sie eventuell spät gelernt, Knöpfe zuzumachen und sich richtig anzuziehen.

Schwierigkeiten mit dem Lesen bei intelligenten Kindern gehen allerdings nicht immer auf Dyslexie zurück. Als Ursache kommt auch jeder der folgenden Punkte in Frage:

— Probleme mit dem Sprechen, Hören oder Sehen
— Emotionale Störungen, zum Beispiel Unsicherheit
— Längere Krankheit
— Entmutigung
— Schlechter Unterricht

Unglücklicherweise kann eine Leseschwäche unabhängig von den Ursachen sich auch auf andere Lernbereiche auswirken, so daß das Kind Zweifel an seiner Lernfähigkeit allgemein bekommt. Möglich ist auch, daß es sich in schlechtes Verhalten flüchtet und sich von Vorhaben im Unterricht ausschließt, was eine noch stärkere Isolierung nach sich zieht. Intelligente Kinder sind besonders geschickt, wenn es darum geht, ihre grundlegende Leseschwäche zu verbergen. Sie finden unter Umständen tausend Ausflüchte, müssen vielleicht gerade auf die Toilette, wenn sie etwas lesen sollen, ihre Mathematikaufgaben fertigmachen oder haben ihre Brille verlegt. In einer großen Klasse kann das recht gut funktionieren, aber die Lage des betreffenden Kindes verschlechtert sich dadurch natürlich, da die Hilfe hinausgezögert wird, die es so dringend braucht.

Es ist oft nicht möglich, die eigentliche Ursache der Dyslexie zu finden. Nach einer Theorie entwickeln sich ganz einfach bestimmte Bereiche des Gehirns nicht normal, die für die Symbole und die Lateralität zuständig sind. Auf jeden Fall ist das beste, was man tun kann, der Versuch, die anstehenden Probleme zu lösen. Wichtig ist auch, einem Kind mit Dyslexie die Erkenntnisse zu vermitteln, daß diese Schwierigkeit kein Stigma bedeutet. Eine einfache Abhilfe gibt es nicht, und auch wenn pädagogische Spielereien etwas Abwechslung bieten, gibt es doch keinen Ersatz für einen speziell ausgebildeten Lehrer, der unendliche Geduld haben muß. Aber da diese Lehrer Mangelware sind, kommen Eltern vielleicht zu dem Schluß, daß sie den Großteil der Last, wenn nicht gar alles, selbst tragen müssen. Hier einige Anregungen, was Sie unternehmen können, wenn Sie glauben, daß Ihr Kind an Dyslexie leidet:

— Sprechen Sie den oder die Lehrer in der Schule an; vielleicht ist jemand verständnisvoll und kann Hilfe anbieten.
— Falls man an der Schule zu erkennen gibt, daß man der Meinung ist, Ihr Kind sei lediglich »beschränkt« oder »verzogen«, verlangen Sie, daß es von einem Erziehungspsychologen getestet wird. Die Stadt oder die Gemeinde sollten in der Lage sein, Ihnen zu helfen. Falls Sie Schwierigkeiten haben, können Sie Ihr Kind privat untersuchen lassen.
— Wenden Sie sich an spezielle Hilfsorganisationen, sofern sie in Ihrer Gegend existieren. Sie können eine Untersuchung in die Wege leiten, Ratschläge und Unterrichtshilfen geben und Ihnen verständnisvoll zuhören. Dort wird man Ihnen auch die Wahrheit sagen.

Selbst wenn ein Kind mit Leseschwächen von einem Psychologen oder Lehrer als dyslektisch eingestuft wird, bedeutet das nicht, daß mit der Zeit keine Besserung eintreten könnte. Jedes Kind, das normal hört und sieht, kann im großen und ganzen gut lesen lernen, wenn seine Entwicklung auch langsam oder in Schüben erfolgen kann. Dyslektische Kinder haben im allgemeinen eine gute Auffassungsgabe, die ihnen zugute kommt. Sowohl der Dichter W. B. Yeats wie auch Hans Christian Anderson waren Dyslektiker. Einige Kinder, die viel Mut und Zielstrebigkeit besitzen, verlegen sich auf ein intensives Studium, das sie später beruflich nutzen können, wie Human- oder Zahnmedizin. Andere dagegen haben ihr ganzes Leben Schwierigkeiten, einen Einkaufszettel zu schreiben oder einen Fahrplan zu lesen.

Es gibt einige Übungen für zu Hause, aber wenn Sie unsicher sind, dann suchen Sie den Rat eines Fachmanns. Nicht alle Eltern haben die Geduld einer Heiligen. Auch wenn das Lesenlernen am besten durch die Freude gefördert wird, die es bereitet, ist es für einen Dyslektiker wahrscheinlich doch harte Arbeit. Der Erwachsene, der sich um ihn kümmert, muß oft unterbrechen, viele Anläufe nehmen und immer wieder ermuntern. Versuchen Sie, gemeinsam eine (vom Niveau her angemessene) Seite in einem Buch zu lesen, und sprechen Sie dann über das, was Sie gelesen haben. Fordern Sie das Kind auf, sich vorzustellen, was als nächstes kommen könnte, bevor Sie fortfahren, damit es vorausdenken muß. Ferner sollten Sie daran denken, dem Kind beim Lesen zuzuhören, und es so lange wie möglich nicht verbessern; spenden Sie auch kein falsches Lob. Gestalten Sie das Buchstabieren so einfach, daß das Kind gar nicht anders kann, als Erfolg zu haben. Zum Schluß noch dies: Versichern Sie sich sachkundiger Hilfe, und versuchen Sie nicht, zusätzlich selbst etwas auf die Beine zu stellen. Die gemeinsame Anstrengung ist wichtig.

Die Methoden, die in den Schulen angewandt werden

In Großbritannien hat es im letzten Vierteljahrhundert nicht weniger als dreizehn Neuerungen auf dem Gebiet des Leseunterrichts gegeben. Am bemerkenswertesten war die sogenannte Einführung in das Alphabet (Initial Teaching Alphabet – ita). Ein neues Alphabet wurde so ausgedacht, daß die Kinder die Worte so schreiben konnten, wie sie klangen – aus Wiese wurde also Wise. Wie sich herausstellte, war das eine Hilfe für die langsam lernenden Kinder, aber die intelligenten profitierten nicht davon. Die meisten Schulen haben diese Methode inzwischen wieder aufgegeben. Es gab auch eine ganze Reihe von mit Farbschlüsseln arbeitenden Unterrichtsentwürfen und sogar Geräte für programmiertes Lernen, doch letztere erwiesen sich als zu teuer für die meisten Schulen. Die drei grundlegenden Unterrichtsmethoden sind folgende:

Schauen und sprechen (ganze Worte oder Sätze)

Der Gedanke, der hinter dieser Methode steht, ist, eine Beziehung herzustellen zwischen dem, was das Kind sieht (und woran es sich erinnert), und dem, was es hört, so daß es eine Kette geistiger Verbindungen bildet, wie es die Erwachsenen tun, wenn sie lesen. Dem

Kind wird ein Wort oder eine Formulierung vom Lehrer vorgelegt, die es laut wiederholt. Der Lehrer wählt solche Worte aus, die das Kind seiner Meinung nach interessieren. Meistens bittet der Lehrer das Kind, die Worte auch zu schreiben, damit es durch die Bewegungen beim Schreiben ein Gefühl dafür entwickelt. Ein Kind kann auf diese Weise sehr gute Fortschritte machen und mehr Freude am Lesen haben, doch die Methode bringt oft Kinder hervor, die in Rechtschreiben schlecht sind, und selbst bei Kindern, die gut leise lesen, kann man später unter Umständen beobachten, daß sich beim Lesen der Mund oder der Kehlkopf bewegt.

Phonetische Methode
Hier wird dem Kind beigebracht, die Laute der Buchstaben zu erkennen und Worte aus ihnen zu bilden, so daß aus G–e–l–d Geld wird. Es beginnt damit, daß man Worte hervorhebt, die genau ausgeklügelten Regeln folgen, und dann unregelmäßigere Worte einführt. Der Lernstoff muß sorgfältig geordnet werden, zum Beispiel in gleichlautende Buchstabenmuster wie Blut und gut, in weich oder hart klingende Buchstabenlaute wie Lade und Rute.

Die Schwierigkeit bei dieser Methode liegt darin, daß die Kinder selten diese direkte Belohnung erfahren wie bei der des Schauens und Sprechens, so daß sie dieses Verfahren nicht so schätzen. Doch die Kinder lernen gut rechtschreiben und bekommen möglicherweise auch ein besseres Sprachverständnis.

Eklektische Methode
Die meisten Schulen suchen sich aus den beiden obigen Methoden das heraus, was ihnen zusagt, und stellen es nach ihren Wünschen zusammen. Eigentlich gehen die meisten Eltern und Lehrer bis zu einem gewissen Grad so vor. Es ist wichtig, daß man sich klarmacht, daß keine der Lesemethoden allen Schülern gerecht werden kann. Lesen ist eine ausschließlich individuelle Angelegenheit und keineswegs nur eine Frage des Entschlüsselns von auf dem Papier stehenden Zeichen, sondern ein konstruktiver Denkprozeß. Das Lesen »zwischen den Zeilen« gehört zum normalen, bedeutungshaltigen Lesen.

Wer fließend liest, hat sich vom Vorgehen Wort für Wort oder Symbol für Symbol frei gemacht. Er überfliegt die Zeilen, nimmt die Bedeutung auf und sucht nach vertrauten Satzstrukturen. Nach und nach reagiert er auf das, was er sieht, automatisch und zögert beim

Entziffern nur, wenn er auf ein ungewöhnliches Wort oder eine solche Satzstruktur stößt.

Versuchen Sie, Einhalt zu gebieten!

Kinder, die schon als Kleinkinder lesen lernen, stellen das offenbar häufig so an, daß sie ihre widerwilligen Eltern als Lehrer hinzuziehen. Nur wenige Eltern geben sich tatsächlich die Mühe, uninteressierten Kindern das Lesen beizubringen. Bestimmte Kinder möchten lernen, und die Eltern machen einfach mit, so gut sie können.

Von Anfang an setzen diese jungen Leser ihre Fähigkeit ein, um ihr Wissen zu erweitern – manchmal mit Hilfe von Zeitungen, manchmal mit Büchern. Wenn Sie zu Hause eine »anspruchsvolle« Zeitung lesen, empfiehlt es sich, für einige Zeit eine etwas einfachere zu kaufen, damit Ihre Kinder, die sehr früh mit dem Lesen angefangen haben, sich daran üben können. Gehen Sie mit Ihrem Kind zu Ihrer Stadtbücherei, und zeigen Sie ihm, wie man Bücher entleiht. Viele Bibliotheken haben einen Spezialisten für Kinderbücher.

Unsere Urgroßeltern kannten noch das Vergnügen, laut einander etwas vorzulesen. Alle Gründe sprechen dafür, das mit den Kindern fortzuführen, auch wenn sie selbst schon lesen können. Der zusätzliche Nutzen besteht darin, daß Ihnen das Kind dann etwas vorlesen kann – sprechen Sie anschließend über das, was Sie oder Ihr Kind vorgelesen haben. Mit etwa fünf Jahren bekommt ein intelligentes Kind Spaß daran, für sich zu lesen. Lassen Sie ihm die Zeit und die Ruhe, die es braucht, um Bücher kennenzulernen, aber genießen Sie auch die Freude, gemeinsam zu lesen.

Kinder freunden sich schnell mit dem Gedanken an, überall etwas zum Lesen aufzuschnappen. Sie sehen beispielsweise etwas im Fernsehen – in Werbesendungen wird oft ein Wort gezeigt und dann ausgesprochen. Später sieht das Kind die angepriesene Ware vielleicht im Regal eines Supermarkts oder zu Hause in der Küche und kann sich erneut darin üben, den Namen zu betrachten und auszusprechen. Einige Kinder lernen von Schallplattenhüllen, indem sie sich den ganzen Titel einprägen und die einfacheren Worte lesen. Worte und Laute sind überall, und Kinder fangen sehr früh an, beides zu verbinden.

Was sollten die Kinder lesen?

In Stadt- oder Schulbüchereien werden Kinderbücher oft so zusammengestellt, wie das nach der Meinung Erwachsener für Kinder bestimmter Altersgruppen angemessen ist. In einigen Schulen und Büchereien dürfen Kinder nur Bücher aus der für sie gekennzeichneten Altersgruppe entleihen. Es wird vielleicht schwierig, in der Schule durchzusetzen, daß ein Vorschulkind Zugang zu den für Schüler bestimmten Büchern bekommt, aber in der Stadtbücherei kann man dieses Problem mit der Ausleihkarte der Eltern umgehen. Kinder, die fließend lesen können, sind oft an sehr viel mehr interessiert, als Kinderbücher ihnen bieten können.

Lassen Sie die Kinder selbst auswählen, was sie lesen wollen. Wenn sie das Buch nicht verstehen, daß sie ausgeliehen haben, werden sie die schwierigen Passagen entweder überspringen oder das Buch zurückbringen. Falls ein Fünfjähriger zu Tolstoi greift, macht es wirklich etwas aus, wenn er das Buch am nächten Tag wieder zurückbringt, weil es sich als ein Fehlgriff erwiesen hat? Schließlich lernen wir aus unseren Fehlern. Intelligente Kinder werden durch die vereinfachte Wortwahl in Kinderbüchern ihrer Altersgruppe unter Umständen nur irritiert.

Was Sie tun können – Lesen

1. Sprechen Sie vom ersten Tag an mit Ihrem Baby, und hören Sie ihm zu.
2. Erzählen Sie Ihrem Kind Geschichten.
3. Zeigen Sie ihm Bilder, und sprechen Sie mit ihm darüber.
4. Animieren Sie Ihr Kind, über das zu sprechen, was es gerade tut.
5. Machen Sie auf Worte aufmerksam, wo immer das möglich ist – im Fernsehen und auf der Straße.
6. Bemühen Sie sich um geeignete Sätze, wenn Sie mit Ihrem Kind sprechen.
7. Bringen Sie ihm Kinderreime bei; heben Sie den Rhythmus hervor, singen Sie, und spielen Sie den Text nach.
8. Bringen Sie Ihrem Kind die Farben bei.
9. Halten Sie es an, deutlich zu sprechen.
10. Geschicklichkeitsspiele (Brettspiele) fördern das Zusammenspiel zwischen Auge und Handbewegungen.
11. Schlagen Sie gemeinsam einfache Rhythmen.
12. Weisen Sie auf die Namen hin, die auf den Auszeichnungsschildern alltäglicher Gebrauchsgegenstände in großen Buchstaben angegeben sind.
13. Hören Sie vor allem aber zu, wenn Ihr Kind versucht zu lesen. Je

mehr es liest, desto besser. Wenn es mit einem Buch fertig ist, geben Sie ihm ein neues, insbesondere Bücher mit Bildern, die groß, klar, aktuell sind und ihm etwas zu sagen haben.

14. Gehen Sie die Dinge locker an. Übertrieben besorgte Eltern können einem Kind das Lesen verleiden. Sollten Sie irgendwelche Zweifel haben, ob das Kind bereit ist zu lesen, warten Sie, bis Sie mit seinem Lehrer darüber sprechen können. Singen Sie ihm statt dessen etwas vor, und erzählen Sie ihm Geschichten.

Schreiben

Die Fähigkeiten zu lesen und zu schreiben entwickeln sich nicht gleichzeitig; sie haben zwei verschiedene psychologische Anfänge. Lesen können bedeutet, Buchstaben und ihre Bedeutung einzuordnen und sich daran zu erinnern. Schreiben können bedeutet die Feinabstimmung der Finger- und Armbewegungen und die Fähigkeit, Buchstaben wiederzugeben. Manchmal können intelligente Kinder bereits mit drei Jahren lesen, aber schreiben können sie in diesem Alter noch nicht. Ein fünfjähriges Kind kann vielleicht fließend lesen, aber immer noch Schwierigkeiten haben, sich selbst die Schuhbänder zuzumachen.

Die Anfänge des Schreibens liegen im Malen und Zeichnen. Setzen Sie sich mit Ihrem Kind hin, sobald es einen Malstift halten kann, und zeigen Sie ihm, wieviel Spaß es macht, zu zeichnen. Dann können Sie in Druckbuchstaben unter die Zeichnung schreiben, was sie nach Meinung des Kindes darstellt. Schon bald wird es das von Ihnen Geschriebene mit seinem Stift nachziehen.

Wenn ein Kind etwa einhundert Worte beherrscht, sollte man ihm ein spezielles Notizbuch geben, das auf jeder Seite in alphabetischer Reihenfolge einen Buchstaben enthält. Wenn es dann Schwierigkeiten hat und nicht weiß, wie man ein bestimmtes Wort schreibt, kann es Ihnen in den meisten Fällen den Anfangsbuchstaben zeigen, und Sie können ihm dann weiterhelfen.

In einigen Schulen versucht man, das Lesen- und Schreibenlernen zu koordinieren. Das kann Schwierigkeiten für ein Kind mit sich bringen, das zwar seit dem fünften Lebensjahr liest, aber noch nicht richtig schreiben kann. Man erwartet unter Umständen von ihm, seine Schreibkenntnisse den Lesefähigkeiten anzupassen. Dann kann es passieren, daß es größte Anstrengungen beim Schreiben unternimmt, aber dennoch nicht nachkommt, weil es im Lesen so weit voraus ist. Die Folge ist, daß sich das Kind in der Schule unglücklich fühlt, generell in seinen Leistungen abfällt – und niemand weiß warum.

Kinder sollten ermuntert, nicht gedrängt werden, so klar und sorgfältig zu schreiben, wie sie können, damit sie die Worte, die sie kennen, vor sich sehen – in ihrer eigenen Handschrift. Wenn sie Fehler machen, wissen sie es und können sie gemeinsam mit ihren Eltern verbessern. Lassen Sie das Kind das falsch geschriebene Wort ausradieren und es richtig wieder hinschreiben. Das verschafft ihm sehr viel Befriedigung. Lehrer bestehen gelegentlich darauf, daß etwas durchgestrichen wird, um es auch später noch überprüfen zu können, und bringen den Kindern bei, etwas falsch Geschriebenes auf bewährte Art durchzustreichen. Aber für aufgeweckte Kinder stellt das ein Schandmal dar, wenn die Fehler auf diese Art sichtbar bleiben, und außerdem fördert eine solche Methode nicht gerade den Stolz auf eine ordentlich geschriebene Seite.

In den letzten Jahren hatte man in den Schulen sehr viel für »kreatives« Schreiben übrig, was wahrscheinlich zu Lasten der Rechtschreibung und des Ausdrucks gegangen ist. Aber vielleicht gibt es einen Weg aus diesem Dilemma, ob Sie die Gedanken Ihres Kindes dadurch zügeln sollten, daß Sie auf korrektem Deutsch bestehen, oder ihm gestatten, alles mit leichter Hand hinzuwerfen, um seine Kreativität zu fördern. Kinder können einem Erwachsenen laut ihre wildesten Gedankensprünge mitteilen oder ein Tonbandgerät benutzen und dann wie jeder Handwerker ihre Fähigkeiten einsetzen und es zu Papier bringen. Das würde den Kindern auch helfen, den Unterschied zwischen gesprochener und geschriebener Sprache zu erkennen.

Einige Kinder haben ein besonders ausgeprägtes visuelles Bewußtsein, das ihnen beim Lesen und Schreiben zugute kommt, andere müssen ganz bewußt darangehen, die Regeln etwa der Rechtschreibung oder wie Wortteile zusammenpassen zu lernen. Je mehr Erfahrung das Kind im Hören von Sprache und im Spielen mit Geschriebenem hat, desto erfolgreicher wird es die Schwierigkeiten der Rechtschreibung anpacken können.

Mit der Hand schreiben

In den Schulen hat man gegenüber dem Schreiben mit der Hand eine weniger strenge Haltung eingenommen, da viele der herkömmlichen Anwendungen wie das Schreiben von Briefen und die Schreibarbeit im Büro inzwischen von Schreibmaschinen und Computern erledigt werden. Schönschreiben gilt nicht mehr als die erstrebenswerte Erwachsenentugend, die es einmal war. Intelligente Kinder spüren sehr schnell die Einstellung, daß das Schreiben mit der Hand nicht mehr so wichtig ist, und da es ein langsames und mühseliges Vorhaben sein kann, mangelt es unter Umständen am nötigen Eifer, es zu lernen.

Das Schreiben mit der Hand beschäftigt nicht nur die Finger, die den Stift halten, sondern den ganzen Körper. Ein Kind braucht beim Schreiben eine bequeme, entspannte, aber gestützte Haltung. Zunächst einmal braucht es einen Tisch und einen Stuhl in der richtigen Höhe; später kann es dann auf verschiedenen Unterlagen unterschiedlicher Höhe und unter wechselnden Bedingungen schreiben.

Beim Schreiben sollten die Hand und der Arm sich ungehindert bewegen können, und der Stift sollte richtig gehalten werden. Rechts- beziehungsweise Linkshänder haben unterschiedliche Bedürfnisse. Das mit rechts schreibende Kind sollte das Papier parallel zur Tischkante oder in einem leichten Winkel legen. Der Linkshänder legt das Papier links von sich und unter einem Winkel von etwa fünfundvierzig Grad hin. Er muß seinen Schreibstift außerdem weiter weg vom Punkt als der Rechtshänder halten, damit er mit seiner Hand nicht das verdeckt, was er schreibt.

Es gibt zwei wichtige Fähigkeiten, die ein Kind zum Schreiben braucht:

Die Fähigkeit, zu kopieren

Es ist für ein kleines Kind noch sehr schwierig, sich auf einzelne Buchstaben zu konzentrieren und sie in der richtigen Reihenfolge hinzuschreiben, so daß sie ein Wort oder einen Satz bilden. Sie können daher das Kind bitten, Worte, die Sie geschrieben haben, nachzuziehen. Das Kind kann dann dazu übergehen, seine Kopie direkt unter das von Ihnen Geschriebene zu setzen, und noch später kann es dann auf einem eigenen Blatt kopieren. Je weiter das, was das Kind schreibt, von dem entfernt ist, was Sie geschrieben haben, desto mehr muß es sich bemühen, sich an das zu erinnern, was es gesehen hat, und an die Reihenfolge der Buchstaben. Größere Textpassagen zu kopieren bedeutet, daß das Kind die Fähigkeit entwickeln muß, die richtige Stelle auf dem Blatt zu finden, damit es den nächsten Buchstaben oder das nächste Wort niederschreiben, also kopieren kann.

Bleistiftführung und Buchstabenbildung

Wenn ein Kind lernt, Buchstaben richtig zu bilden, lernt es gleichzeitig, sie beim Lesen leichter wiederzuerkennen – die Angewohnheit, schlecht zu schreiben, verwirrt beim Lesen. So verwechseln Kinder beispielsweise oft die Buchstaben »b« und »d«. Das kann passieren, wenn man ihnen beibringt, zuerst einen Kreis zu zeichnen und dann links einen Strich für das »b« und rechts einen Strich für das »d«. Wenn sie aber beim »b« zuerst einen Strich und beim »d« zuerst einen Kreis zeichnen, lernen sie leichter, völlig verschiedene Buchstaben zu bilden.

Es gibt einige sehr umstrittene Aspekte des Schreibens wie die Zeichensetzung, die Kreativität und den Einsatz von Schreibmaschinen, zu denen die Lehrer oft eine sehr dezidierte Meinung haben. Die Kinder geben im allgemeinen zu erkennen, wenn sie aufnahmebereit für die Zeichensetzung sind. Ihr Schreiben wird leichter, und sie gebrauchen wieder und wieder das Wort »und«, um Sätze aneinanderzureihen. Das ist der Zeitpunkt, um Punkt und Großbuchstaben einzuführen. Intelligente Kinder bekommen schon sehr bald eine Vorstellung von Punkt und Komma. Wenn das Kind sicher ist, die Zeichensetzung verstanden zu haben, lesen Sie ihm das, was es geschrieben hat, noch einmal ohne die Satzzeichen vor. Aber Lob und Geduld sind die Hauptstützen, wenn man Erfolge bei der Zeichensetzung erzielen will. Werten Sie die Arbeit eines Kindes nicht durch Ihre Bemerkungen ab – bei einem Fehler gelegentlich ein Auge zuzudrücken kann mehr Ansporn bedeuten. Sehr frühe Fehler wie fehlender Zwischenraum bei den einzelnen Wörtern oder Spiegelschrift geben sich normalerweise von selbst. Helfen Sie dem Kind, selbst seine Fehler zu finden.

Der Unterrichtstrend beim Schreiben ist in letzter Zeit dahin gegangen, die Kinder dazu zu ermuntern, beim Schreiben ihre Phantasie, ihre Interessen und Erfahrungen zu nutzen – also kreativ zu sein. Das ist eine entscheidende und begrüßenswerte Abkehr von der Plackerei stundenlangen Abschreibens, dem die Kinder sich bisher unterziehen mußten. Aber machen Sie sich keine zu großen Hoffnungen. Nicht jedes Kind ist ein schöpferisches Genie oder hat einen unbändigen Geist; die Arbeit der meisten Kinder ist ziemlich nichtssagend, auch die von intelligenten Kindern.

Einige Kinder haben eine wirklich überschäumende Phantasie und sind so versessen darauf, ihre Geschichte zu Papier zu bringen, daß ihre schreibtechnischen Fähigkeiten ihnen im Weg stehen. Sie haben vielleicht das Gefühl, daß sie in der Zeit, in der sie mit viel Mühe die Buchstaben gemalt haben, ihre Begeisterung verloren haben, so daß sich der ganze Aufwand überhaupt nicht lohnt. Eine Schreibmaschine kann sich da als recht nützlich erweisen.

Selbst jüngere Kinder können das Schreibmaschineschreiben ziemlich schnell lernen, und wenn sie es erst einmal beherrschen, kann das etwas fürs ganze Leben Brauchbares sein. Ein Fünfjähriger mit einem hellen Kopf kann auf diese Weise seine Gedanken sehr viel schneller zu Papier bringen, als wenn er mit der Hand schreibt. Kritiker sind der Meinung, das verhindere die Bildung einer schönen Handschrift, aber andererseits ist das kreative Denken sicher mindestens genauso wichtig auf lange Sicht. Eine Schreibmaschine für ein Kind bekommt man schon für wenig Geld. Später ist der Lehrer vielleicht einmal äußerst angetan, wenn er eine maschinengeschriebene Arbeit zu korrigieren hat, nicht eine handgeschriebene, die kein Mensch entziffern kann.

Was Sie tun können – Schreiben

1. Lassen Sie Ihr Baby mit einem Blei- oder Buntstift auf dickem Papier »malen« oder mit Kreide auf einer Tafel.
2. Helfen Sie Ihrem Kind, wenn es älter wird, und führen Sie seine Hand den Umriß von Formen entlang.
3. Lassen Sie es das Zeichnen einer geraden Linie üben.
4. Führen Sie Ihr Kind an einfache Puzzles heran.
5. Lassen Sie es beim Zeichnen allein, wenn es beschäftigt ist.
6. Bitten Sie Ihr Kind, das, was es gerade gesehen hat, in einer einfachen Zeichnung wiederzugeben.
7. Suchen Sie Spielsachen oder Gegenstände, die Ihr Kind zu Gruppen zusammenstellen kann – etwa nach der Farbe geordnet –, und lassen Sie es erklären, was es macht. »Das ist etwas Rundes, es ist ein Kreis, er ist rot« und so fort.
8. Spielen Sie Spiele mit ihm, bei denen man Punkte miteinander verbinden muß.
9. Lassen Sie Ihr Kind Spielzeugautos über aufgemalte Fahrbahnen schieben.
10. Das Nachfahren von Mustern gibt Übung, sowohl das Auge wie die Hand zu bewegen, von links nach rechts, nach oben und unten, in Aufwärts- und Abwärtskurven und durch rechte Winkel.

    Nach einiger Zeit kann man die Vorlage mit den Mustern weglegen und das Kind bitten, einige einfache Formen nachzuzeichnen wie zum Beispiel die folgenden:

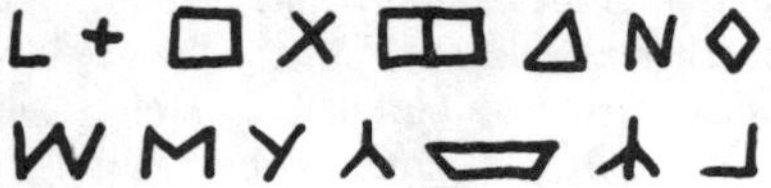

Man kann zunächst Streichhölzer legen und später dann zum Zeichnen übergehen.

11. Zeichnen Sie einfache Formen, bei denen ein kleines Stück fehlt, und bitten Sie Ihr Kind, sie zu vervollständigen. Etwa so:

12. Bitten Sie Ihr Kind, sich wiederholende Muster wie die folgenden nachzumalen:

13. Sie sollten immer dicke, weiche Blei- oder Zeichenstifte im Hause haben.
14. Verwenden Sie sehr dünne (vielleicht selbst angefertigte) Übungsbüchlein, damit das Kind sie möglichst schnell vollmalen kann und somit mehr Befriedigung erfährt.

Rechnen

In den letzten zehn Jahren haben neue Ideen das Unterrichten von Zahlen im Sturm erobert. Die meisten der »Summen«, welche die Eltern noch als Kinder gebildet hatten, sind nicht mehr aktuell. Die »neue Mathematik« hat das Augenmerk weg von den Zahlen hin zu logischen Beziehungen und der mathematischen Sprache gelenkt. Die Kinder bilden also keine »Summen« mehr, sondern vermessen Räume und Tische und vergleichen, was sie herausbekommen haben.

Eltern und Lehrer wissen in diesem Durcheinander manchmal nicht, wo ihnen vor lauter neuer Mathematik der Kopf steht – warum eigentlich kein Einmaleins? Lehrspielzeug aller Art und Geräte, die als »pädagogisch« bezeichnet werden, sind auf den Markt gekommen, und es ist oft schwer zu entscheiden, ob sie ihr Geld wert sind.

Wo soll man anfangen?
Babys lernen die Zahlen kennen, wenn sie wieder und wieder hören, wie die Eltern etwas zählen, zum Beispiel Finger oder Stufen. In vielen Kinderreimen geht es um das Zählen, und Kinder lieben solche Reime. Schon bald können sie einige der Zahlen, die sie aufsagen, schreiben; die Eltern sollten dies fördern.

In einer Familie, in der es lebendig zugeht, stellt sich die Sprache der Mathematik ganz von selbst ein. Wenn Sie zum Beispiel »mehr als« oder »weniger als« sagen, geben Sie Unterricht. Eltern können mit ihren Kindern handeln, was etwa so aussehen kann: »Du ißt noch zwei Löffel, dann bekommst du ein Bonbon.« Es besteht keinerlei Notwendigkeit, bewußt mathematisches Verständnis wecken zu wollen, denn die täglichen Unterhaltungen sind voll davon. Ein warnendes Wort sei dennoch hier eingefügt – da Kinder mathematische Vorstellungen angehen können, ohne die Gedanken dahinter zu verstehen, denken Eltern manchmal, ihre Kinder seien noch intelligenter, als sie tatsächlich sind. Selbst eine einfache Rechenaufgabe verlangt einiges an Überlegung. Zunächst einmal muß ein Kind verstehen, was addieren bedeutet. Zweitens muß es in der Lage sein, das im Kopf auszurechnen. Drittens muß es mit den Symbolen + und − zurechtkommen und viertens den oft verwirrenden Satz »zwei und zwei gleich vier« begreifen. Sie müssen ihm also bei jedem dieser vier Schritte zu helfen versuchen.

Was von Anfang an wirklich zählt, ist die Art, wie das Kind das Rechnen geistig angeht. Es sollte als etwas Angenehmes empfunden werden, als echter Spaß, und nicht zu schwer sein. So viele Eltern erklären ihren Kindern, Mathematik sei etwas Schwieriges – insbesondere für Mädchen –, daß diese es allmählich mit der Angst bekommen, wenn sie an Zahlen denken. Intelligente Kinder lieben es, ihre geistigen Fähigkeiten zu erproben, und sie sind auch in der Lage dazu. Sie rechnen gern und fühlen sich dabei wohl, auch wenn sie noch gar nicht richtig begreifen, was sie da machen. Was die Kinder dagegen abstößt, ist routinemäßiges, tägliches Rechnen.

Regieren Sie mit leichter Hand. Gestalten Sie das Ganze so abwechslungsreich wie möglich – nehmen Sie verschiedenfarbige, ausgeschnittene Zahlen, Papier mit unterschiedlichen Karos, unterschiedliche Gegenstände zum Zählen und Legen. Denken Sie sich praktische Übungen aus, etwa wieviel Wasser aus einem Krug man zum Füllen eines anderen braucht oder wie viele Bohnen man in einen Topf tun kann.

Kleine Kinder brauchen sehr viel Übung, um Größe und Form vergleichen zu können. Am besten fängt man damit an, daß man die Kinder mit einem Körperteil messen läßt, etwa mit der Handspanne, der Daumenbreite oder den Füßen. Das sorgt für geistige wie auch körperliche Beweglichkeit. Sobald die Kinder das möchten, können sie zum Lineal, zum Bandmaß u. a. m. greifen. Dann stellen sie graphisch dar, was sie herausbekommen haben, und zeichnen einfache Blockdiagramme, die farbig angemalt werden können. Ein Kind ist sehr stolz, wenn sein Werk schließlich an der Wand aufgehängt wird.

Das Gewicht eines Gegenstandes zu bestimmen ist schon etwas schwieriger. Das Kind muß zunächst eine Vorstellung von Gewicht und Gleichgewicht haben. Dazu braucht es die praktische Erfahrung des Gefühls, wie schwer etwas ist, um die Gegenstände dann genauer vergleichen zu können. Fangen Sie mit einer einfachen Waage an, um zunächst einmal die Vorstellung von schwerer und leichter zu vermitteln und dann die des Gleichgewichts. Wenn das Kind das offenbar verstanden hat, können Sie zu einer Federwaage übergehen, um zu veranschaulichen, wie das Gewicht auf einer Skala mit Unterteilungen angezeigt wird. Aber selbst intelligente Kinder gehen schon in die Schule, bevor sie wissen, was standardisierte Gewichte sind.

Die »Entdecker«-Methode

Eine Schwierigkeit, die sich bei diesem neuen mathematischen Ansatzpunkt ergab, war die, daß die Lehrer die Vorstellungen manchmal zu wörtlich nahmen. Das brachte einige Fehlschläge mit sich. Die Idee des Entdeckens sah vor, daß die Kinder selbständig lernen sollten, indem sie mit Materialien umgingen und praktische Probleme anpackten. Auf diese Art sollten sie ihren eigenen Kopf gebrauchen, anstatt sich von den Erwachsenen bis ins letzte vorschreiben zu lassen, was zu tun war. Aber gelegentlich geschah es, daß man den Kindern eine Menge Lehrmaterial in die Hand drückte und einfach sagte: »So, und jetzt entdeckt mal schön!«

Es funktioniert nicht. Ein Kind kann die Grundlagen der Mathematik, für deren Ausarbeitung große Köpfe Jahrhunderte brauchten, im Unterricht nicht selbst nachvollziehen. Kinder brauchen jemanden, der sie führt und ihnen hilft, diese Gedanken zu deuten. Aber das bedeutet nicht, ihnen genau zu erklären, was sie zu tun haben, und es bedeutet auch nicht, Entdeckungen den Weg zu verbauen.

Das Unterrichten von Mathematik ist ein zweigleisiger Prozeß zwischen Lehrer und Schüler, und auf beiden Seiten muß Beweglichkeit herrschen.

Was Beweglichkeit bedeuten kann, zeigt uns anschaulich das folgende Beispiel, in dem eine Lehrerin eine Auseinandersetzung mit einem Schüler hatte, der darauf beharrte, daß ein Dreieck nur zwei Seiten habe. Zunächst versuchte sie, ihn zu korrigieren, und erklärte ihm, daß ein Dreieck drei Seiten hat. »Aber es hat doch zwei Seiten und einen Boden«, entgegnete der Schüler. »Völlig richtig«, konnte sie zustimmen. Wie sollen wir schließlich annehmen, daß Kinder sich geometrische Objekte vorstellen können, die im Euklidischen Raum schweben? Offensichtlich weist ein Dreieck für ein Kind mit der Spitze nach oben, und wenn dem so ist, dann ist Kante vielleicht der bessere Ausdruck als Seite.

Kleine Mathematiker

Es gibt einige hochbegabte Kinder, denen, wenn sie in die Schule kommen, der Umgang mit Zahlen bereits recht geläufig ist. Aber ebenso wie die Kinder, die schon sehr früh lesen können, haben auch sie Probleme – erstens damit, daß man ihnen das glaubt, und zweitens mit der Anpassung an das Niveau der Mitschüler. So langweilt sich wahrscheinlich ein achtjähriger kleiner Mathematiker bei einer ausführlichen Erläuterung der Primzahlen zu Tode, wenn er vor ein oder zwei Jahren schon selbst darauf gestoßen ist. Was soll er während des Unterrichts machen?

Bertrand Russel, der Philosoph und Mathematiker, hat einmal geschrieben: »Als ich elf war, fing ich mit Euklid an. Mein Bruder half mir. Das war eines der ganz großen Ereignisse in meinem Leben, verwirrend wie die erste Liebe. Ich hatte mir nicht träumen lassen, daß es so etwas Köstliches auf der Welt gibt.«

Kinder mit einem Hang zur Mathematik können vom Typ her ganz verschieden und auch beiderlei Geschlechts sein. Alle aber lieben Zahlen. Einige haben ein ganz inniges Verhältnis zu »ihren eigenen« Zahlen, etwa der Sieben oder der Drei. Sie können bereits sehr früh im Kopf addieren, subtrahieren, multiplizieren und dividieren. Wenn der Lehrer aber später von ihnen verlangt, daß sie auf seine Art rechnen, können sie durcheinanderkommen, wenn sie sich an alles erinnern müssen. Es ist so, als sollten sie Sport treiben und dabei an Krücken gehen.

Achten Sie darauf, wenn Ihr Kind Ihnen Denkaufgaben stellt.

»Was passiert, wenn wir eine Drei anstelle der Sechs nehmen?« oder »Was passiert, wenn wir die Zahl auf den Kopf stellen?« oder »Nehmen wir Buchstaben anstelle der Zahlen«. Diese Kinder warten im allgemeinen nicht ab, daß man ihnen beibringt, wie etwas zu erarbeiten ist; sie suchen selbst nach Problemen und den entsprechenden Antworten. Aber was für ein Durchschnittskind ein Problem ist, ist für das mathematisch begabte Kind vielleicht ganz einfach. Am wertvollsten und geistig notwendigsten ist für ein solches Kind ein solider Bestand an Problemen, die es fordern. In den Bibliotheken und Buchhandlungen gibt es eine ganze Menge »Problem«-Bücher. Später kann das Kind dann eventuell Oberstufenmaterial und Hochschulstoff benutzen, und vielleicht kann der Lehrer es auch so einrichten, daß es am Mathematikunterricht einer höheren Klasse teilnimmt.

Für junge Mathematiker gibt es eine internationale Olympiade, die bereits im vierundzwanzigsten Jahr besteht. In Rußland hat man spezielle Schulen für mathematisch Begabte eingerichtet. Es fehlen allerdings verläßliche Beweise, daß derartige Schulen wirklich ein Segen für ihre Schüler sind.

Was Sie tun können – Rechnen

1. Animieren Sie Ihr Baby, mit Wasser zu spielen. Machen Sie den Anfang beim Badewasser, damit das Kind das Gefühl dafür bekommt zu schweben, unterzutauchen, Becher zu füllen usw. Später können Sie Eiswürfel dazunehmen oder das Wasser färben, um die Vorstellung von Menge und Raum zu vermitteln.
2. Lassen Sie Ihr Kind mit Mehl und Wasserteig spielen, die es zwischen seinen Fingern hindurchquellen lassen kann, mit denen es Figuren machen und die es unterteilen kann und vieles mehr. Es bekommt dadurch ein Gefühl für die Menge.
3. Beschaffen Sie, wenn möglich, einen Sandkasten mit einigen Bechern. Ansonsten genügt etwas Sand auf einem großen Tablett, das Sie dorthin stellen können, wo es nichts ausmacht, wenn etwas verstreut wird.
4. Bauklötze sind eines der dauerhaftesten und wertvollsten Spielzeuge für das Rechnenlernen. Sie brauchen mindestens sechzig Klötze. Sie sollten von der Größe her aufeinander abgestimmt sein, damit sie zueinander passen, schön aussehen und sich angenehm anfühlen. Wenn die Klötze verschiedene Farben haben, erhöht das den Lernspaß ganz erheblich.

5. Spielzeug zum Zusammensetzen trainiert die Koordination zwischen Auge und Hand. Das gleiche gilt auch für Puzzles und andere Spielsachen, die zusammenpassen müssen.
6. Einige Spielsachen kann man zu längeren oder kürzeren Einheiten zusammenhaken (z. B. Spielzeugeisenbahnen), andere zusammenbinden (z. B. Nähgarnröllchen) oder aufeinanderstapeln (z. B. Plastikringe).
7. Spiele, bei denen es darum geht, etwas auszusortieren, helfen den Kindern einzuordnen.
8. Lassen Sie die Kinder unterschiedliche Formen fühlen. Erzählen Sie Ihnen, wie die Form das Gleichgewicht und die Handhabung beeinflußt, und fragen Sie sie, wonach es ihrer Meinung nach aussieht.
9. Spielen Sie Kaufladen, kaufen und verkaufen Sie. Machen Sie Spielgeld, oder nehmen Sie statt dessen runde Marken, zum Beispiel vom Flohspiel.
10. Spielen Sie Würfelspiele, vor allem Spiele, bei denen die Kinder zählen müssen.
11. Sorgen Sie dafür, daß die Meßgeräte des Kindes, also zum Beispiel Waagen und Gewichte, genau anzeigen.

Kapitel 6
Frühe Erfolge in der Schule

Die gute Vorarbeit, welche die Eltern bereits in den frühen Jahren im Leben ihres Kindes geleistet haben, kommt zur Wirkung, wenn das Kind der Obhut eines Lehrers anvertraut wird. Bei vielen Kindern beginnt das unter Umständen schon im Alter von zwei Jahren, wenn sie zunächst für ein paar Stunden pro Woche in einer Kinderkrippe sind.

Auch wenn es Eltern gibt, denen der Gedanke nicht behagt, daß so kleine Kinder regelmäßig und vielleicht sogar täglich von zu Hause weg sind, ist doch durch zahlreiche Beweise belegt, daß Kinder, die eine Kinderkrippe und/oder einen Kindergarten besuchen, sich in der Kleinkinderschule schneller einleben und besser zurechtkommen. Meine vier Kinder sind alle im dritten Lebensjahr in die Kinderkrippe gekommen. Ich als Mutter hatte den Eindruck, daß sie alle sehr glücklich dort gewesen sind, und keins der Kinder hatte Probleme beim Übergang in die Schule.

Was ein Kindergarten leisten kann

Mit etwa drei Jahren braucht ein Kind allmählich etwas soziales Leben. Die ihm Nächsten und Liebsten, von denen es so lange abhängig war, füllen sein Leben offenbar nicht mehr ganz aus, und auch die Eltern brauchen vielleicht einmal eine Verschnaufpause. Eine Möglichkeit, das soziale Leben eines Kindes jetzt und für die Zukunft zu fördern, ist die, ihm zur Gesellschaft Gleichaltriger zu verhelfen. Das macht es einem Kleinkind leichter, ein Identitätsgefühl zu entwickeln, und beflügelt seine sich entfaltende Individualität.

Die ausschließliche Eltern-Kind-Beziehung, die das ganze bisherige Leben des Kindes geprägt hat, ist in vielen Gesellschaften nicht selbstverständlich – das ist sie nur in den westlichen Ländern. In ganz Afrika und China zum Beispiel lassen die Eltern ihre Kinder mit anderen Kindern spielen, sobald sie halbwegs laufen können. Es gibt keine überzeugenden psychologischen oder anthropologischen Beweise, die nahelegen, daß elterliche Fürsorge angeboren oder gar natürlich ist; wir verhalten uns als Eltern so, wie wir es gelernt haben. Wenn Kinder nur die Liebe und Fürsorge ihrer Eltern erfahren und nicht die Chance erhalten, andere Gleichaltrige kennenzulernen, entgeht ihnen ein wesentlicher Bereich früher Erfahrung – andere Kinder – und sozialen Lernens. Wenn Kinder keinen Kindergarten besuchen, sollten die Eltern darauf achten, daß sie dennoch genügend Gelegenheit haben, mit anderen Kindern zusammenzukommen.

Es gehört seit langem zum Allgemeinwissen, daß Kinder ab etwa zweieinhalb Jahren es als angenehm empfinden können, mit Kindern ihres Alters, aber auch mit älteren zusammenzusein. In einem berühmten Experiment hat der Amerikaner Professor Harry Harlow gezeigt, daß junge Affen, die man zwar mit ausreichend Nahrung, aber ohne ihre Mütter aufzog, später kein normales soziales Leben führen konnten.[1] Aber wenn er die Tiere für nur zwanzig Minuten täglich mit gleichaltrigen Artgenossen zusammensein ließ, zeigte ihre soziale, geistige und emotionale Entwicklung eine weit geringere Retardation als die der anderen Affen, die völlig von ihresgleichen isoliert waren. Untersuchungen von Kindern haben ergeben, daß eine wertvolle Quelle der Kinder, sprechen zu lernen, andere Kinder im Kindergarten sein können. Trotzdem entfalten sich die sprachlichen Fähigkeiten eines Kindes in ihrer ganzen Vielfalt am besten durch das Sprechen zu Hause, das nuancenreicher und differenzierter sein kann als die meisten Interaktionen im Kindergarten.

Leider gibt es nicht überall genügend Kindergärten. Die Situation in den einzelnen Ländern ist sehr unterschiedlich. Viele Kindergärten sind privat, zwar ausgezeichnet, aber auch teuer. Andere betreuen die Kinder in Zeiten, die es arbeitenden Eltern schwermachen, ihre Kinder zu bringen. In Frankreich hat man große Anstrengungen unternommen, die Betreuungszeit auszudehnen, was sehr erfolgreich war. Bei Raumnot böte sich die Möglichkeit, Klassenzimmer zu benutzen, die jetzt infolge der zurückgehenden Schülerzahlen frei werden und Kindergartengruppen aufnehmen können.

Eine andere Möglichkeit, Kinder zusammenzuführen, sind Spielgruppen. Sie entstanden aus Eigeninitiative als eine Art Gemeinschaftskindergarten in den sechziger Jahren und haben zum Beispiel in England in der landesweiten Preschool Playgroups Association Verbreitung gefunden. Die Spielgruppen werden nicht nach einheitlichen Richtlinien betrieben und konzentrieren sich im allgemeinen mehr auf das Spielen und Lernen mit dem Ziel der Sozialisation als auf das Unterrichten der Kinder. Für berufstätige Eltern, die diese Spielgruppen in Anspruch nehmen wollen, ergibt sich zum Teil das

Problem, daß von ihnen erwartet wird, sich aktiv an der Gruppenarbeit zu beteiligen, was sich nicht immer mit der Arbeitszeit in Einklang bringen läßt.

Aber ohne eine dieser Einrichtungen sind berufstätige Eltern oft gezwungen, die Hilfe der Großeltern in Anspruch zu nehmen, die dazu bereit sind, oder eine bezahlte Aufsichtskraft zu suchen, die amtlich anerkannt sein kann oder nicht. Auch wenn eine nicht ausgebildete Aufsichtsperson zur reinen Beaufsichtigung des Kindes noch akzeptabel ist, ist sie, was die Früherziehung angeht, dennoch kein Ersatz für eine Kindergärtnerin. Mehrere Untersuchungen aus letzter Zeit über die Beaufsichtigung der Kinder, darunter auch eine der Gewerkschaften,[2] haben Anlaß zur Besorgnis gegeben. Professor Jerome Bruner zum Beispiel, ein Erziehungswissenschaftler, der sich mit der Fürsorge für die Unterfünfjährigen in Großbritannien befaßt, hat in seiner Oxford-Studie festgestellt, daß das Hüten von Kindern »eine riskante Form der Fürsorge ist, selbst wenn die beaufsichtigenden Personen einfühlsam und liebenswert und im herkömmlichen Sinn sachkundig sind«.[3] Offenbar sollte jeder, der mit der Beaufsichtigung von Kindern betreut ist, nach seinen Leistungen beurteilt werden, da derartige Aussagen nur ganz allgemein gehalten sind. Bruner erklärte, daß der Einsatz von Aufsichtspersonen dann am besten gewährleistet sei, wenn sie an der Seite ausgebildeter Kinderfürsorger arbeiteten. Man könnte sie außer der Reihe in Kindergärten beschäftigen oder als Übergangshelfer für die Zeit zwischen Kindergartenschluß und Arbeitsende der Eltern am späten Nachmittag.

Die gesamte Vorschulerziehung, ob Spielgruppe oder Kindergarten, ist eine Erweiterung der Welt der Familie, in der die Kinder am besten heranwachsen, kein Ersatz für sie. Der Übergang vom Zuhause zur Vorschule sollte so reibungslos und selbstverständlich vonstatten gehen wie möglich. Die Eltern sollten nie das Gefühl haben, daß sie die Erziehung ihres Kindes aus der Hand und an einen Erzieher im Kindergarten geben. Die Familie ist nach wie vor von überragender Bedeutung. Auch wenn das Kind ein paar Stunden am Tag außer Haus ist, bleibt es doch ein Mitglied der Familie, und seine Eltern sind wie bisher diejenigen, die den größten Einfluß ausüben.

Worauf Sie bei einem Kindergarten achten sollten

1. Ist die Atmosphäre lebendig, und sind die pädagogischen Erfahrungen der Kinder anregend?

2. Sind die Mitarbeiter gut ausgebildet, und bleiben sie auch im Kindergarten?
3. Ist die Arbeit mit den Kindern geregelt, oder folgt man bei der Auswahl der Betätigungen kaum irgendwelchen Grundsätzen?
4. Herrscht eine herzliche und liebevolle Atmosphäre?
5. Ist die Atmosphäre so, daß die Kinder sich unbeschwert und glücklich fühlen können? Ein Kindergarten ist keine Kopie des Zuhause, aber er kann ein Gefühl der Vertrautheit dadurch vermitteln, daß beispielsweise kleine Gruppen gebildet werden, in denen die Kinder etwas Besonderes spielen oder einer Geschichte zuhören. Er sollte dem Kind ein zweites Zuhause sein.
6. Kommen Mitarbeiter und Kinder offensichtlich gut miteinander aus, oder haben Sie das Gefühl, die Kinder müssen tun, was man ihnen sagt? Eine Erziehung, die sich auf Strafen stützt, kann die Kinder unglücklich machen und erziehungsfeindliche Gefühle in ihnen wecken, die ein ganzes Leben bleiben.

Zusammenarbeit mit den Lehrern

Nur wenige Lehrer werden einen Mozart oder Einstein in ihrer Klasse haben, aber sie werden immer wieder die Verantwortung für intelligente Kinder haben – und das ist vielleicht gerade Ihres. Die Eltern können ihren Kindern helfen, in der Schule ihr Bestes zu geben, wenn sie wissen, was die Lehrer wollen, und wenn sie mit ihnen arbeiten. Beginnen können sie damit, wenn die Kinder in den Kindergarten kommen, und ähnlich geht es dann weiter bis zum Schulabschluß.

Es kommt gelegentlich vor, daß Eltern und Lehrer hinsichtlich der Intelligenz eines Kindes nicht der gleichen Meinung sind – was für den einen eine Gans, ist für den anderen ein Schwan –, und die Kinder verhalten sich in der Schule vielleicht nicht so wie zu Hause. So kann beispielsweise eine intelligente Schülerin, die sich zu Hause für alles mögliche interessiert, in der Schule versuchen, lediglich das zu leisten, was ihrer Meinung nach von ihr verlangt wird, um den Lehrer zufriedenzustellen. Sie beschränkt sich vielleicht darauf, nur das zu fragen, was ihr gerade einfällt, oder ihre Hausaufgaben genauso zu machen, wie man es ihrer Meinung nach von ihr erwartet – keinen Strich mehr, obwohl sie sehr viel mehr Phantasie und Interesse aufbringen könnte. Von daher hat es durchaus seine Richtigkeit, wenn Eltern und Lehrer die Schülerin jeweils ganz anders sehen.

Eine Mutter hörte einmal, wie ihr Sechsjähriger sich selbst laut etwas mit monotoner Stimme und ohne jedes Interesse vorlas, obwohl er sonst sehr lebendig und begeistert las. »Warum machst du das?« fragte sie ihn. »Wenn ich in der Schule so lese«, erwiderte er, »sagt der Lehrer ›ausgezeichnet‹.«

Auch das Äußere zählt. Ist ein Schüler sauber, adrett und arbeitsbereit, neigt der Lehrer eher dazu, ihn als intelligent einzustufen, als wenn er verwahrlost daherkommt und sich offenbar aus der Schule nicht viel macht. Wahrscheinlich wird der Lehrer ihn auch freundlicher behandeln, ohne sich dessen überhaupt bewußt zu werden. Auch wenn Eltern sich nicht sonderlich um das Aussehen ihres Kindes kümmern sollten, empfiehlt es sich doch, das Kind so zur Schule zu schicken, daß die Lehrer den Eindruck bekommen, es ist zur Mitarbeit bereit. Meine kluge Tochter hat diesen Gedanken stets in Frage gestellt und argumentiert: »Wieso beeinflußt es meine Lernfähigkeit, wenn ich in der Schule einen Ring trage?« Selbstverständlich beeinflußt das die Lernfähigkeit nicht, aber es beeinflußt den Lehrer.

Die Meinung der Lehrer darüber, wer intelligent ist und wer nicht, wird sehr oft vom Typ des betreffenden Schülers mitgeprägt. In einigen Gegenden, wo die Eltern sehr viel tun können, um ihre Kinder zu unterstützen, bezeichnet der Lehrer ein Kind vielleicht nur dann als intelligent, wenn es bei den Tests und Prüfungen besonders gut abschneidet. Die Folge ist, daß einige intelligente Kinder, die an eben dieser Schule nicht zu den Besten gehören, möglicherweise zu schlecht beurteilt werden. Das Gegenteil kann an einer Schule passieren, die überwiegend Kinder aus kulturell weniger interessierten Familien anzieht; hier sind die Lehrer womöglich der Meinung, daß aus einem solchen Umfeld überhaupt keine intelligenten Kinder kommen können. Als ich einmal eine Untersuchung über intelligente Kinder machte, erklärte mir ein Rektor: »Sie werden in meiner Schule keine intelligenten Kinder finden – es sind alles Kinder aus Sozialwohnungen.« Sodann verweigerte er mir die Erlaubnis, mit den Kindern zu sprechen, um mir selbst ein Bild zu machen. Eltern müssen sich ganz besonders für ihre intelligenten Kinder einsetzen, wenn diese eine Schule besuchen müssen, deren Rektor eine solche Einstellung hat.

Die Reaktionen der Lehrer auf den kulturellen Hintergrund eines Kindes können dessen schulischen Erfolg zuweilen bremsen. Wenn beispielsweise ein Arbeiterkind in einem Aufsatz die Sprache benutzen würde, mit der es aufgewachsen ist, betrachtet der Lehrer das vielleicht als grammatikalisch falsch und gibt eine schlechtere Note. Wenn ein Kind, auch wenn es noch so intelligent ist, ständig erlebt, daß seine spontanen Gedanken und Vorstellungen mit einem Rotstift angekreuzt werden, kann es jeden Mut verlieren. Kinder mit einem kulturell anderen Hintergrund bedürfen der besonderen Fürsorge und Ermunterung durch Eltern und Lehrer.

Es kann vorkommen, daß ein intelligentes Kind, das einen der unteren Zweige einer straff organisierten Schule eingeschlagen hat, unter seinen Möglichkeiten bleiben muß. In England zum Beispiel war das ziemlich oft der Fall, als Kinder durch die Prüfung nach der vierten Grundschulklasse einen falschen Weg gewiesen wurden, denn den Prüfern unterliefen bei etwa zehn Prozent der Auswahl Fehler.

Einige Autoren wie etwa Ivan Illich, der *Die Entschulung der Gesellschaft* geschrieben hat, glauben, daß Schulen Einrichtungen sind, deren Aufgabe es ist, neue Bürger hervorzubringen, die an die Regeln der Gesellschaft angepaßt sind. Andere erklären, die Schulen seien beinahe wirkungslos, und alles, was einem Kind in der Welt weiterhilft, komme aus der Familie. Aber Professor Michael Rutter aus London hat in einer jüngeren Untersuchung festgestellt, daß die Schulen doch einen gewissen Einfluß auf die Kinder haben[4] – schließlich verbringen sie erhebliche Zeit dort, und im übrigen bieten Schulen individuelle Aussichten und Praktiken, die gemessen werden können.

Wie Kinder sich und ihre Fähigkeiten einschätzen, kann einen entscheidenden Einfluß darauf haben, wie sie in der Schule vorankommen. Sie sind nicht nur empfänglich dafür, wie der Lehrer sie sieht, sondern auch für die Meinung ihrer Klassenkameraden. Ungewöhnlich intelligente Kinder können manchmal das Gefühl haben, selbst an sehr renommierten Schulen als Sonderlinge angesehen zu werden, so daß sie ihre Fähigkeiten eventuell ein wenig verbergen, um normaler zu erscheinen und mehr Freunde zu haben. Die Eltern sollten ein Auge darauf haben (wir werden uns in Kapitel 7 noch eingehender damit beschäftigen) und dem Kind sehr viel Liebe und Hilfe zukommen lassen, damit es genügend Selbstvertrauen entwickelt, auf die ihm eigene Art zu glänzen – und trotzdem Freunde zu haben. Es ist eigenartig, daß dies immer nur auf Kinder zutrifft, die auf geistigem Gebiet herausragen – außergewöhnliche Sportler heimsen offenbar immer nur Bewunderung ein. Mit zunehmendem Alter können Kinder jedoch glücklicherweise immer besser einschätzen, was sie in der Schule leisten können, wenn sie wollen. Diejenigen, die das Glück haben, Eltern zu haben, die wirklich für sie da sind, können auch weiterhin ihre Stellung behaupten und Erfolg in der Schule haben.

Der Wille zu lernen

Die Grundlage des guten Lernens ist der Wille zu lernen, die Motivation. Viele intelligente Kinder sind nicht motiviert zu lernen, weder zu Hause noch in der Schule, und wenn sie sich erst einmal angewöhnt haben, weniger zu leisten, als sie könnten, spielt sich das höchstwahrscheinlich von allein nicht wieder ein. Die Eltern müssen einschreiten.

Wenn ein Kind etwas leisten soll, muß es auch etwas leisten wollen. Man kann, wie es im Sprichwort heißt, zwar ein Pferd zur Tränke führen, es aber nicht zwingen zu trinken. Auf die Schule angewandt heißt das, man kann zwar einem Kind alles an geistiger Nahrung bieten, was es sich nur wünschen kann – also Spielsachen erster Qualität, die besten Schulen und ein liebevolles Zuhause –, aber man kann es nicht zwingen, Erfolg haben zu wollen. Wie kommt es dann eigentlich, daß einige Kinder zur Leistung motiviert sind, andere nicht?

Motivation ist das Ergebnis dessen, was ein Kind aufgrund seines Tuns erwartet. Ein zweijähriges Mädchen beispielsweise kann mit einigem Grund erwarten, sechs Klötze aufeinanderstellen zu können. Es ist sich zu Anfang natürlich nicht sicher, aber wenn es ihm schließlich gelingt, ist es sehr zufrieden und fühlt sich vielleicht angespornt, es beim nächstenmal mit sieben Klötzen zu versuchen. Mißlingt der Versuch jedoch, erfährt die Einschätzung dessen, was es kann, eventuell einen kleinen Dämpfer. Je nachdem, wie ernst es die Sache nimmt, versucht das Mädchen es vielleicht noch einmal und kann Pech haben, was einen weiteren kleinen Dämpfer gibt, oder Erfolg, was die Selbsteinschätzung hebt. Das Mädchen kann einen Fehlschlag erlitten haben, weil die Klötze nicht so gut gearbeitet waren wie diejenigen, mit denen es das letzte Mal gespielt hat, aber in dem Fall hätte es seine Erwartungen nicht auf eine der Wirklichkeit entsprechende Situation gegründet. Oder das Mädchen kann deshalb scheitern, weil es sich übernommen hat. Gleichwie, seine Erwartungen und Hoffnungen für den nächsten Turmbau werden vielleicht ein wenig zurückhaltender aufgrund der Erfahrungen beim erstenmal.

Dieses Herumprobieren versetzt ein Kind in die Lage, zu beurteilen, was es unternehmen kann und wann es eventuell imstande ist, es zu unternehmen. Es wird ausgiebig auf die Meinungen der Eltern und Lehrer zurückgreifen, wenn es sich seine Richtlinien bildet. Damit ein Kind sein Bestes gibt, sollten Sie es ermuntern, beim nächsten Versuch das Ziel etwas höher zu stecken, aber seine Erwartungen sollten weder zu hoch noch zu niedrig sein – das zu beurteilen ist eine nicht ganz einfache Aufgabe.

Wenn Eltern zuviel von ihrem Kind erwarten, so daß es des öfteren Fehlschläge einstecken muß, kann es das Vertrauen in die eigene Urteilsfähigkeit verlieren und immer abhängiger von dem werden, was es ihrer Meinung nach leisten kann. Vielleicht sieht es sich außerdem immer mehr als Versager. So erwarten Eltern unter Umständen, daß Kinder bei *allem,* was sie tun, Erfolg haben. Aber Kinder haben wie Erwachsene auch gute und schlechte Tage und sind in einigen Dingen besser als in anderen.

Man kann den Kindern beibringen, Sicherheit hinsichtlich dessen zu entwickeln, was sie leisten können, und ihnen damit helfen, daß in ihnen der Wunsch entsteht, sich voll einzusetzen. Sowohl die Motivation, etwas zu leisten, wie das selbständige Denken beruhen auf einem Gefühl der Sicherheit und der Unterstützung, das bereits sehr früh im Leben erfahren wird. Das bedeutet, dem Kind ein Gefühl des Stolzes auf das zu vermitteln, was es gut macht, so daß es der Anerkennung und Aufmerksamkeit der Eltern sicher sein kann, wann immer es sich bemüht, etwas Gutes zu leisten.

Den Eltern kommt eine wichtige Rolle beim Willen des Kindes, zu lernen und erfolgreich zu sein, zu. Die Eltern, die ihre Kinder von Anfang an wie selbständige kleine Personen behandeln, ihnen mehr Ausdrucksfreiheit zugestehen und nicht soviel kritisieren, werden eher Kinder heranziehen, die gute Leistungen bringen. Kinder von Eltern, die sehr viel reglementieren, übervorsichtig sind und ihr Handeln kaum begründen, leisten im allgemeinen weniger.

Viele Menschen, die in ihrem späteren Leben berühmt wurden und intelligente Kinder gewesen sein müssen, gehörten in der Schule nicht immer zu den Besten – Einstein ist ein Beispiel, Churchill ein anderes. Aber als sie motiviert waren, gab es kein Halten mehr für sie. Eine Untersuchung über vierhundert herausragende Persönlichkeiten hat ergeben,[5] daß sie zwar alle Spaß am Lernen hatten, aber dennoch drei von fünf in der Schule keine guten Noten bekommen haben. Wenn Kinder bei bestimmten Aufgaben anscheinend versagen, helfen Sie ihnen, die Probleme mit anderen Methoden anzugehen. Bringen Sie sie dazu zu fragen, »Wie kann ich das machen?« anstatt »Kann ich das?«.

Wenn intelligente Kinder nicht lernen wollen, haben sie normalerweise gute Gründe. Manchmal sind es emotionale Schwierigkeiten, sehr oft aber direktere Probleme, wie sie im folgenden angeführt sind, die den Versuchen von Eltern und Lehrern entstammen, sich mit dem Lernen auseinanderzusetzen.

Bedeutung

Wenn ein Kind mehr als einen Lehrer hat, was das übliche ist, haben einige Fächer scheinbar keine Verbindung mit anderen. Es kann passieren, daß die gedanklichen Fähigkeiten, die ein Kind bei einem Lehrer entwickelt, sich offenbar nicht auf den Unterricht eines anderen Lehrers anwenden lassen. Dem Kind kann sich außerdem der Eindruck aufdrängen, daß das Lernen in der Schule nichts mit dem »wirklichen« Leben zu tun hat, so daß ohnehin alles ein sinnloses Unterfangen ist. Da die mühsamen Klassenarbeiten glücklicherweise nicht mehr so häufig geschrieben werden und die Lehrer sich in ihrem Vorgehen bei Kindern einander annähern, sollte man meinen, daß diese Behinderung der Kinder in ihrer Einstellung zum Lernen allmählich abnimmt. Lernen muß eine Bedeutung für das Kind haben. Wenn Sie also müssen, stellen Sie die Bedeutung heraus. Führen Sie die Kinder an Orte, wo sie das angewandt sehen können, was man ihnen in der Schule beibringt. Die beste Verbindung läßt sich wahrscheinlich beim Rechnen und Geld herstellen; wenn Sie einkaufen, zahlen Sie nicht alles selbst – lassen Sie das Ihr Kind machen, und achten Sie darauf, daß es das richtig macht. Lassen Sie die Kinder beim Abwiegen in der Küche helfen und wenn Sie den Fußboden für den neuen Belag ausmessen.

Tests

An einigen Schulen ist man besonders stolz darauf, daß jede Woche Tests stattfinden und Noten gegeben werden. Intelligente Kinder kann das stark irritieren, weil sie wissen, wie unzureichend die Tests sind und wieviel Zeit man oft mit ihnen vergeudet. Bis zu einem gewissen Maß müssen Lehrer Tests durchführen, um festzustellen, wie sich die Leistungen verschiedener Schüler entwickeln. Man kann sie allerdings auch dazu benutzen, die Motivation intelligenter Kinder zu steigern. Man braucht nicht einfach nur zu verlangen, daß Fakten wiedergegeben werden; Tests können durchaus kreativ sein und die Denkfähigkeiten und die Phantasie der Kinder nutzen. Sie können Entscheidungs- und Urteilsfähigkeit messen, was für ein intelligentes Kind sehr viel interessanter ist. Normale Tests können ein intelligentes Kind langweilen, das dann auch entsprechend schlecht in ihnen abschneidet. Wenn Sie darin ein Problem sehen, sprechen Sie mit dem Lehrer.

Schwierigkeit

Häufiger als die meisten anderen kommen intelligente Kinder in die Lage, daß der Lernstoff für sie entweder zu leicht oder zu schwer ist. Sie müssen in dem ihnen eigenen Tempo vorgehen, etwa einige Stufen auslassen, die andere Kinder mitnehmen müssen, oder eine Aufgabe finden, der sie noch nicht gewachsen sind. Ein Lehrer kann die Fähigkeiten eines intelligenten Kindes leicht überschätzen, das die Arbeit zu dem Zeitpunkt vielleicht als zu schwierig empfindet und aufgibt. Das kann ein Problem für intelligente Kinder sein, die sehr schnell vorankommen und eine Klasse überspringen. Die Eltern müssen dem Lehrer das unter Umständen klarmachen – in sehr netter Form. Seien Sie nicht zu ehrgeizig für Ihr Kind; auch wenn es intelligent ist, fühlt es sich in einer ruhigen Klasse ohne Herausforderungen vielleicht glücklicher und lernt besser. Sie müssen ja nicht zustimmen, wenn die Schule Ihnen vorschlägt, Ihr Kind eine Klasse überspringen zu lassen, wenn Sie das für nicht gut halten.

Korrigieren

Es kann passieren, daß man beim Korrigieren eines intelligenten Kindes zu kleinlich ist. Wer ist schon bereit, »alles« zu geben, wenn er ständig wegen Kleinigkeiten berichtigt wird? Intelligente Kinder müssen Gedanken ergründen, nicht bekannte Tatsachen wiederkäuen. Sie lernen mit sehr viel mehr Eifer, wenn es bei dem Lernstoff irgend etwas zu erforschen gibt. Hören Sie einem Kind zu, wenn es zum Beispiel seine ersten Leseversuche macht. Ihre echte Anteilnahme an seinem noch stockenden Erfolg ist ihm mehr Ansporn als Berichtigungen. Ein Kind kann entweder in Schüben lernen oder gleichmäßig fortschreiten; das hängt davon ab, was gelernt und wie es unterrichtet wird. Wenn Sie etwa einem Kleinkind das Lesen beibringen wollen, das Kind aber immer dazwischenredet, wird es das Gelernte nicht so gut behalten, wie wenn es keine Unterbrechungen gegeben hätte. Hat es aber irgend etwas zu lesen, dann üben Sie mit ihm kurz vor dem Schlafengehen, so daß Sie eine längere Zeit ohne

Störungen haben; das Gelernte »setzt« sich dann besser »fest«. Die Eltern können ihren Kindern zu guten Lernergebnissen sowohl zu Hause wie auch in der Schule verhelfen, wenn sie sich an folgende Ratschläge halten.

Fördern Sie den Willen zu lernen

Jedes Kind lernt zunächst gerne. Scheint dieser Wille zu fehlen, sollten die Eltern die Ursache zu ergründen suchen und ihrem Kind darüber hinweghelfen. Gehen Sie durch, was Ihnen einfällt – fühlt sich das Kind bei einem Lehrer nicht wohl, sind die Freunde nicht sehr nett zu ihm, herrscht zu Hause Unsicherheit? All das kann die Bereitschaft eines Kindes zu lernen beeinträchtigen. Kümmern Sie sich darum, wie an der Schule unterrichtet wird – hat Ihr Kind irgendwelche speziellen Schwierigkeiten mit den Lehrmethoden?

Versuchen Sie, die Leistungen Ihres Kindes im Zusammenhang zu sehen. Manchmal machen sich Eltern, die sich sehr engagieren, Sorgen wegen angeblich schwacher Leistungen, obwohl sie in Wirklichkeit durchaus gut sind. Als unser erstes Kind gerade anfing umherzutapsen, haben mein Mann und ich uns zum Beispiel große Sorgen gemacht, weil es nach unserem Dafürhalten nur langsame Fortschritte im Sprechen machte. Und dann setzten wir uns eines Tages hin und zählten alle Worte, die unser Sohn bereits sprechen konnte. Wir kamen auf insgesamt fünfzig, was wirklich eine ganze Menge ist, und haben uns nie wieder Gedanken über dieses Thema gemacht.

Belohnungen

Belohnungen können ein sehr wirksames Mittel sein, Kinder zum Lernen anzuhalten. Eltern, die positiv eingestellt sind, die mit Lob nicht geizen (wenn es gerechtfertigt ist) und eine (kleine) Feier nach einer besonderen Anstrengung erlauben, werden wahrscheinlich ein Kind haben, das mit Freude lernt. Sarkastische Bemerkungen und Strafen sind weit weniger wirksame Lernhilfen für ein Kind. Vielleicht benimmt sich ein Kind in der Schule schlecht, um die Aufmerksamkeit auf sich zu lenken. In dem Fall geht vielleicht, wenn es bestraft wird, seine emotionale Rechnung auf, aber lernen wird es dadurch nicht besser.

Feedback

Ein positives Echo auf eine gute Arbeit bringt echte Befriedigung. Es verhilft dem Kind außerdem zu Augenmaß; es kann sich Enttäuschungen ersparen, die sich aus Fehlschlägen ergeben, weil eine Aufgabe zu schwer war, und auch aus zu schnellen Erfolgen, weil es nicht richtig gefordert wurde.

Beide, Erfolg und Mißerfolg beim Lernen, haben die Tendenz, sich zu verewigen. Eltern können das Feedback ändern, um dem Kind ein Erfolgserlebnis zu verschaffen, und dadurch seinen Willen positiv beeinflussen, mehr zu lernen. Nehmen wir ein einfaches Beispiel: Ein Kleinkind lernt, einen Becher mit Wasser zu tragen, ohne etwas zu verschütten. Wenn der Becher zu voll ist, als daß es ihn mit seinem Alter schon richtig tragen könnte, bekommt es ein negatives Feedback in Form verschütteten Wassers und des Unwillens der Eltern und fühlt sich eventuell »zurückgesetzt«. Ist der Becher gerade so voll, daß es die Aufgabe bewältigen kann, und gelingt es ihm, sie zu aller Zufriedenheit zu lösen, freut sich das Kind und erhält das verdiente Lob. Ein Kind zieht aus jedem Lernerlebnis Schlußfolgerungen; sein Vorgehen bei neuen Lerninhalten hängt also zu einem großen Teil von dem ab, was vorausgegangen ist.

Familieneinfluß

Jede Familie übt einen gewissen Einfluß auf ihre Mitglieder aus. Sehr wichtig ist dabei das Beispiel der Eltern. Sind die Eltern aktiv und nehmen lebhaften Anteil am Leben ringsum, werden wahrscheinlich auch ihre Kinder so. Zeigen Sie Ihren Kindern durch Ihr Beispiel, daß Lernen ein Leben voller Freude schafft und daß es sich lohnt, eine solche Lebensart anzustreben. Lernen Sie gemeinsam mit Ihren Kindern, damit sie nicht das Gefühl bekommen, Lernen ist nur etwas für Kinder und kann vergessen werden, sobald man erwachsen ist.

Flexibles Lernen

Die beste Art zu lernen ist flexibles Lernen, damit das, was man in einer Situation gelernt hat, auch in anderen Fällen anwendbar ist. Das ist eine ganz besondere Stärke intelligenter Kinder. Ein aufgewecktes kleines Mädchen, das lernte, daß gefrierendes Wasser sich ausdehnt, ließ etwas Wasser in einer Kunststoffflasche gefrieren, um sie auszubeulen – und es funktionierte tatsächlich.

Alte Lerninhalte können neuen im Weg sein, wenn sie nicht mehr angemessen sind. Wenn Kinder zum Beispiel die Schule wechseln und eine neue Methode für die ungekürzte Division lernen müssen, brauchen sie dafür länger als für die erste. Alte Lerninhalte, die sich richtiggehend festsetzen, nennt man »Gewohnheiten«, die abzulegen immer schwerer wird.

Handeln
Jeder muß bei dem, was er lernt, selbst aktiv werden, sei es, daß er mit Wasser und Sand spielt, über etwas spricht oder chemische Substanzen zusammenbringt. Die unbrauchbarste Art, etwas zu lernen, ist die, jemandem zuzuhören, der einem etwas über den betreffenden Gegenstand erzählt – wie in einer Vorlesung. Denken Sie sich nach Möglichkeit Wege aus, wie Ihr Kind etwas durch aktives Handeln lernen kann. Erklären Sie Ihrem Sohn keine elektrische Schaltung, sondern basteln Sie beide eine.

Jüngere Kinder müssen lernen, daß sie höchstwahrscheinlich mehr Erfolg haben, wenn sie sich beim Lernen mehr Mühe geben. Ältere Kinder sehen eher ein, daß sie etwas für das Lernen tun müssen. Es hat daher keinen Sinn, kleinen Kindern gegenüber darauf zu bestehen, daß sie sich in der Schule mehr anstrengen müssen, um etwa im Schreiben bessere Noten zu bekommen. Das Verständnis kommt in gewissen Grenzen ganz von selbst, wenngleich eine freundliche Hilfestellung jederzeit gern gesehen ist.

Wenn intelligente Kinder älter werden, fühlen sie sich normalerweise zu komplizierterem Lernstoff hingezogen, etwa zu Mathematikproblemen, in die sie sich regelrecht verbeißen können. Sie benutzen weniger gescheite Kinder gelegentlich als Orientierungshilfen, die sie, wie sie meinen, eigentlich hinter sich lassen müßten. Das macht das sehr erfreuliche Lernen noch etwas attraktiver.

Gute Lernmethoden
Das Lernen, wie man lernt, beginnt bereits, wenn man noch ganz klein ist, und dennoch kann es Einfluß darauf haben, wie man im späteren Leben eine Aufgabe anpackt. Das kann bei einem Kind schon sehr früh so sein, das vielleicht feststellt, daß es seinen Bauklotz mit Geschick und Geduld wahrscheinlich eher durch die Öffnung seines Spielzeug-»Briefkastens« bekommt, als wenn es wütend darauf herumschlägt; und dieses Wissen wird das Kind wieder nutzen. Später macht es vielleicht die Entdeckung, daß es mehr Freunde hat, wenn es im Kindergarten seinen Spielkameraden nicht ständig die Spielsachen wegnimmt. Danach wird es irgendwann lernen, die Aufmerksamkeit der Lehrer zu erregen, indem es sie auf die richtige Art erbittet. Sehr schüchterne Kinder werden manchmal von den

Lehrern allein gelassen und verpassen dadurch eventuell einige entscheidende Lehren, während die Kinder, die sich zu sehr in den Vordergrund drängen, aus Verärgerung über ihr Verhalten beiseite geschoben werden.

Wenn ich an dieser Stelle über Lernmethoden schreibe, so geht es mir darum, daß ein Kind zunehmend das eigene Lernen beherrscht. Aber diese erworbenen Fähigkeiten können auch für ältere Kinder und Eltern sehr nützlich sein. Auch wenn Sie dieses Buch wahrscheinlich lesen, um etwas über intelligente Kinder zu erfahren, ist das vielleicht eine willkommene Zusatzinformation.

Vom ersten Schultag an den richtigen Zugang zur Arbeit zu haben, kann für das Lernen der Kinder einen gewaltigen Unterschied bedeuten, was sich spätestens dann zeigt, wenn sie ihre Tests und Prüfungen machen. Gute Lernmethoden, die man sich zu Hause oder in der Schule angewöhnt hat, beweisen auch dann noch ihren unschätzbaren Wert, wenn die Jugendlichen von der Schule auf die Universität oder ins Berufsleben wechseln. Aber an den Schulen werden normalerweise keine Lernmethoden gelehrt, was schon etwas seltsam anmutet, und die meisten Kinder müssen sich daher in der Regel selbst durchkämpfen. Aber an die Grundsätze richtigen Lernens erinnert sich ein intelligentes Kind leicht, und sie können ihm in der Praxis große Befriedigung verschaffen. Hier einige Vorstellungen, die während der gesamten Kindheit von Nutzen sein können.

Der Wille zu lernen

Auch hier ist wieder die Frage der Motivation von vorrangiger Bedeutung; Schwierigkeiten mit ihr sind nichts Ungewöhnliches. Intelligente Kinder widmen sich häufig nur einigen Seiten ihrer Interessen, etwa den naturwissenschaftlichen und nicht den geisteswissenschaftlichen Fächern, so daß sie sich nicht hinsetzen und beispielsweise etwas für Geschichte tun, was von ihnen erwartet wird. Finden Sie heraus, warum das so ist, und sprechen Sie mit dem Kind darüber. Manchmal kann man ein Fach ausklammern, ohne daß Schaden entsteht, aber es muß eventuell routinemäßig mitgenommen werden, damit wenigstens eine akzeptable Grundlage vorhanden ist. Allerdings sollte das Kind verstehen, warum gerade diese Arbeit von ihm verlangt wird; sie muß auch ihm etwas bieten können, soll nicht nur wegen der Eltern oder des Schulalltags erledigt werden. Intelligente Kinder können, selbst wenn sie noch klein sind, verstehen, daß das

Lernen über andere Menschen (Geschichte und Erdkunde) ihnen hilft, etwas über die Welt zu erfahren, so daß sie ihr eigenes Leben etwas besser bewältigen können, daß Sprachen ihnen die Kommunikation mit anderen Menschen erleichtern und daß Rechnen bedeutet, daß sie beim Einkaufen nicht zuviel bezahlen.

Planung

Eltern sind oft der Ansicht, die Lehrer würden ihren Kindern helfen, zu Hause Lernmethoden zu entwickeln, aber dem ist meistens nicht so. Es werden selbstverständlich Hausaufgaben gestellt, aber intelligente Kinder möchten das vielleicht umgehen oder sich den eigenen Interessen widmen. Jedes Lernen ist wirksamer, wenn es richtig geplant wird. Zunächst einmal ist es meistens am besten, sich einen Überblick über das zu verschaffen, was zu tun ist – eine spezielle Aufgabe oder eine Prüfung. Das Kind sollte lernen, das beabsichtigte Programm durchzuplanen, und dann die notwendigen Details einsetzen, und zwar am besten so, daß es sich nicht dadurch geistig übermäßig belastet, daß es sich immer wieder auf einen neuen Arbeitsstil einstellen muß. Ein Gymnasiast könnte es beispielsweise so einrichten, daß er zunächst Chemie macht, dann Physik, Biologie, Geschichte, Erdkunde und so weiter.

Das räumliche Umfeld

Es gibt zwei Lager, was den Lärm beim Lernen betrifft. Die einen sagen, es sollte völlig ruhig sein, die anderen finden einen gemäßigten, konstanten Geräuschpegel im Hintergrund beruhigend, also etwa das ferne Rauschen des Verkehrs oder leise Musik. Viele Kinder, zu denen auch meine Teenager gehören, erklären, daß sie gerne bei lauter Musik lernen, aber ich bin nach wie vor skeptisch, ob sie unter diesen Umständen die beste Arbeit leisten.

Ein üppiges Essen bewirkt, daß Blut aus dem Gehirn ab und zu den Verdauungsorganen fließt und daß Sie müde werden. Die gleichen Folgen ergeben sich nach einem heißen Bad oder dem Genuß von Alkohol, da sich auch hier jeweils die Blutzufuhr zum Gehirn verringert. Ein zu bequemer Sessel, ein zu warmes Zimmer, schlechtes Licht oder nicht genügend frische Luft können ebenfalls das Lernen beeinträchtigen.

Es ist gut für einen kontinuierlichen Ablauf, wenn man immer am gleichen Platz arbeiten kann. Wenn es Ihnen also möglich ist, richten Sie Ihrem Kind seine eigene Lernecke ein. Wenn ein Kind sich an den ihm vertrauten Schreibtisch setzen, den Stift aufnehmen, wo es ihn hat liegenlassen, und dort mit seiner Arbeit fortfahren kann, wo es sie unterbrochen hat, verringert sich die Aufnahmezeit erheblich. Kann der Lernbereich so gestaltet werden, daß das Kind sich nur hinzusetzen braucht und sich sofort heimisch fühlt, dann läuft der Lernprozeß fast automatisch ab.

Erinnerungsvermögen

Es gibt oft triftige Gründe, etwas zu vergessen oder sich nur undeutlich daran zu erinnern. Ein Kind vergißt sehr bald die Dinge, die es nicht mag oder die es langweilig findet. Vielleicht wissen Sie noch, daß Ihnen manchmal, wenn Sie eine Aufgabe erledigt hatten, für die Sie etwas gelernt haben, etwa ein Examen, alles wie weggeblasen schien, sobald Sie den Raum verlassen hatten. Falls Sie das Gelernte nicht bald darauf wieder gebrauchen mußten, haben Sie es dann wahrscheinlich vollkommen vergessen. Eine noch nicht beendete Arbeit hat dagegen eine Art Überhangeffekt, sie bleibt im Hinterkopf, und man kann sich an sie erinnern. Eine gute Lernangewohnheit für jung und alt ist daher, die nicht beendete Arbeit am Abend liegenzulassen. Am nächsten Tag fällt es einem leichter, wieder hineinzukommen.

Lesen

Es gibt Arten zu lesen, die die Aufnahmefähigkeit erhöhen, so daß der Leser die Botschaft des Autors schnell und exakt begreift. Tony Buzan nennt in seinem Buch *Use Your Head*[6] viele Wege, das Lesen und Lernen zu verbessern. Bei einiger Übung ist es möglich, gleichzeitig mehrere Worte aufzunehmen anstatt jedes Wort einzeln zu lesen. Dann kann man auch, anstatt die Zeilen zu überfliegen, eine Seite von oben nach unten »diagonal lesen«, um zu sehen, was sie enthält. Wenn Sie wissen möchten, was genauer an einer Stelle steht, können Sie jederzeit zurückgehen. Intelligente Kinder sind durchaus imstande, mit diesem Schnellesen zu beginnen, wenn sie in die höhere Schule kommen.

Wie man lernen sollte

1. Kinder sollten die zu erledigende Arbeit gezielt überfliegen, damit sie eine ungefähre Vorstellung von dem haben, was anliegt. Eine zweckgerichtete Anstrengung und ein fertiges Ergebnis sind besser als vages Herumsuchen. So kann sich ein Kind zum Bei-

spiel bemühen, den Buchstaben »B« zu lernen, anstatt es einmal mit diesem und dann mit jenem Buchstaben zu versuchen.

2. Versuchen Sie, neuen Stoff in Beziehung zu setzen zu dem, was das Kind bereits kennt. So hat Robert zum Beispiel eine ganze Menge über die Bewegung von Wasser erfahren, als er im Waschbecken herumgeplanscht hat. Warum soll man ihm nicht zeigen, daß das Wasser in beiden Enden eines durchsichtigen, U-förmigen Plastikschlauchs immer gleich hoch steht – die ersten Schritte hin zur Physik.
3. Größere verständliche Abschnitte lassen sich leichter lernen als unzusammenhängende Bruchstücke, weil wir uns besser daran erinnern. Lassen Sie Anna regelmäßig eine ganze Geschichte lesen, nicht nur immer ein kleines Stück. Lesen Sie, wenn Sie beide viel Zeit haben und daher nicht abbrechen müssen. Aber auch längere Geschichten, von denen jeweils ein Kapitel gelesen wird, haben ihren Wert.
4. Nur halbverstandene Worte oder Passagen sollte man dann nachschlagen, wenn man beim Lesen auf sie stößt. Wenn Sie glauben, Sie verstehen es, sich aber nicht sicher sind, vergessen Sie viel schneller, was Sie lernen sollten. Grundschüler gewöhnen sich sehr schnell an, Ausdrücke in ihren Wörterbüchern nachzuschlagen, wenn man ihnen das beigebracht hat.
5. Lassen Sie ältere Kinder eine Zusammenfassung dessen schreiben, was sie gerade lesen oder gehört haben – mit ihren eigenen Worten. Das stellt sicher, daß sie die Sache durchdenken müssen. Lassen Sie sie außerdem die Hauptpunkte oder Grundsätze kurz hervorheben, damit sie sich wirklich ganz hineindenken. Ein guter Gedanke ist, die jeweils wichtigsten Fakten auf eine Postkarte zu schreiben, die man dann ständig bei sich haben kann.
6. Kinder können laut sagen, was sie gelernt haben, auch wenn sie mit sich allein sind. Das macht sehr bald klar, was sie noch nicht ganz begriffen haben. Kinder machen das oft völlig unbefangen, solange man sie nicht in Verlegenheit bringt, weil sie mit sich selbst sprechen.
7. Mnemotechnische Systeme können in einer schwierigen Situation nützlich sein, wenn es darum geht, sich Aufzählungen zu merken, die ohne inneren Zusammenhang sind. Wer sich beispielsweise die Saitenfolge einer Gitarre einprägen möchte, kann das mit dem Spruch »*E*in *A*nfänger *D*er *G*itarre *H*at *E*ifer«.

Läßt sich Erfolg in der Schule voraussagen?
Die Schwierigkeit bei dem Versuch, vorauszusagen, wie Ihr Kind in der Schule abschneiden wird, besteht darin, daß es zwischen der Fähigkeit eines Kindes zu guten Leistungen und deren Realisierung eine ganze Welt von »wenn« und »aber« gibt. Es ist ungewöhnlich schwierig, etwas über die Entwicklung einer Fähigkeit zu sagen, die noch nicht die Möglichkeit gehabt hat, erprobt zu werden. So hatte etwa der Maler van Gogh erst als Erwachsener Gelegenheit, mit dem Malen zu beginnen. Es ist zu bezweifeln, ob jemand ihm bereits als Kind den künstlerischen Erfolg hätte voraussagen können, und er ist ja auch wegen seiner stilistischen Neuerungen zu seinen Lebzeiten nie als »richtiger« Maler von der Mehrheit anerkannt worden.

Nicht alle Schulen unterrichten die gleichen Fächer oder wecken in den Kindern die gleichen Interessen, selbst die Grundschulen nicht. Ich habe zum Beispiel einmal eine Grundschule besucht, in der es nicht ein einziges Musikinstrument gab. Aber gar nicht weit weg lag eine sehr ähnliche Schule, in der über dreißig Kinder Gitarre spielen lernten. Der Unterschied lag darin, daß keiner der Lehrer der ersten Schule an Musik interessiert war, während unter den Lehrern der zweiten Schule ein Musikliebhaber war, der seine Freude an der Gitarre mit seinen Schülern teilen wollte. Es braucht wohl nicht besonders betont zu werden, daß es an der ersten Schule keine musikbegabten Schüler gab.

Eltern und Lehrer können aufgrund des Verhaltens eines Kindes zu einer bestimmten Zeit nur Vermutungen über seine zukünftigen Aussichten anstellen. Es muß beispielsweise Millionen kleiner Jungen geben, denen man in den ersten Wochen ihres Lebens eine Karriere als Boxer oder Fußballer vorausgesagt hat. Manchmal möchten Eltern tatsächlich, daß ihr Kind auf eine bestimmte Art aufwächst, und so suchen sie nach Anzeichen, wenn das Kind noch ganz klein ist – und finden sie natürlich. So kann es kommen, daß ein Mädchen, sagen wir, zehn Jahre alt wird und »weiß«, daß sie einmal Krankenschwester wird. Natürlich hat sie ihrer Puppe schon einmal das Bein verbunden und ihrem Bruder ein Pflaster auf den Finger geklebt. Für viele Kinder werden die Voraussagen Wirklichkeit, weil man sie kaum dazu angehalten hat, darüber nachzudenken, ob sie vielleicht etwas anderes werden möchten.

Der beste Weg, irgendeinen zukünftigen Erfolg vorauszusagen, ist der zu schauen, wie gut ein Kind gegenwärtig auf einem bestimmten Gebiet ist und wie stark sein Wunsch ist, es weiter zu verfolgen. Der

Schlüssel liegt darin, wie sehr sich das Kind einen Erfolg auf diesem Gebiet wünscht. Ein Fünfjähriger, der gerne mit Teig spielt, wird wahrscheinlich kein Bäcker, findet aber vielleicht so viel Gefallen am Umgang mit Formen, daß er am Ende Bildhauer wird.

Es gibt psychologische Tests, mit deren Hilfe man den Erfolg von Kindern voraussagen möchte. Sie beruhen auf den gesammelten Erkenntnissen darüber, wie sich Fähigkeiten bei vielen tausend Kindern entwickelt haben. Aufgrund des Testergebnisses kann man das Kind mit all diesen Erkenntnissen aus der Vergangenheit vergleichen. Aber es klappt nicht immer. Jedes Kind ist einzigartig und hat seine eigene Entwicklung, so daß es vielleicht nicht die Erwartungen erfüllt, die man aufgrund der Ergebnisse der anderen Kindern vorausberechnet hat.

Intelligenztests sind ebenso aufgebaut und stützen sich auf Tausende von Entwicklungsmustern anderer Kinder. (Zum IQ vgl. Kapitel 3.) Es gibt sehr gute Erfolgsvoraussagen für Gruppen von Kindern, etwa eine Schulklasse, die aber auf das einzelne Kind manchmal nicht zutreffen. Viele Kinder mit einem nur mäßigen Intelligenzquotienten sind vielleicht in der Schule nicht sehr gut, haben aber später großen Erfolg. Maurice Sendak, der Autor und Zeichner von Kinderbüchern, war so ein Fall – ein aufgeweckter, intelligenter Junge, aber kein Gelehrter. Er verließ die Schule und arbeitete in verschiedenen Berufen, bis er merkte, daß er eigentlich Kindergeschichten schreiben und illustrieren wollte. Das war etwas, das ihm immer Spaß gemacht hatte, und er machte es phantastisch, auch wenn man seine Begabung auf der Schule nicht richtig eingeschätzt hat.

Gleichgültig, wie gut ein Test ist, die Ergebnisse eines Kindes können dadurch beeinflußt werden, was am Tage des Tests vorfällt. Sie können außerdem dadurch beeinflußt werden, wie das Kind Tests aufnimmt – ängstlich oder voller Begeisterung, wie es meint, wie sein Lehrer zu ihm steht – wohlwollend oder mißbilligend, und auch dadurch, ob es sich wohl fühlt oder gerade eine Erkältung ausbrütet und so fort.

Testergebnisse für ein Kind können also von Tag zu Tag unterschiedlich ausfallen, aber auch in einzelnen Lebensabschnitten. Der Intelligenzquotient eines Kindes kann sich im Lauf weniger Jahre erheblich ändern, was ganz von den Lebensumständen abhängt. Ist die geistige Entfaltung aus irgendeinem Grund, etwa wegen großer Armut, aufgehalten worden, kann das Kind manchmal dennoch aufholen, wenn sich die Umstände zum Besseren wenden.

Der Erfolg in der Schule wird sehr oft an den offenkundigen Leistungen des Kindes dort gemessen wie etwa einer Prüfung. Aber die Kinder lernen soviel mehr in der Schule – wie man kritisch lernt oder denkt, und sie lernen Verhaltensweisen und Werte kennen, die sich vielleicht erst sehr viel später im Leben offenbaren. Das Auswendiglernen von Fakten ist intelligenten Kindern ein Greuel, während das Diskutieren sie weit mehr anregt. Folglich bekommen die Lehrer unter Umständen ein ganz falsches Bild von ihren wirklichen Fähigkeiten, wenn es nicht solche Lehrer oder Eltern sind, die nicht nur auf Prüfungsnoten sehen. Voraussagen für ein Kind allein haben immer etwas von einem Schuß ins Dunkle, ob sie nun von ganz komplizierten statistischen Berechnungen ausgehen oder äußerst einfühlsamen Auslegungen des Verhaltens eines Kindes.

Was Sie tun können

1. Wenn Sie der Erziehung einen sehr hohen Wert beimessen, werden Ihre Kinder es wahrscheinlich auch tun.
2. Sorgen Sie dafür, daß Ihr Kind alles hat, was es zum Arbeiten und Lernen braucht, also genügend Papier und Stifte und eine Ecke für sich.
3. Liegt Ihrem Kind viel an seinem Seelenfrieden, wird es wahrscheinlich leichter lernen und in der Schule bessere Leistungen bringen.
4. Wenn Sie das Gefühl haben, daß Ihr Kind die nötige Reife hat, halten Sie Ausschau nach einem guten Kindergarten. Sollte keiner in Ihrer Nähe sein, prüfen Sie, wie es mit Vorschulspielgruppen aussieht – die Erfahrungen dort können für ein Kleinkind sehr brauchbar sein. Schauen Sie im Telefonbuch nach.
5. Arbeiten Sie zum Besten Ihres Kindes mit den Lehrern zusammen. Wenn Sie meinen, daß der Lehrer wirklich kein Augenmaß hat, sprechen Sie zunächst über Ihre Sorgen mit ihm. Steht das, was Sie dem Kind sagen, im Widerspruch zu dem, was es in der Schule lernt, kann das Verwirrung auslösen.
6. Die emotionale Unterstützung daheim ist von unschätzbarem Wert für ein intelligentes Kind, das sein Bestes geben möchte, vor allem dann, wenn die übrige Klasse einen Schüler ablehnt, weil er zuviel arbeitet.
7. Bemühen Sie sich, Ihre Erwartungen hinsichtlich Ihres Kindes an dem auszurichten, was es zu leisten in der Lage ist. Die Kunst ist, das Kind dahin zu bringen, daß es sich anstrengt, ohne das Ziel

so hoch anzusetzen, daß es bei seinen Versuchen scheitern muß. Überspringen Sie zum Beispiel nichts in einem Lesebuch, nur weil Sie glauben, ein intelligentes Kind zu haben. Auch wenn es fließend liest, muß es vielleicht doch jeden einzelnen Schritt aufnehmen, wie er kommt.

8. Es kann ziemlich mühsam sein, aber versuchen Sie, das Interesse Ihres Kindes daran wachzuhalten, was es Ihrer Meinung nach lernen sollte. Nichts erstickt den Willen zu lernen schneller als Langeweile. Der Lernstoff muß dem Lernenden etwas zu sagen haben, damit er richtig aufgenommen wird.
9. Lassen Sie zu, daß Ihr Kind bei seinen Lernversuchen auch einmal stolpert. Achten Sie darauf, nicht jeden kleinen grammatikalischen Fehler zu verbessern, wenn es Ihnen etwas erzählt.
10. Belohnen Sie eine gute Lernleistung mit liebevoller Anerkennung und gelegentlich vielleicht einem kleinen Geschenk, aber wirklich nur dann, wenn die Bemühungen des Kindes das rechtfertigen. Eine Belohnung für etwas, wofür sich das Kind nicht besonders angestrengt hat, verliert schnell ihre Wirkung.
11. Helfen Sie den Kindern von Anfang zu lernen, wie man lernt. Nutzen Sie dazu die Gedanken, die in diesem Kapitel entwickelt worden sind.
12. Ermuntern Sie die Kinder, ihre Pläne so lange zu verfolgen, wie sie können.
13. Zeigen Sie als Eltern aktives Interesse an dem, was Ihr Kind zu tun versucht. Gehen Sie mit ihm beispielsweise in Museen oder an historisch interessante Orte, um das, was es fesselt, zu ergänzen. Aber übertreiben Sie nichts; es ist sein Interesse, von dem Sie sich leiten lassen sollten, nicht Ihr Wunsch, gute Eltern abzugeben.

Kapitel 7
Entschieden zu intelligent

Über Kinder sind zahllose falsche Vorstellungen in Umlauf. Vielleicht haben Sie schon einmal gehört, daß Kinder um so seltsamer seien, je intelligenter sie sind. Von besonders intelligenten Kindern erwartet man, daß sie unterdurchschnittlich klein sind, eine Brille tragen, nicht gut im Sport sind, eigenbrötlerisch und allein. Aber all das sind Phantastereien, denn intelligente Kinder sind grundsätzlich nicht anders als andere Kinder mit Ausnahme eben jener einen Eigenschaft, ihrer Intelligenz. Zweifelsohne gibt es einige hochintelligente Kinder, die seltsam sind, aber auch viele andere Kinder haben Probleme. Was gelegentlich vorkommt, ist, daß intelligente Kinder, weil man von ihnen ein etwas abweichendes Verhalten erwartet, gewisse Freiheiten erhalten, sich anders zu geben. Wenn also ein Vierjähriger einen Wutanfall bekommt, wird es als das genommen, was es ist; bekommt aber ein Kind, das als intelligent gilt, einen solchen »Rappel«, wird das möglicherweise als Ausdruck seiner vermeintlichen geistigen »Frustration« gedeutet, »mit dem man ja immer rechnen muß«.

Dieser Gedanke gleitet ins Extrem ab, wenn Genie und Wahnsinn als enge Verwandte betrachtet werden. Auch wenn es Genies gegeben hat, die geistig gestört waren wie etwa die Schriftstellerin Virginia Woolf oder der Maler van Gogh, war ihr gestörter Geisteszustand sicher nicht Teil ihrer großen Begabung. Als sie nämlich wirklich »verrückt« wurden, war das das Ende ihrer schöpferischen Arbeit überhaupt. Es lassen sich weit mehr Genies anführen, die geistig völlig normal waren, von Leonardo da Vinci bis zum amerikanischen Erfinder Edison. Wenn von Genie die Rede ist, hat man es wahrscheinlich sehr viel eher mit klarem Verstand und harter Arbeit zu tun als mit Irrsinn. Marie Curie mußte zum Beispiel Hunderte von Tonnen Pechblende schmelzen, um ihren Tropfen Radium zu bekommen, was die Röntgenforschung einleitete. Ihre aufopferungsvolle Arbeit war geistig wie körperlich schwer, und selbstverständlich war die Wissenschaftlerin geistig völlig gesund.

Gerüchteweise geht auch um, daß intelligente Kinder weniger moralisch als andere Kinder sind. Eine ganze Reihe umgangssprachlicher Bezeichnungen für verschiedene Arten der Intelligenz haben gleichzeitig einen etwas zwielichtigen, moralisch anfechtbaren Einschlag wie zum Beispiel die Ausdrücke gerissen, gewieft, gerieben.

Das folgende Zitat aus einer Zeitung aus dem Jahr 1974 bringt die Frage intelligenter Kinder und deren Moralität in ihrem aktuellsten Bezug: »›Hochbegabte Kinder leben in der Gefahr, straffällige Aussteiger oder gar äußerst gerissene Verbrecher zu werden, weil die Schulen versäumen, ihnen eine Erziehung zu bieten, die ihren Fähigkeiten angemessen ist‹, erklärten einige Schuldirektoren gestern.« Glücklicherweise kann das wohl kaum zutreffen, denn sonst gäbe es überall intelligente Kinder, die Schandtaten aushecken – aber wer weiß, vielleicht sind sie einfach zu clever, sich schnappen zu lassen? Die englischen Postzugräuber werden manchmal als Beispiel intelligenter Kinder hingestellt, die vom Weg abkamen, weil die Erziehung ihnen nicht genug Anregung gab. Das Gesetz aber nimmt nicht hin, daß intelligente Kinder sich von ihren Problemen hinreißen lassen und zu Verbrechern werden, und ich bin der gleichen Ansicht.

Mitte der siebziger Jahre machte ich eine Untersuchung, um (unter anderem) herauszufinden, ob die Intelligenz eines Kindes sein Verhalten anderen gegenüber beeinflußt.[1] Ich wollte herausfinden, ob als besonders gescheit bezeichnete Kinder sich in irgendeiner Weise von Kindern mit den gleichen Fähigkeiten unterschieden, die man aber nicht als intelligent erkannt hatte. Ich hatte das Glück, die Unterlagen der National Association for Gifted Children benutzen zu können. Eltern können sich dieser Organisation anschließen, wenn sie der Meinung sind, überdurchschnittlich intelligente Kinder zu haben, aber ein Test oder eine Bestätigung anderer Art wird nicht verlangt. Von den 4 500 registrierten Kindern testete ich siebzig aus dem Nordwesten Englands und stellte fest, daß ihre Fähigkeiten zwischen überdurchschnittlich und tatsächlich begabt anzusiedeln waren. Dann verglich ich diese von den Eltern ausgesuchten Kinder mit Kindern der gleichen geistigen Fähigkeit aus den gleichen Schulklassen, wobei Auswirkungen durch die Schule, den Bezirk, das Geschlecht oder das Alter auf die Leistungen der Kinder ausgeschlossen waren. Ich habe alle Kinder zu Hause und in der Schule aufgesucht, viele Fragen gestellt und zahlreiche Tests durchgeführt, deren Ergebnisse ich anschließend analysiert habe.

Ich stellte fest, daß die Kinder, die am ehesten als außergewöhnlich befähigt galten, diejenigen waren, die sich zu Hause oder in der Schule am ungebührlichsten benahmen. Viele Erwachsene glauben, ein überragender Geist bringe Schwierigkeiten mit sich, aber das stimmt nicht. Kinder mit gleichen geistigen Fähigkeiten, die sich nicht lästig machten, wurden ganz einfach nicht so oft als »typisch« begabt ausgesondert. Die angeborenen Fähigkeiten bewirkten demnach seltener, daß ein Kind als begabt eingestuft wurde, es sei denn, das Kind zeigte gleichzeitig ein problematisches Verhalten. Das paßt genau in das Bild der falschen Vorstellungen.

Kinder, die als »zu« intelligent betrachtet werden, können ebenso eigenartig behandelt werden, wie das ja überhaupt die Vorstellung bei übermäßiger Intelligenz ist. Folgendes widerfuhr Noel Coward, einem zweifellos intelligenten Kind, wie C. Lesley es in seinem Buch *The Life of Noel Coward* beschreibt: »Als Noel erst zwei war, erklärte der Arzt, sein Gehirn sei seiner körperlichen Entwicklung weit voraus, und er riet, das Kind solle viel Ruhe haben, die Locken solle man ihm abschneiden, und es solle nicht bei Geselligkeiten dabeisein.« Coward scheint später allerdings alles nachgeholt zu haben.

Vielleicht denken Sie, die Ansichten dieses Arztes gehörten einer vergangenen Zeit an, doch ich habe bei meinen Untersuchungen einige ähnliche Situationen erlebt. Da gab es beispielsweise einen fünfjährigen Jungen, der mit seiner behinderten Mutter zusammenlebte. Sie hatte große Schwierigkeiten, mit ihm fertig zu werden. Der Hausarzt erklärte mir unmißverständlich, daß das alles die Schuld der Mutter sei. Sie habe, so sagte er, den Jungen mit Kinderreimen übermäßig stimuliert und es abgelehnt, den Anweisungen des Arztes Folge zu leisten, das Kind im Haus und ruhig zu halten.

Es hat wenig Sinn, die Intelligenz des eigenen Kindes an seinem sozialen Verhalten ablesen zu wollen. Es gibt proportional sehr viel mehr durchschnittlich begabte Kinder, die sich schlecht benehmen, als intelligente, wenngleich auch die intelligenten keineswegs immer Engel sind. Intelligenz ist eine Frage der geistigen Fähigkeit, dessen, wozu ein Kind geistig in der Lage ist. Wenn es also Verhaltensprobleme gibt, dann suchen Sie nach den eigentlichen Ursachen (vgl. Kapitel 4).

Schwierigkeiten in der Schule

Ob überdurchschnittlich begabte Kinder ihre ersten Lernerfahrungen außer Haus in einer Spielgruppe oder im Kindergarten machen, sie haben auf jeden Fall spezielle Bedürfnisse und Schwierigkeiten, über die Eltern und Erzieher Bescheid wissen und bei deren Lösung sie zusammenarbeiten sollten. Diese Schwierigkeiten sind bei noch sehr kleinen Kindern nicht immer offenkundig, aber sie scheinen sich auszuweiten, wenn die Kinder in das Schulsystem hineinwachsen. Beachtet man sie nicht, können sie ein intelligentes Kind zur Folge haben, das nicht das leistet, was es leisten könnte.

Einige dieser Probleme haben mit der Organisation und den Verhaltensweisen an Schulen beziehungsweise von Lehrern zu tun. So bieten etwa die örtlichen Schulbehörden intelligenten Kindern kaum Hilfe in Form von Fachberatern oder speziell geschulten Lehrern an, sie erkennen nicht einmal die Tatsache an, daß intelligente Kinder überhaupt besondere Probleme haben. Weniger als die Hälfte aller Grundschulleiter ist der Ansicht, daß man für intelligente Kinder besondere schulische Vorkehrungen irgendwelcher Art treffen müsse. Manchmal werden diese Kinder vielmehr von den Lehrern als »zu intelligent« beiseite geschoben, und der Gedanke, daß man sich ihrer ganz besonders annehmen solle, erscheint »elitär«, wie viele Schulleiter mir bei meinen Untersuchungen erklärt haben.

Bei einer jüngeren Untersuchung englischer Schulbehörden[2] war über die Hälfte der Lehrer, die an der Studie teilnahmen, der Meinung, intelligente Kinder würden, vor allem an den Grundschulen, durch eine intellektuellenfeindliche Haltung behindert. Das heißt, man verwendet wenig Gedanken auf die Entfaltung der besonderen Begabung dieser Kinder, etwa dadurch, daß man ihnen schwierigere Bücher oder wissenschaftliche Geräte zur Verfügung stellen würde.

Gelegentlich verbergen Kinder ihre Fähigkeiten ganz bewußt, wenn sie in die Schule gehen, was sie zu Hause kaum tun. Eltern und Lehrer können, wenn das der Fall ist, das anhand der Tatsache erkennen, daß diese Kinder nicht das leisten, was sie leisten sollten, wenngleich sie kaum im unteren Drittel der Klasse rangieren werden. Sie halten sich mit sehr viel Geschick in der Mitte. Aber dort sollten sie nicht sein, und es ist auch weit unter den Möglichkeiten eines intelligenten Kindes. Aber gerade das macht es dem Lehrer so schwer, sie ausfindig zu machen und auf den Platz zu ziehen, der ihnen zusteht.

Der Lehrer der sechsjährigen Nina zum Beispiel stritt sich mit ihren Eltern, daß sie nicht so intelligent sein könne, wie sie meinten. Der Lehrer hatte keinerlei Anzeichen dafür bemerkt, so daß seine Schlußfolgerungen durchaus gerechtfertigt waren. In der gleichen Woche bemerkte er jedoch, wie Nina sich ein Mathematiklehrbuch aus einigen elementaren Grundsätzen zusammenschrieb, die sie sich selbst erarbeitet hatte. Er erkannte, was ihre Eltern gemeint hatten, widmete Nina etwas Aufmerksamkeit und Verständnis zusätzlich, und schon bald blühte sie auf.

Kinder, die sich zwischen anderen Kindern verstecken, können auf eine oberflächliche Art zufrieden wirken. Sie sehen gern fern, lesen Comics und Bücher wie andere Kinder auch und spielen und unterhalten sich mit ihren Freunden. Sie brauchen nicht viel Zeit oder Arbeitskraft, um sich im Mittelfeld zu behaupten, und müssen sich daher in der Schule oder bei den Hausaufgaben auch nicht sonderlich anstrengen. Aber Sie wissen und die Kinder ebenfalls, daß sie sehr viel glücklicher und geistig beweglicher wären, wenn sie sich fordern würden – mit anderen Worten, wenn sie sich natürlich verhielten. Der Versuch, wie alle anderen auch zu sein, kann sich zu einer Belastung auswachsen.

Es gibt allerdings Zeiten, wo die Mitschüler es dem Kind schwermachen, in dem ihm angemessenen Tempo zu lernen. Sie bezeichnen es als den »Liebling des Lehrers«, als »Streber« oder »Angeber«. Ein noch kleines Mädchen, das ich gut kenne und das sehr intelligent ist, wurde einmal aus ihrer Klasse heraus in eine höhere Klasse gebracht, nur für einige Minuten. Als sie dort eintrat, bat die Lehrerin sie, ein sehr schweres Wort vor allen Schülern an die Tafel zu schreiben. Die Schülerin erkannte sehr schnell, daß sie dazu benutzt werden sollte, die älteren Kinder zu beschämen, indem sie ihnen zeigte, daß ein Mädchen aus einer tieferen Klasse ein Wort richtig schreiben konnte, das sie nicht schreiben konnten. Das ist eine schlechte Art zu unterrichten, dachte sie bei sich und schrieb das Wort aus Solidarität mit den anderen Schülern bewußt falsch an die Tafel. Man sagte nichts, und sie wurde in ihre eigene Klasse zurückgeschickt. Aber die Lehrerin muß es gemerkt haben, denn die Schülerin wurde nicht noch einmal um eine ähnliche Demonstration gebeten.

Viele Kinder, die es in der Vergangenheit »geschafft« haben, haben das trotz der Ausbildung erreicht, die sie auf der Schule erhalten haben, kaum wegen ihr. Daher sind Eltern der beste Rückhalt, den ein intelligentes Kind wahrscheinlich hat, vor allem dann, wenn die Schule offenbar nicht auf seine besonderen Bedürfnisse eingeht. Die meisten intelligenten Kinder brauchen wirklich die Hilfe der Erwachsenen, um ihre Begabung nutzen zu können. So manches intelligente Kind besucht eine Schule, in der seine Entwicklung regelrecht gebremst wird; ihnen wird beispielsweise nicht erlaubt, Material höherer Klassen zu verwenden, obwohl sie dazu imstande wären, oder ihre Neugier bleibt unbefriedigt, weil vielleicht auf Fragen keine

Antworten gegeben werden, die Gebiete außerhalb des Lehrplans betreffen, etwa ethische und moralische. Es wird eine Art geistige Zensur betrieben. Es gibt viele Prioritäten auf dem Gebiet der Erziehung, aber intelligente Kinder haben das Recht, ebenfalls berücksichtigt zu werden. Aber es ist noch ein langer Weg, bis man ihre Bedürfnisse voll erkennen wie auch angemessen befriedigen wird.

Intelligente Kinder sind sich im allgemeinen durchaus der Art und Qualität der Erziehung bewußt, die sie in der Schule genießen. Im folgenden die Anmerkungen einiger sehr aufgeweckter Grundschüler, in denen mit etwas erzwungenem Humor einige Seiten ihres Schülerdaseins zum Ausdruck kommen, die für ihre Lernerfahrungen alles andere als nützlich waren.

Klaus (elf Jahre): »Vier Jahre ist man auf der Grundschule und überzeugt den Lehrer davon, daß man ein netter Junge ist, aber arbeiten – nichts zu wollen . . . man macht Witze und zeigt, wie glücklich man ist.«

Barbara (neun Jahre): »Wenn nicht der Ehrgeiz der Schüler wäre, würde die Schule zusammenbrechen.«

Sarah (neun Jahre): »Wenn ein Lehrer einem sagt, man solle den Mund halten, dann gibt er einem zu verstehen, man solle schlafen. Und man wacht dann wieder auf, wenn es klingelt.«

Alexander (zehn Jahre): »Der Lehrer, der brüllt, daß einige fliegen werden, wird als Idiot betrachtet. Lehrer, die sich für Respektspersonen halten, gehen einem auf die Nerven.«

Sabine (elf Jahre): »Unser Grundschullehrer war machtbesessen; er war zu allem fähig, konnte jeden zum Heulen bringen. Ich habe immer die Risse in der Decke gezählt und alle möglichen Spielchen gemacht, wenn er mir erklärte, was für ein hoffnungsloser Fall ich wäre.«

Peter (acht Jahre): »Ein schlechter Lehrer sagt, ›Das ist so‹; ein guter Lehrer sagt, ›Warum ist das so?‹.«

Johannes (sieben Jahre): »Man lernt nichts, wenn der Lehrer schlechte Laune hat; man muß es in der nächsten Stunde lernen, wenn er gute Laune hat. Wenn ich im Unterricht schlafe, kribbelt es mir im Kopf. Das eine Gute am Fernsehen ist, daß ich nicht einschlafe.«

Robert (elf Jahre): »Über die Noten entscheidet ein Lehrer. Wenn man gute Witze erzählt und kurze Haare hat, ist das o.k. Aber selbst wenn man zur Spitze gehört, wenn der Lehrer einen für dumm hält, wird er das auch weiter glauben.«

Stephan (elf Jahre): »Kinder sind was Gefährliches, die Unruhe in die Schule bringen. Die Lehrer liegen im Wettstreit mit ihren Klassen, denn überall in der Erziehung gibt es diesen Wettlauf.«

Hylda Baker hätte vielleicht gesagt: »Sie wissen, daß sie es wissen!«

Kinder brauchen in der Schule einen Erziehungsstil, der ihre speziellen Fähigkeiten berücksichtigt und ihnen größere Herausforderungen bieten kann, als der Durchschnittsschüler verkraften könnte. Das bedeutet, daß die Lehrer eine Vorstellung davon haben sollten, wie man ein intelligentes Kind erkennt und was man mit ihm macht. Sie könnten sich zum Beispiel anregende und interessante Unterrichtsstunden ausdenken, die sich speziell an den individuellen Interessen und Fähigkeiten dieser Kinder ausrichten – vielleicht eine Zumutung, aber dennoch unerläßlich.

Begabungen, die unerkannt bleiben

Sie werden sich vielleicht fragen, ob es wirklich etwas ausmacht, wenn die Intelligenz eines Kindes in seiner Kindheit unerkannt bleibt. Warum sich soviel Mühe machen und auf intelligente Kinder achten, wo sie wahrscheinlich selbst ganz gut durchkommen werden?

Die naheliegendste Antwort ist, daß alle Kinder in diesem Land (gemeint ist Großbritannien) das Recht haben, gemäß ihren Fähigkeiten erzogen zu werden. Die Kinder sich selbst zu überlassen hieße demnach, sie in dieser Beziehung im Stich zu lassen. Manchmal entwickeln intelligente Kinder sich spät, weil sie sich in der Schule gelangweilt haben oder ihre Interessen auf außerschulischen Gebieten lagen. Der Komponist Delius zeigte keinerlei Ansätze auf dem Gymnasium in Bradford, die zu irgendeiner Hoffnung hätten Anlaß geben können, und auch Gandhi und Nehru, die großen indischen Führer, waren in der Schule schlecht. Die Schauspielerin Sarah Bernhardt wurde nicht weniger als dreimal der Schule verwiesen.

Ein weiterer wichtiger Grund, der für die Auswahl intelligenter Kinder spricht, ist der, daß sie normalerweise Schwierigkeiten haben, ihre Begabung ohne die Hilfe Erwachsener voll zu entfalten. Sie brauchen die Unterweisung, wie etwas anzugehen ist. Sie müssen zum Beispiel ihre Sprachbegabung schulen, um ein Gefühl für den Aufbau einer fremden Sprache und ihre Literatur zu bekommen und zu lernen, wie sie das Bestmögliche schaffen können.

Kinder, die geistig nicht genügend beansprucht werden, finden oft

Wege, die Langeweile zu ertragen, was zu einer schlechten Angewohnheit werden kann, die sie das ganze Leben behindert. Der Maler Paul Gauguin nahm Zuflucht zu Tagträumen und wirkte geistig langsam. Andere werden gewitzt, ruhelose Plagegeister wie Lord Beaverbrook, der der Schrecken aller war. Der Vater des heiligen Franz von Assisi schildert seinen Sohn als einen wilden, unbändigen Jungen. Wieder andere flattern wie die Schmetterlinge von einem neuen Gedanken zum anderen, stets auf der Suche nach Befriedigung, wo sie sich doch mit wenigen, aber ernsthaften Studien begnügen könnten (Eltern können ihre Kinder anhalten, das zu Ende zu führen, was sie angefangen haben). Kinder, die nie lernen, ihre Fähigkeiten erfolgreich einzusetzen, können zu einem falschen Bild von sich kommen und sich für dumm oder wertlos halten. Und aufgrund dieser falschen Vorstellung verpassen sie dann womöglich gute berufliche Chancen.

Der achtjährige Wolfgang hatte mit diesem Problem zu kämpfen, aber es dauerte sehr lange, bis man dahinterkam. Seine Mutter hatte sich wegen seines schlechten Benehmens in der Schule Vorwürfe gemacht, während die Lehrerin meinte, der Junge sei verzogen. Aber als ich ihn dann testete und feststellte, daß er hervorragende Voraussetzungen mitbrachte, kam alles ins Lot. Seine Lehrerin gab ihm in der Schule schwierigere und interessantere Aufgaben, seine Eltern ermunterten ihn zu mehr außerschulischen Aktivitäten, und da er jetzt mehr Befriedigung erfuhr, fühlte er sich schon bald sehr viel wohler und benahm sich besser.

An normalen Schulen tut man sich unter Umständen schwer mit intelligenten Kindern, da die Erziehung dort auf den Durchschnittsschüler abgestellt ist. Wenn man das Leben herausragender Persönlichkeiten betrachtet, könnte man zu dem Schluß kommen, daß sie es trotz der Schule und nicht wegen ihr zu etwas gebracht haben. Der Erfinder Thomas Edison wurde schon nach drei Monaten aus der Schule genommen, weil der Lehrer behauptete, er sei »unfähig«. Gregor Mendel, der Begründer der Vererbungslehre, fiel viermal durch sein Lehrerexamen und gab dann weitere Versuche auf. Der große englische Physiker Isaac Newton verließ die Schule mit vierzehn, wurde aber mit neunzehn wieder hineingeschickt, weil er soviel las; später machte er dann in Cambridge ganz normal sein Examen. Doch auf jede Erfolgsgeschichte von jemandem, der in der Schule schlecht war, kommt eine über einen guten Schüler. Manchmal kommt die Erziehung dem Kind entgegen, manchmal nicht, und so sind nach wie vor die Eltern der beste Schutz des Kindes gegen einen Fehlschlag in der Schule.

Ganz allgemein betrachtet, ist Erziehung in der Schule ein Massengut, das so angeboten wird, daß die meisten Kinder einen Nutzen davon haben. Aber so wie Kinder mit unterdurchschnittlicher Begabung Schwierigkeiten haben, mit den anderen in der Klasse Schritt zu halten, leiden intelligente Kinder eventuell darunter, mit den schwachen zurückzubleiben.

Was Sie tun können

1. Achten Sie auf Anzeichen, die darauf hindeuten, daß Ihr Kind als »Angeber« isoliert wird. Wenn es wirklich gezwungen wird, unter seinen Fähigkeiten zu bleiben, sprechen Sie mit dem Lehrer darüber. Sie müssen unter Umständen ergänzend etwas unternehmen oder Ihr Kind sogar auf eine andere Schule schicken.
2. Wenn es Ihrem Kind leichtfällt, den Klassendurchschnitt zu erreichen, versuchen Sie es mit einer etwas schärferen Gangart. Prüfen Sie, ob es ein etwas schwierigeres Buch lesen oder vielleicht schon den mathematischen Stoff einer höheren Klasse bewältigen kann. Es kann sein, daß Ihr Kind bei etwas mehr Anregung zu Hause wie auch in der Schule glücklicher ist.
3. Wenn Ihr Kind offenbar Schwierigkeiten hat, sich zu konzentrieren, Sie aber glauben, daß es dazu in der Lage ist, versuchen Sie herauszufinden, ob es seine Fähigkeiten zu spärlich einsetzt oder sich unglücklich fühlt.
4. Bemüht man sich in der Schule Ihres Kindes die individuellen Fähigkeiten und Interessen der Kinder zu fördern? Lassen Sie nicht zu, daß seine Individualität untergeht bei dem Versuch, es an die anderen anzugleichen. Achten Sie darauf, wenn Ihr Kind Interesse für irgend etwas zeigt, und wenn die Schule dem nicht nachgeht, dann tun Sie es zu Hause, aber ohne Zwang.

Achten Sie auf Ihre Töchter

Der Dichter, der die Zeile geschrieben hat, »Sei gut, mein Schatz, und laß den Klügren walten«, hat damit einige Verhaltensweisen gegenüber intelligenten Mädchen zusammengefaßt, wie sie heute noch immer üblich sind. Wenngleich Mädchen und Jungen ihr Leben als Babys nicht mit unterschiedlichen Erwartungen beginnen, dringt doch offenbar irgendwie zu ihnen durch, wonach jedes Kind streben sollte. Eine Untersuchung amerikanischer Schüler hat zum Beispiel gezeigt, daß Mädchen meistens nicht so versessen auf äußere Erfolge sind wie ihre Brüder.[3] Sie bewerteten außerdem in der Mehrzahl die Befriedigung, die ihnen eine zukünftige Stellung bieten würde, höher als den möglichen Verdienst oder berufliche Statussymbole.

Geringere Erfolgserwartungen bei Mädchen nehmen Gestalt an, wenn sie größer werden und lernen. Niederschlagen kann sich das letztlich in einer Betätigung, die geistig auf einer tieferen Ebene angesiedelt sein kann als der, die das Mädchen erreichen könnte. In der Schule sind Mädchen, was ihre Fähigkeiten und Leistungen angeht, bescheidener als Jungen, selbst wenn sie genau die gleichen Ergebnisse vorweisen können. Die Folge ist, daß sie ihre Schulerfolge meistens harter Arbeit zuschreiben, wohingegen die Jungen Erfolge auf ihre Intelligenz zurückführen. Jungen haben offenbar auch mehr Selbstvertrauen in ihre Begabung als Mädchen.

In den Vereinigten Staaten hat man bei einer landesweiten Untersuchung festgestellt, daß viele Mädchen in gemischten Schulen ihre Zielvorstellungen tatsächlich senken, damit sie von den Jungen stärker beachtet werden.[5] Selbst die Mädchen, die zu den Besten der Klasse gehörten, schienen das als eine Art »Fehler« zu werten. Als sie die Schule verließen, erklärten sie, sie hätten gar nicht vorgehabt, ihre Fähigkeiten voll auszureizen, weil sie glaubten, nicht glücklich zu werden, wenn sie »zu« klug wären. Die Leiterinnen vieler Mädchenschulen dieses Landes haben erklärt, daß Mädchen die besten schulischen Erfolgschancen auf einer reinen Mädchenschule hätten. Aber gute Leistungen in bestimmten Fächern variieren offenbar von Region zu Region. In Japan und Rußland zum Beispiel, wo die Beschäftigungsstruktur für Frauen anders ist, leisten Mädchen in den naturwissenschaftlichen und mathematischen Fächern relativ mehr als im Westen.

Je intelligenter ein Mädchen ist, desto bewußter ist ihr offenbar, was von ihrem Geschlecht erwartet wird. Vielleicht ist das auf die besondere Sensibilität zurückzuführen, die sehr intelligente Kinder anscheinend haben. Hochintelligente Mädchen können selbst heute noch besondere Probleme haben, die auf den Konflikt zwischen ihrer Intelligenz und ihrem Dasein als Frau zurückgehen. Wenn sie dann etwa elf oder zwölf Jahre werden, kann es für sie einfacher sein, einen dieser potentiellen Konfliktherde abzuschaffen. Dieser Mangel an Gleichgewicht wird erkennbar, wenn sie sich entweder übermäßig herkömmlich weiblichen Dingen zuwenden, also etwa Fragen der Kosmetik, und in der Schule unter ihren Fähigkeiten bleiben oder in der Schule besonders intensiv arbeiten, sich sehr hohe Ziele setzen und offenbar verzweifeln, wenn sie sie nicht immer erreichen. Begabte Mädchen können sehr dünnhäutig sein und durch herrisches Auftreten auf diesen schwachen Punkt überzogen reagieren, was manchmal zu Lasten ihrer kreativen Fähigkeiten geht. Intelligente Mädchen, die in der Schule gut sind, können daher manchmal hemmungslos ehrgeizig oder empfindungslos sein – aber das ergibt ein völlig falsches Bild. Innerlich können sie voller Ungeduld und begierig nach Gewißheit in allem sein, insbesondere was ihre Weiblichkeit betrifft. Sparen Sie nicht mit Lob, auch oder gerade wenn die Kleider ihnen ein bißchen zu groß geraten sein sollten, in die sie geschlüpft sind.

Auf der anderen Seite gibt es viele andere hübsche, intelligente Mädchen, die still ihre Unterrichtsstunden absitzen, nichts fordern und nur das leisten, was von ihnen erwartet wird. Wenn Eltern oder Lehrer ihnen schwierigere Aufgaben anvertrauen, zeigen sie sich stets der Lage gewachsen. Sie geben zu erkennen, daß die Fähigkeiten da sind, aber sie werden häufig nicht zur Kenntnis genommen, da diese Mädchen nicht genug Aufmerksamkeit verlangen. Oft ist es so, daß die Lehrer die Jungen für die Begabteren halten und ihnen mehr Aufmerksamkeit widmen, wodurch sich ihr Vorsprung vergrößert. Wer etwas mehr fordert, wird auch eher bemerkt. Darauf sollten die Eltern bei ihren wohlerzogenen Töchtern ein wenig achten.

Was Sie tun können

1. Fragen Sie Ihre Tochter, wie schwer ihr der Unterricht vorkommt. Sagt sie, er sei leicht, wird sie geistig wahrscheinlich nicht genug gefordert. Begabte Mädchen brauchen die Herausforderung, suchen sie aber häufig weniger als die Jungen.
2. Reden Sie mit dem Lehrer, wenn Sie den Eindruck haben, daß Ihre Tochter in der Schule lediglich auf der Stelle tritt. Der Lehrer wird wahrscheinlich froh darüber sein, daß Sie die Sache ansprechen, und Sie können dann gemeinsam einen Weg ausarbeiten, wie Ihre Tochter auf einem ihr angemessenen Niveau arbeiten kann.
3. Behandeln Sie Ihre Tochter so, daß ihre Intelligenz respektiert wird. Bemuttern Sie sie nicht, und unterschätzen Sie ihre Fähigkeiten nicht. Versuchen Sie, nicht zu viele Voraussetzungen zu stellen. Lassen Sie Ihren Sohn beispielsweise beim Bügeln helfen, während Ihre Tochter die Glühbirnen auswechselt.

4. Helfen Sie Ihrer Tochter, damit fertig zu werden, daß sie begabt und ein Mädchen ist. Sprechen Sie mit ihr über die Schule, was sie ihr bedeutet und was sie sich dort und für die Zeit danach erwartet. Helfen Sie ihr, ihre wahren Interessen zu entdecken, damit sie für ihr berufliches Leben die besten Entscheidungen treffen kann, wenn die Zeit kommt. Es ist nie zu früh, denn Mädchen werden vom Tag ihrer Geburt an in die Richtungen gedrängt, die man aufgrund ihres Geschlechts für die geeigneten hält.
5. Zeigen Sie Ihrer Tochter erfolgreich arbeitende Frauen; gegebenenfalls ist ihre Mutter das beste Beispiel. Machen Sie ihr klar, daß Frauen Ärzte werden können, nicht nur Krankenschwestern, und daß sie vielleicht eines Tages die erste Frau auf ihrem Gebiet ist.
6. Vergewissern Sie sich, daß Ihre aufmunternden Worte für Ihre Tochter echt sind und daß Sie nicht irgendwelche geheimen Hoffnungen hegen, daß sie eines Tages vielleicht doch noch »häuslich« wird und nur noch ihren Mutterpflichten lebt. Viele Mädchen empfangen verwirrende Botschaften, wenn etwa die Eltern sagen, »Werde Rechtsanwältin«, aber meinen, »Werde Hausfrau«.

Was es bedeutet, begabt zu sein

Es ist nicht sehr lustig, anders zu sein als die Kameraden. Man muß sich doppelt bemühen, sich anzupassen, wenn man weiter zu ihnen gehören will. Kinder können mitleidlos mit Außenseitern sein, und intelligente Kinder können sich ebenso verletzt fühlen wie andere Kinder, wenn sie ausgeschlossen werden.

Jedes Kind ist sensibel und braucht einen emotionalen Halt, aber begabte Kinder sind hier manchmal offenbar ganz extrem. Besonders empfindlich reagieren sie auf Kritik, vor allem, wenn sie von Freunden kommt. Gleichzeitig sind sie aber oft bemerkenswert kritisch anderen gegenüber, nicht immer eine Eigenschaft, die Freunde schafft. Einem solchen Kind muß man unter Umständen wieder und wieder und mit aller Freundlichkeit klarmachen, daß recht zu haben nicht das einzige ist, was zählt. Es mag vorkommen, daß sich das Kind sicher ist, die Spielregeln richtig zu deuten, während alle anderen unrecht haben, aber es muß dennoch lernen, daß großzügig nachzugeben angemessener sein kann als verärgert wegzurennen.

Intelligente Kinder denken besonders klar und sehen oder spüren daher oft, wie sie etwas auf die richtige Art in Angriff nehmen können. Sie können zum Beispiel die lohnendsten Ideen aus einem Fernsehspiel nehmen und sich dann verschiedene Ausgänge ausdenken, während ein weniger begabtes Kind vielleicht hinnimmt, was ihm auf dem Bildschirm vorgesetzt wird, ohne weiter darüber nachzudenken. Das intelligente Kind möchte mehr entdecken, was es manchmal dazu verleiten kann, das zu mißachten, was der Lehrer sagt, und statt dessen eigene Pläne zu verfolgen. Intelligente Kinder kommen dabei manchmal auf ganz verrückte Einfälle, und wenn die anderen darüber lachen, kommen sie sich etwas seltsam vor. Das intelligente Kind wird sich fragen: »Warum können sie nicht sehen, was ich meine?« Aber der Erwachsene erkennt, daß in der Gedankenkette des Kindes ein wichtiges Glied fehlt. Es ist so, als wollte man ein Puzzle zusammensetzen, das nicht vollständig ist.

Wenn ein begabtes Kind sich eingehend mit etwas Interessantem befaßt, sind ihm Unterbrechungen zuwider. Selbst Kleinkinder sind in der Lage, sich mehrere Stunden so zu vertiefen, daß sie nichts anderes mehr hören und sehen. Sie möchten immer weitermachen, bis sie ihr Bild oder die Bastelarbeit fertig haben, so daß ihnen Unterbrechungen wie die Aufforderung, sich zum Kaffee die Hände zu waschen, unerträglich sein können. Die Mutter wird leicht gereizt und sagt ihrer Vierjährigen: »Aber du spielst doch jetzt schon vier Stunden mit den Klötzen. Es ist Zeit für deinen Tee.« »Nur noch eine Minute«, murmelt Susanne. Noch mehrere vergebliche Aufforderungen folgen, bis die Mutter Susanne nimmt und macht, was sie für richtig hält. Susanne ist enttäuscht und wütend, sie strampelt und tritt, es gibt einen Klaps, Tränen fließen, und für Susanne ist klar, daß es eine »doofe« Welt ist, in der sie lebt, während die Mutter zornig auf ihr »dickfelliges« Kind ist.

Solche Situationen können im Nu entstehen. Eben war noch alles friedlich, und im nächsten Augenblick herrscht Chaos. Eltern, die ihre intelligenten Kinder kennen, können bis zu einem gewissen Grad vermeiden, daß sich derartige Probleme ergeben. Wenn Sie wissen, daß Ihr Kind im Begriff ist, sich womöglich für die nächste Stunde zurückzuziehen, dann achten Sie darauf, daß das nicht eine halbe Stunde vor dem Abendessen geschieht. Erklären Sie mit einfachen Worten, worum es geht. Verhandeln Sie, wenn das nötig ist: »Sieh mal, wenn du jetzt damit anfängst, dann mußt du aber auch bereit sein, in einer halben Stunde aufzuhören.« Wird das alles vorher geregelt, kann man einem eventuell schädlichen Streit vorgreifen. Aber das bedeutet auch, daß die Eltern sich noch eine weitere Bürde aufladen und für ihre sehr eigenen Kinder vorausdenken.

Routine kann etwas sehr Lästiges für ein intelligentes Kind sein. »Warum«, so kann es fragen, »muß ich immer um sechs Uhr ins Bett? Es ist unsinnig, denn manchmal bin ich noch gar nicht müde.« Das ist durchaus logisch, und Sie werden ihm erklären müssen, daß auch die Eltern einmal etwas Zeit für sich brauchen und es sich deshalb von sechs bis zum Einschlafen allein vergnügen muß. Jedes Kind hat eine Vorstellung davon, was gerecht ist; erklären Sie ihm daher, daß Sie ihm tagsüber sehr viel Zeit widmen und daß es also nur gerecht ist, wenn Sie sich abends selbst auch etwas Zeit widmen.

Ausgeglichenheit

Begabte Kinder können den Eltern hart zusetzen und scheinen manchmal einen Zwang besonderer Art auf sie auszuüben. Eltern haben unter Umständen das Gefühl, ausgesaugt zu werden, so daß ihre Geduld und Konzentration langsam dahinschwinden. Es ist nicht so, daß intelligente Kinder anspruchsvoller in dem Sinn wären, daß sie Aufmerksamkeit erwarten, aber sie probieren ständig neue Ideen aus und beanspruchen ihre Eltern gedanklich, was immer wieder zu einem für alle Beteiligten entnervenden Tauziehen führt. Die Kinder wissen, was sie tun, und sie können auch ein schlechtes Gewissen haben, weil sie ihren Eltern so zusetzen, aber sie brauchen die geistige Auseinandersetzung mit den Erwachsenen. Manchmal fällt es den Eltern schwer, hinzunehmen, daß sie nicht so intelligent wie ihre Kinder sind, und sie entfachen eine psychologische Rivalität, kanzeln die Kinder ab, anstatt auf ihre Fragen zu antworten, und sagen Dinge wie: »Das weißt du ganz bestimmt. Als ich so alt war wie du, wußte ich das.« Achten Sie bei sich auf solche Reaktionen, und versuchen Sie, ihnen aus dem Weg zu gehen. Beantworten Sie Fragen, so gut Sie können, oder räumen Sie ohne Umschweife ein: »Das weiß ich nicht; versuchen wir, es herauszufinden.« Der Weg zu einem guten Verständnis zwischen Eltern und begabten Kindern führt stets über die Aufrichtigkeit.

Die Fähigkeit des begabten Kindes, etwas besonders schnell aufzunehmen und Situationen abzuschätzen, kann eine Last darstellen. Sie kann ihm Schmerz, aber auch Freude bringen. Diese Kinder benutzen ihren flinken Geist gelegentlich als Schild, um ihre Sensibilität zu schützen, doch kann das außer Kontrolle geraten. Jasmin wurde mir von ihrer Mutter gebracht, als sie gerade acht Jahre war; sie gehörte in der Schule immer zu den Besten und war wohlerzogen, fühlte sich aber unglücklich. Sie hatte eine vage Vorstellung von dem, was mit ihr los war; sie fühlte sich innerlich leer, unaufrichtig, tot und ohne Verbindung zu sich selbst. Sie schien nicht nur begabt zu sein, sondern sich in ihrem geistigen Leben verloren zu haben, so daß sie andere Menschen nicht erreichen oder enge Bande zu anderen Kindern knüpfen konnte. Deshalb fühlte sie sich unwohl in ihrer Haut und war unglücklich.

Jasmin hatte diese Leere dadurch aufgefüllt, daß sie immer mehr Wissen ansammelte – ihre Leidenschaft waren Enzyklopädien, die sie verschlang und in ihrem Kopf speicherte –, aber ihre Phantasie fing an, darunter zu leiden. Ihre Briefmarkensammlung zum Beispiel war außergewöhnlich, aber das Leben der Menschen in den Ländern, über die sie so viel wußte, war ihr egal. Jasmins Eltern waren stolz auf ihren Erfolg in der Schule, und das mit gutem Grund, aber manchmal nahm der Stolz auf ihre Tochter solche Formen an, als würden sie durch sie leben. Jasmin schien das nichts auszumachen. Sie begrüßte das offenbar sogar und genoß es offensichtlich, die Hoffnungen ihrer Eltern zu erfüllen.

Doch die Last wurde zu schwer für die erst acht Jahre alte Jasmin. Sie hatte sich noch tief in ihrem Innern kindliche Züge bewahrt, die sich nach Zuwendung sehnten. Sie brauchte mehr Liebe für sich und weniger für ihre Begabung. Ihr wirkliches, eher zerbrechliches Selbst brauchte einen Antrieb – irgendwie wurde sie ihrer Kindheit beraubt und hatte das Gefühl, sie müsse auch weiterhin intelligent sein, um sich der Liebe ihrer Eltern zu versichern.

Wir sprachen eingehend über den Fall, der allerdings nicht wirklich schwer war. Jasmin, ihre Eltern und ich (die Psychologin) erkannten bald, was in ihrem Leben vor sich ging, und wir fanden einige Wege, die Situation zu lindern. Ihre Eltern hörten auf, in den höchsten Tönen ihre schulischen Erfolge zu loben (zumindest in ihrer Gegenwart), und fanden mehr anerkennende Worte für die Liebenswürdigkeit und Offenheit, die sich neu bei ihr entwickelten. Sie sagten ihr, wieviel sie ihnen bedeutete, und hatten mehr körperliche Zärtlichkeiten für sie übrig als bisher. Es war nicht ganz einfach am Anfang, denn die Familie war diesbezüglich etwas steif und verkrampft geworden, aber das gab sich bald. Jasmin gab sich die größte Mühe, in der Schule nicht mehr den intellektuellen Snob zu spielen; sie erkannte, daß sie die anderen Kinder bisher immer als dumm angesehen hatte, und konnte nun Freunde in ihnen sehen, was viel angenehmer war.

Jasmin ist inzwischen dreizehn und kommt in die Adoleszenz, ein Kind, das zur jungen Frau heranreift. Die Lehrer bedrängen sie, zur Ehre der Schule gute Leistungen zu zeigen (was sie wahrscheinlich auch tun wird), aber sie ist jetzt emotional viel gefestigter und wird besser mit den Anforderungen fertig, die an einen normalen Teenager gestellt werden. Es war einiges an Anteilnahme, Nachdenken und Mitfühlen und sehr viel Mühe nötig, aber Jasmin wird keine unausgeglichene Frau werden, die nur aus Verstand und nicht auch aus Gefühlen besteht, und das war die Sache wert. Sie ist jetzt glücklich.

Was Sie tun können

1. Vermeiden Sie das Aufkommen von Problemen, indem Sie sicherstellen, daß ein begabtes Kind genug Zeit zum Arbeiten hat und mit dem zufrieden ist, was es leistet. Versuchen Sie nicht, Ihr Kind einzuschränken.
2. Setzen Sie bei einem intelligenten Kind Ihre Vernunft ein, mehr vielleicht als bei anderen Kindern, denn das ist ihre Stärke. Erklären Sie ohne Hintergedanken, was Sie vorhaben, sprechen Sie über Gefühle – über seine und die anderer Menschen –, damit es lernt, sich als Teil einer Arbeitsgemeinschaft zu sehen, der Familie.
3. Wenn Ihr intelligentes Kind von Ihrer Aufmerksamkeit offenbar mehr beansprucht, als Sie geben können, sorgen Sie, wenn möglich, für eine Pause. Sie müssen nicht ununterbrochen im Einsatz sein! Selbst einen Zweijährigen kann man einige Zeit allein lassen, etwa wenn er mit einem Puzzle beschäftigt ist. Das Kind sollte in der Lage sein, zu verstehen, daß Sie sich etwas hinlegen oder sonst etwas tun müssen; Sie sind ja da, tanzen aber nicht nach seiner Pfeife. Eltern begabter Kinder müssen lernen, sich sofort zu entspannen, wenn die Gelegenheit kommt.
4. Machen Sie klar, daß es im Leben noch andere Dinge als gute Noten in der Schule gibt. Geistig rege zu sein kann bedeuten, zum Beispiel andere Menschen zu verstehen oder über Möglichkeiten nachzudenken, anderen zu helfen. Intelligenz ist mehr als die Fähigkeit, gut rechnen zu können.

Kapitel 8
Begabte Kinder erziehen

In diesem Kapitel werden einige der wichtigsten neuen Erkenntnisse über die erzieherischen Bedürfnisse begabter Kinder zusammenfassend dargestellt. Bis in die jüngste Zeit galt die ganze Sorge der Bereitstellung einer guten Erziehung für das durchschnittlich begabte Kind, so daß es als undemokratisch galt, außergewöhnlich intelligenten Kindern etwas anderes anzubieten. Inzwischen nimmt allerdings das Interesse an der Erziehung unserer klügsten, begabtesten und geschicktesten jungen Bürger zu. Die Folge ist, daß aus vielen Quellen in der ganzen Welt immer neue Erkenntnisse über die Art der Erziehung zusammenkommen, die diese Kinder brauchen.

Ihr Zuhause als Lernzentrum

Es sind die Kleinigkeiten des Alltags, die den Unterschied ausmachen können im Glück und Erfolg, ein intelligentes Kind großzuziehen. Es empfiehlt sich, von Anfang an zu versuchen, die Dinge im Haus so zu organisieren, daß es ein bewohnter, aber dem Lernen zuträglicher Platz ist, der Ihnen möglichst viel Zeit für Ihr Kind läßt. Hier einige Gedanken und Vorschläge, die Sie an Ihre eigenen Verhältnisse anpassen können.

In Wohnungen, wo es kleine Kinder gibt, geht es normalerweise ziemlich turbulent zu. Es gibt Farben und Spielzeug, Papierfetzen und viele andere Dinge, die jederzeit griffbereit sein sollten, aber nicht unbedingt die Wohnung schmücken. Tragen Sie es mit Fassung, denn so ist es bei allen, die kein Kindermädchen haben. Höchstwahrscheinlich wird es auch einige Jahre so bleiben. Machen Sie also nicht pausenlos den Versuch, mustergültige Ordnung zu schaffen. Es geht nur allen auf die Nerven und kann den Lernprozeß des Kindes behindern, wenn es beispielsweise kein Blatt Papier zerschneiden kann, ohne ermahnt zu werden. Wenn Sie ein gemütliches Eckchen für sich allein oder ein Gespräch mit Freunden haben wollen – und wer möchte das nicht –, dann richten Sie eine solche Elternecke ein. Das ist in der Regel das Wohnzimmer, in dem zu spielen man den Kindern ganz einfach verbieten kann.

Ein anregendes Zuhause ist fröhlich, farbig und wahrscheinlich auch laut. Es gibt Bilder an den Wänden, Zimmerschmuck und Sachen, mit denen man etwas anfangen kann. Musik ist ebenfalls wichtig; nicht die Berieselung aus dem Hintergrund, die mit Ansagen durchsetzt ist und aus dem stundenlang laufenden Radio kommt, sondern Musik, der man bewußt und begeistert zuhört. Das Gefühl für Rhythmus macht es den Kindern leichter, früh zu sprechen und sich ausgeglichener zu entwickeln.

Wenn Ihr Kind alt genug ist zum Zeichnen, sorgen Sie dafür, daß seine Produktionen an die Wände und andere wichtige Plätze kommen – nicht nur in die Küche. Bringen Sie sie einfach auf einer dikken Pappe an, und zeichnen Sie mit einem dicken Filzstift einen Rahmen, damit sie gut zur Geltung kommen – so wird es auch an vielen Grundschulen gemacht. Sie werden viel Freude und Stolz empfinden, wenn Sie sie betrachten. Benutzen Sie zum Aufkleben Fixogum oder sonst einen Montagekleber, damit Sie die Unterlagen mehrfach verwenden können. Wechseln Sie die Bilder von Zeit zu Zeit aus; das regt Ihr Kind an, etwas Neues zu zeichnen – und es zeigt außerdem, daß Sie seine Bemühungen achten und schätzen. Hat Ihr Kind dieses Stadium jedoch noch nicht erreicht, hängen Sie Poster oder Bilder Ihrer eigenen Wahl auf.

Jedes Kind sollte von Anfang an einen Platz für seine eigenen Bücher haben. Es muß kein aufwendiges Bücherregal sein, das Kind muß lediglich wissen, wo es zu suchen hat, wenn es etwas lesen will. Kaufen Sie von Zeit zu Zeit ein neues Buch, vor allem, wenn Sie der Meinung sind, daß Ihr Sohn oder Ihre Tochter Fortschritte beim Lesen gemacht haben. Jedes Kind in der Familie sollte eigene Bücher haben, die nur ihm gehören, so daß es lernt, selbst auf sie zu achten und sie nach Belieben zu benutzen. Die Bücherecke sollte attraktiv sein, und die Bücher sollten nicht zu dicht stehen, damit die kleinen, noch etwas ungeschickten Finger ohne Schwierigkeiten greifen können.

Aus den gleichen Gründen empfiehlt es sich auch, daß die Kinder eine Ecke für ihr Spielzeug haben. Sie sollte groß genug und zugänglich sein, damit das Kind leicht aufräumen kann und das Durcheinander sich auf ein erträgliches Maß beschränken läßt. Falls das Kind seine Sachen sorgfältig in seinem Schrank aufeinanderstapeln muß, wird es dazu neigen, diesem Aufwand aus dem Weg zu gehen, und die Anweisungen entweder nicht beachten oder die Sachen ohnehin hineinschmeißen und sie dabei eventuell beschädigen.

Beschränken Sie Spiele, die sehr viel Unordnung machen oder

Wasser benötigen, ausdrücklich auf die Küche und das Bad, damit Ihr Kind nach Herzenslust planschen kann und die Eigenschaften des Wassers kennenlernt, ohne Angst haben zu müssen, ausgeschimpft zu werden. Wenn Sie Ihr Kind überallhin lassen, haben Sie alle den Ärger mit den Flecken und dem Wegputzen.

Es ist wichtig, mit welchem Material Kinder lernen, und wichtig ist auch, daß es reichlich vorhanden ist. Sie brauchen viele angespitzte Bleistifte, Filzstifte, Farben und Papier. Tapetenrollen sind für den Anfang sehr praktisch; wenn die Kinder älter werden, können sie auf Zeichenpapier umsteigen, das man stapelweise kaufen kann. Kinder brauchen Scheren und Klebstoff; Klebstoff gibt es inzwischen auch in fester Form, so daß es nicht mehr die Schmiererei zu geben braucht, an die ich mich noch von meinen Kindern erinnere. Seien Sie, was Materialien angeht, großzügig, nicht verschwenderisch. Es gehört zum Lernprozeß der Kinder, den Wert einer Sache anzuerkennen.

Auch Trödel hat seinen Sinn, wie jeder Grundschullehrer weiß. Eierschachteln, Toilettenpapierrollen, Marmeladengläser usw. sind das Arbeitsmaterial für das lernende Kind. Sie sind der Grundstock für tausend phantasievolle Vorlagen. Geben Sie Bohnen, Samen, Muscheln, Tannenzapfen, Einschlagpapier, Stoff und ähnliches dazu – das Angebot ist praktisch unbegrenzt und kann von den Eltern beliebig ergänzt werden. Halten Sie für Ihr Kind einen speziellen Kittel bereit, in dem es werkeln kann, und achten Sie darauf, daß der Kittel für das Planschen wasserdicht ist.

Kinder müssen aufräumen. Seien Sie unerbittlich, ermahnen Sie die Kinder, und lassen Sie ihnen viel Zeit, aber Sie müssen die Zügel in der Hand behalten. Selbst ein Zweijähriger kann das schon recht gut, wenn Mama und Papa etwas helfen. Halten Sie die Kinder an, sich gegenseitig zu helfen, so daß es egal ist, wer für welche Unordnung verantwortlich war, denn sonst hätten Sie viel damit zu tun, sich mit den Kindern auseinanderzusetzen. Falls ein echter Widerwille vorhanden ist, vergeben Sie zunächst nur einfache Arbeiten, etwa: »Fabian, leg bitte die Bleistifte in diese Schachtel, damit ich sie in den Schrank packen kann.« Nörgeln Sie nicht; seien Sie präzis, und geizen Sie nicht mit Lob, wo das angebracht ist.

Spielen

Die Art, wie Kinder sich dem Lernen hingeben, hat etwas, das Eltern den Eindruck vermitteln könnte, das Spielen sei für sie eine Zeitverschwendung. Mit ihrer wissenden Art und dem wachen Verstand können begabte Kinder wie kleine Erwachsene wirken, so daß das Spielen kein besonderer Bestandteil ihres Lebens zu sein scheint und die Eltern eventuell zu der Auffassung kommen, ihr Kind brauche das Spiel überhaupt nicht. Aber das Spielen als etwas Nutzloses anzusehen und ein Kind nur zu Arbeiten anzuhalten, die denen in der Schule ähneln wie etwa das Lesen, würde dem Kind etwas vom Reichtum seines Kinderlebens nehmen. Es kann als ein Gesetz der kindlichen Entwicklung gelten, daß selbst ein sehr durchgeistigtes und reifes Kind das Spielen braucht.

Der Wert des Spielens liegt nicht nur in der Freude und der Entspannung, die es dem Kind gibt, sondern auch im Lernen, das es fördert. Dieses Lernen ist sowohl emotionaler wie geistiger Art. Emotional kann selbst ein Kleinkind Aspekte seines Lebens ausspielen, die es noch gar nicht richtig versteht, so daß es vertrauter mit dem wird, was vor sich geht, und es als leichter zu bewältigen empfindet. Geistig gesehen läßt das Spielen ein Kind neue Erkenntnisse aufnehmen und sie so aufbereiten, daß sie zu dem passen, was es bereits kennt. Durch das Spiel kann ein Kind sein Denken und die Entfaltung seiner Kreativität üben und verbessern. Das Spiel mit anderen Kindern ist ein äußerst brauchbarer Weg, soziale und kommunikative Fähigkeiten zu erlernen, vor allem für Kinder, die dazu neigen, sich abzusondern.

Kinder lieben das tägliche Spielen, das sie selbst sich erdacht haben. Aber ebensogut können die Eltern Anregungen zum Spielen geben. Spielgruppen und Kindergärten bieten ihren Schützlingen gezieltes Spielen mit Sand und Wasser sowie den Umgang der Kinder miteinander. Hier einige Anregungen für die Eltern daheim, den Verstand ein wenig zu schulen:

- Ihr dreijähriges Kind soll sich vorstellen, es wäre ein Roboter. Dann soll es sich ausdenken, wie sich das auf die Welt auswirken würde, wenn das tatsächlich wahr wäre. Lassen Sie Ihr Kind darüber nachdenken, wie Roboter die Art verändern würden, in der wir heute leben, und wie sie uns bei unserer täglichen Arbeit helfen könnten. Sie können diesen Gedanken im Laufe der Jahre ausweiten und die verschiedensten technischen Erfindungen miteinbeziehen.
- Wenn ihr Kleiner das nächste Mal mit seinen Klötzen einen hohen, schwankenden Turm baut, sprechen Sie mit ihm darüber. Prüfen Sie, ob er sich vorstellen kann, was passieren würde, wenn er einen größeren Klotz obenauf setzen würde oder einen

kleineren. Lassen Sie ihn dann seine Vermutungen ausprobieren – zuerst mit dem kleineren Klotz. Vielleicht können Sie ihm durch einige gezielte Fragen und Anregungen den Gedanken nahebringen, daß einige Klötze als Stütze für den Turm verwendet werden könnten (Strebewerk). Diese Art zu spielen erleichtert das Lernen problemorientierter Fähigkeiten.

— Es kann einem vierjährigen Kind sehr viel Spaß machen, sich selbst Spiele auszudenken, mehr noch, als immer die Regeln derjenigen zu befolgen, die es bereits kennt. Regen Sie an, daß es sich ein Spiel mit seinen eigenen Regeln schafft und dabei auf etwas zurückgreift, woran es interessiert ist – etwa einige seiner liebsten Spieltiere. Probieren Sie dann das Spiel mit den anderen Kindern aus, mit denen es spielt.

Das Lernen in der Schule

Der Schlüssel zur Vermittlung einer angemessenen Erziehung für begabte Kinder in den Schulen liegt in flexibleren Unterrichtsmethoden. Sie werden in etwa der Hälfte unserer Grundschulen angewandt, schlagen aber kaum bis in die höheren Schulen durch. So wird beispielsweise heute an den Grundschulen häufig im Team unterrichtet. Jeder Lehrer ist Mitglied eines Teams, das sich um mehrere Klassen kümmert. Die Teammitglieder haben ihre besonderen Fähigkeiten, die dann allen Kindern der Gruppe zugute kommen. Den Schülern wird so ein sehr viel breiterer Zugang zum Lernen geboten, als sie mit nur einem Lehrer gehabt hätten; auch die Vielfalt ist größer, das Gegengift gegen die Schufterei.

Kindergärten bedienen sich häufig des Dorfschulsystems, das die Einteilung der Kinder nach dem Alter nicht kennt. So sind Fünf-, Sechs- und Siebenjährige in einer Klasse, so wie es in der Dorfschule wäre. Die Älteren können sich um die Jüngeren kümmern, ihnen bei den Aufgaben zur Hand gehen und ihnen helfen, die Schuhe zuzumachen und den Mantel zuzuknöpfen. Den Älteren vermittelt dies das Gefühl, Verantwortung zu haben, und den Jüngeren und Neuankömmlingen nimmt es die Angst vor der Schule. Es baut außerdem den Kampf um die Stellung innerhalb der Klasse ab und erlaubt den Kindern, in dem ihnen angemessenen Tempo zu arbeiten – schnell oder langsam.

Mein Vorschlag lautet, die Sache so wie beim Fußballspielen anzugehen. So wie sich am Samstagmorgen oder nach der Schule oft die talentiertesten Fußballspieler der Schule treffen und unter Aufsicht des Sportlehrers üben, so sollte auch für begabte Kinder ein Angebot bestehen, geistig üben zu können. Man könnte sie mit Bussen irgendwohin bringen, wo sie vielleicht mit Kindern anderer Schulen zu einer größeren Gruppe zusammenkommen. Die Räumlichkeiten sind in allen Schulen vorhanden, und es würde nicht viel kosten, sie länger offenzulassen. Diese Zusammenkünfte sollten jedem offenstehen; diejenigen, die kein echtes Interesse haben, würden ohnehin bald aussteigen.

Diese und andere Anregungen können die verkrustete, rein formale Struktur des Unterrichtens aufbrechen, durch die jedes Kind infolge des Alters oder der Klassenzugehörigkeit unabhängig von seinen Fähigkeiten und der Reife auf immer die gleichen Stunden, den gleichen Zeitplan und die gleichen Hausaufgaben festgelegt wird. Wenn man das Problem einmal durchdenkt, ist schon ein großer Schritt getan auf dem Weg, begabten Kindern die vielseitigen Anregungen und regelmäßigen Herausforderungen zu geben, die sie in der Schule brauchen. Im übrigen sind das Anregungen, mit denen man die Erziehung aller Kinder verbessern kann.

Aber in den meist konventionellen, altersorientierten Systemen unserer Schulen müssen Eltern und Lehrer sich an diese Struktur halten. Eine Möglichkeit, die sich einem hochbegabten Kind in dieser Situation anbietet, ist die, eine Klasse zu überspringen. Sowohl für das Kind wie auch die Schule geschieht dies wohl am besten in den ersten Jahren der Erziehung. In einer sehr unkonventionellen Schule (in der der für den Stundenplan zuständige Lehrer ein Zauberer ist) kann ein Kind eventuell in nur ein oder zwei Fächern eine Klasse überspringen. Das kommt wohl eher an höheren Schulen vor, wo die Fächer getrennt und von verschiedenen Lehrern unterrichtet werden und ihre festen Zeiten haben. Die intelligenten Schüler höherer Klassen können vielleicht in den Gebieten, in denen sie besonders gut sind, die eine oder andere Vorlesung an der Universität besuchen.

Wenn ein Kind vorübergehend oder für längere Zeit in eine höhere Klasse kommt, in der die Mitschüler ein oder zwei Jahre älter sind, sollten die Eltern ganz besonders auf folgende drei Punkte achten:

— Ist das Kind wirklich körperlich in der Lage, an Spielen mit älteren Schülern und anderen Betätigungen teilzunehmen? Wenn nicht, hält es sich vielleicht für einen »Schwächling«, einen körperlichen und womöglich auch geistigen Versager. Die Lehrer

vergessen vielleicht schon bald sein wirkliches Alter und verstärken eventuell dieses Gefühl der Unsicherheit, das das Kind hat, noch dadurch, daß sie vom »kleinen« Jungen oder Mädchen reden.
— Hat das Kind die geistigen Fähigkeiten, beim Spielen mit älteren Kindern Schritt zu halten? Wenn es immer das jüngste in der Gruppe ist und sich auch so verhält, werden die anderen es wahrscheinlich von ihren Spielen ausschließen, was seinem Seelenfrieden schaden kann.
— Ist das Kind sozial reif genug, um das Zusammensein mit älteren Kindern in der Schule zu verkraften? Es ist doch ziemlich anstrengend, sich einen ganzen Schultag älter zu benehmen, als man tatsächlich ist, und das fünf- oder sechsmal in der Woche. Ist es richtig, Ihrem Kind diese Bürde ein ganzes Schulleben lang aufzuladen?

Im allgemeinen ist es selbst für hochbegabte Kinder nicht unbedingt das beste, eine Klasse zu überspringen. Es hat oft sehr viel mehr Sinn, ihnen irgendeine zusätzliche Arbeit zu verschaffen, was in der Schule, aber auch außerhalb erfolgen kann.

Erziehung an einer Privatschule

In Großbritannien schicken etwa sechs von einhundert Eltern ihre Kinder auf eine Privatschule. Warum geben sie dafür Geld aus? Als man im Rahmen einer Untersuchung englische Eltern fragte,[1] warum sie sich für eine Privatschule entschieden hätten, gaben sie an, vor allem zwei Erwartungen an diesen Schultyp zu haben:
— Sie erhofften sich für ihre Kinder eine bessere Chance für einen erfolgreichen Schulabschluß.
— Die Kinder sollten angeleitet werden, die gleichen Empfindungen und die gleiche Einstellung zum Leben anzunehmen wie die Eltern. Die Eltern glaubten mit anderen Worten, ihre Kinder würden sich eher so verhalten, wie sie es wünschten.

Eltern, die es sich finanziell leisten können, aber unentschlossen sind, ob sie ihr Kind auf eine staatliche oder eine Privatschule schikken sollen, sollten sich Klarheit darüber verschaffen, was sie einzukaufen glauben. Vielleicht tendieren sie deshalb zur Privatschule, weil sie meinen, daß dort die Klassen kleiner sind und ihr Kind daher mehr persönliche Ansprache erfährt. Im großen und ganzen mag das zutreffen, doch gibt es da Unterschiede zwischen den einzelnen Schulen; große Privatschulen, insbesondere die höheren Schulen, haben die gleichen Klassengrößen (etwa dreißig) wie Staatsschulen auch, aber an beiden Schulen gibt es für einige Fächer unter Umständen kleinere Gruppen. Die Eltern sollten sich genau erkundigen, wie die einzelnen Unterrichtsgruppen aussehen. Die Alternative könnte sein, in das Einzugsgebiet der Staatsschule umzuziehen, der man den Vorzug gibt – vorausgesetzt, das ist überhaupt möglich.

Die Lehrer an Privatschulen stehen oft in dem Ruf, besser qualifiziert zu sein, doch alle Lehrer legen ein staatliches Examen ab, so daß die Unterschiede in der beruflichen Qualifikation nicht allzu groß sein dürften. Allerdings bewerben sich Lehrer üblicherweise um eine Anstellung in den Schulen, die ihnen am meisten zusagen. Die Lehrer, die also bei einer Privatschule landen, finden wahrscheinlich eher die Zustimmung der Kunden der Schule – der Eltern. Bei meinen Untersuchungen befragte ich Lehrer nach ihren pädagogischen Zielen und entdeckte bei der Auswertung des Materials, daß es keinen echten Unterschied zwischen den Privatschul- und Staatsschullehrern gab. Grundsätzlich sind sie nicht glücklich darüber, Kompromisse bei ihrer erzieherischen Überzeugung eingehen zu müssen, gleichgültig, welche Überzeugung das ist und wer ihr Gehalt bezahlt.

In unserem äußerst vielseitigen Erziehungssystem muß jede Schule nach ihren eigenen Vorzügen beurteilt werden. Den Eltern schweben alle möglichen Dinge für ihre Kinder vor, und nur sie wissen, welche das sind. Wenn man sich eine Schule ansieht, ist es daher wichtig, nicht alles als selbstverständlich zu betrachten. Das Unterrichtsniveau, die Atmosphäre, die Klassengröße, die individuelle Betreuung, körperliche Strafen, der Stellenwert des Sports und anderes mehr können das jetzige und zukünftige Leben Ihres Kindes beeinflussen, ob es nun eine Privat- oder Staatsschule ist.

Der Gedanke hinter der alten Aufnahmeprüfung für das Gymnasium war der, begabte Kinder für eine besondere Ausbildung an einer höheren Schule auszuwählen, wo sie nicht von den Bedürfnissen weniger begabter Schüler behindert wurden, die man auf eine Realschule oder ein Technikum schickte. Einer der Hauptgründe, warum sie abgeschafft wurde, war der, daß man die Auswahl der Kinder für unzulässig und auch ungerecht hielt. Aber es gab noch andere Probleme im Zusammenhang mit der Aufnahmeprüfung, die sich ebenso auf die Kinder anderer Schulen bezogen, die sich ihre Schüler mit einer Prüfung aussuchten. Kinder, denen man erzählt, daß sie besser oder schlechter als andere seien, beginnen zum Beispiel bald, sich so zu sehen. So fühlen sich Kinder, die die Aufnahmeprüfung zu irgendeiner weiterführenden Schule bestehen, häufig überlegen, während die anderen sich als Versager betrachten. Man könnte sagen, so ist es nun mal im Leben, doch für die Kinder ergeben sich viele Schwierigkeiten, die sie vor diesen Aufnahmeprüfungen nicht gekannt haben.

Auswahlschulen bieten manchmal eine sehr begrenzte, einseitige Form der Ausbildung, deren Hauptziel es ist, möglichst viele Schüler durch die öffentlichen Prüfungen zu bekommen. Den Schülern wird beigebracht, in Abteilungen zu denken, was die Kreativität hemmt. Auf den Kindern lastet ein stärkerer Druck, bei Prüfungen erfolgreich zu sein, was einige überfordern kann und ihnen emotionale Probleme beschert.

Andererseits können begabte Kinder sehr glücklich auf Auswahlschulen sein. Sie sitzen Seite an Seite mit Kindern, die ebenso intelligent sind wie sie und ebenso bestrebt, gute Leistungen zu bringen. Sie leiden wahrscheinlich kaum unter Langeweile, weil der Unterricht sich an ihrem Können ausrichtet und die Eltern im allgemeinen starken Anteil an dem nehmen, was die Kinder in der Schule machen. Wie vielleicht zu erwarten ist, sind die Prüfungsnoten an den Auswahlschulen tatsächlich besser als an Schulen ohne Aufnahmeprüfung – schließlich werden die Schüler aufgrund ihrer Intelligenz ausgewählt –, wenngleich die Unterrichtsmethoden in der Regel ziemlich konventionell sind.

Viele menschliche Fähigkeiten entwickeln sich jedoch außerhalb des Klassenzimmers besser als im Klassenzimmer. Begabte Kinder, profitieren manchmal davon, wenn sie mit Künstlern, Schauspielern, in der Landwirtschaft oder der Industrie tätigen Wissenschaftlern, Professoren, Handwerkern und sonstigen Spezialisten, die nicht notwendigerweise Erzieher sind, zusammenkommen und -arbeiten. Als Eltern könnten Sie anregen, daß über die Schule Vereinbarungen mit der Universität am Ort für die Schüler getroffen werden, die unabhängig von ihrem Alter davon profitieren könnten, die eine oder andere Übung oder Vorlesung zu besuchen oder mit dem einen oder anderen Dozenten zu diskutieren.

Es fehlt nicht an Ideen und auch nicht an Geld. Das erzieherische Angebot für begabte Kinder kann mit den Mitteln, die uns bereits jetzt zur Verfügung stehen, ganz erheblich verbessert werden. Was wir brauchen, ist Mut zum Blick nach vorn, echte Anteilnahme, die Bereitschaft, von der Routine wegzukommen, gedankliches Neuland zu betreten. Intelligente Kinder brauchen die Kraft der Erwachsenen, brauchen ihre Hilfe jetzt, denn eines Tages werden wir von ihrer Kraft profitieren.

Was Kinder von der Schule erwarten

In meiner Untersuchung (die ich zu Beginn von Kapitel 7 erwähnt habe) habe ich über zweihundert intelligente Kinder zwischen fünf und fünfzehn Jahren befragt, was sie sich von ihrer Erziehung erhoffen. Die meisten hatten klare Vorstellungen. Grundsätzlich wünschten sie sich ein anderes Vorgehen, und zwar was den Stil der Erziehung anging, weniger den Inhalt. Sie wollten im Unterricht nicht extra gesetzt und nicht als etwas anderes als ihre Mitschüler hingestellt werden. Sie regten vielmehr einige Änderungen an, die für intelligente Kinder von Wert sein könnten. Hier ihre Antworten.

Welche Art von Unterricht möchtest du haben?

Bevorzugt wurden lange Stunden, da die intelligenten Kinder das Gefühl hatten, dann wirklich Zeit zu haben, das verarbeiten zu können, was sie machten. Informationshäppchen, die man ihnen vorsetzte, lehnten sie ab. Sie wollten das Lernmuster erkennen können, das sie benutzten. So erklärte z. B. ein zwölfjähriger Schüler, an den Grundzügen der Wärmeerzeugung interessiert zu sein, er habe aber viel Zeit auf das Erlernen der Fakten verwenden müssen. Er war der Meinung, man hätte beides zusammen durchnehmen sollen.

Die begabten Kinder wollten an der Gestaltung ihrer Unterrichtsstunden teilnehmen können. Die Lehrer erklären den Schülern nicht immer den Lehrplan, aber die begabten Kinder wollten wissen, welches Ziel sie ansteuern und wie sie ihre Zeit einteilen sollten, um dorthin zu gelangen. Hin und wieder wollten sie auch selbst den Weg festlegen. Ein dreizehnjähriges Mädchen erklärte, der Lehrer verteile in der Klasse häufig Listen, die für Geschichte auswendig zu lernen waren, was sie äußerst unbefriedigend fand; sie hätte sehr viel mehr vom Unterricht gehabt, wenn die Probleme der Epoche, mit der sie sich beschäftigte, breiter behandelt worden wären – wenn man sich etwa um das Verständnis dieser Epoche bemüht und dann die Einzelheiten eingesetzt hätte.

Was, meinst du, sollte die Erziehung dir bringen?

Begabte Kinder sehen in der Erziehung etwas, das ihnen helfen soll, zu einem ausgeglichenen und tüchtigen Menschen zu werden. Sie wollten, daß man ihre Wertvorstellungen und Interessen in der Schule achtet, und hatten offenbar eine Abneigung gegen, wie sie sich ausdrückten, eine Überbetonung ihrer geistigen Fähigkeiten, die sich in der Zustimmung und dem Lob zeigte, die sie erhielten, wenn sie eine Prüfung mit hervorragenden Noten bestanden hatten. Ein Ausdruck, den die Kinder oft gebrauchten, war »gesund« – sie wünschten sich eine »gesunde« Erziehung.

Bist du jemals gelangweilt?

Jedes Kind empfindet in der Schule gelegentlich Langeweile, doch bei den intelligenten Kindern war sie oft auf deren besondere Lernweise zurückzuführen, der sich die Lehrer nicht immer bewußt waren. So bedeutet zum Beispiel Lernen für die meisten Kinder das Vorgehen vom Einfachen zum Schwierigen, von der Einzahl zur Mehrzahl, und das in der »richtigen« Reihenfolge – das heißt richtig im Sinne der Schule. Begabte Kinder überspringen aber manchmal Teile des Prozesses; während der Lehrer noch erklärt, wie man auf die altehrwürdige Art ungekürzt teilt, haben die intelligenten Schüler das Problem längst gelöst. Das ist der Punkt, an dem sie von Langeweile oder Ungeduld befallen werden. Hier können flexible Unterrichtsmethoden Abhilfe schaffen, so daß nicht ein paar Kinder still und artig warten müssen, bis auch alle anderen es verstanden haben; wenn Kinder in ihrem eigenen Tempo arbeiten, wird keine Zeit durch Warten vergeudet. Die begabten Kinder erklärten oft, daß es ihnen nicht langweilig würde, wenn sie – unter Anleitung – ihren eigenen Stil in größerem Umfang erkunden könnten. Ein fünfzehnjähriger Schüler sagte, daß er sich in der Schule zu stark überwacht fühle. Es reizte ihn, mehr in den Fächern zu unternehmen, die ihn interessierten, doch er hatte nur das zu lernen, was ihm die Lehrer vorgaben.

Einige Kinder gaben an, sie seien gelangweilt, weil es viel zu leicht sei. Sie sehnten sich nach echtem Wettbewerb mit anderen Kindern, die ihnen ebenbürtig waren und sie vielleicht sogar zu einem Fehlschlag herausforderten. Einige intelligente Mädchen trafen sich regelmäßig nach der Schule und sprachen über Themen, die nach Meinung der Lehrer für die Klasse nicht geeignet waren.

Welche Art Lehrer magst du?

Vor allem wollten die Kinder, daß die Lehrer lehren – sogar die Fünfjährigen schon. Liebenswerte, mitfühlende Lehrer waren nette

Kumpel, aber diese Kinder verlangte es nach Wissen, das über das hinausging, und wo sollte man es sich holen, wenn nicht vom Lehrer? Die gesuchtesten Lehrer waren dennoch nicht die intelligentesten, sondern die aufgeschlossensten. Je aufgeweckter das Kind war, desto seltener ließ es sich von der Persönlichkeit oder dem Unterrichtsstil des Lehrers beeinflussen und desto selbständiger lernte es. Die Kombination flexible Schule und aufgeschlossener Lehrer ist in den Augen intelligenter Kinder das Höchste.

Wie sollten Schulen geleitet werden?
Zu dieser Frage steuerten die Kinder einige geniale Gedanken bei. Einige hielten sich mit Äußerlichkeiten wie festlichen Schulessen auf, doch andere nahmen die Verwaltungsfragen ernst. So schlugen einige Schüler vor, mehrere Lehrer an die Spitze der Schule zu berufen und auch die Schüler auf allen Ebenen zum Besten der Schule zu beteiligen; die Einsetzung nur eines Schulleiters hielten sie für undemokratisch. Je klüger das Kind im allgemeinen war, desto unabhängiger schien es vom »System« zu sein. Sie nahmen es in Kauf (egal, wie es war), solange sie mußten, aber wenn es in ihrer Macht stand, nahmen sie sich wirklich vor, die Dinge zu ändern.

Interessieren Sie sich für die Schule!
Es ist für die Eltern begabter Kinder sehr wichtig, solange sie in die Schule gehen, vom ersten Tag an eine wirklich enge Beziehung zu ihren Kindern zu haben. Die Eltern müssen aktiv mit den Kindern und Lehrern zusammenarbeiten, wenn die Ergebnisse gut sein sollen, und über die Erziehung intelligenter Kinder befragt man am besten das Kind selbst, unabhängig davon, wie alt es ist.

Versuchen Sie sich einmal an folgenden Anregungen als Gesprächsthemen über die Schule. Es sind Fragen, die nicht gerade am Kaffeetisch aufkommen werden, die aber vielleicht das Schulleben Ihres Kindes erleichtern, wenn man sich ihrer direkt annimmt.
— Wird überhaupt etwas für die Interessen des Kindes getan?
— Hat es irgendwelche besonderen Probleme?
— Wie werden diese Probleme angegangen?
— Welche wirklich zufriedenstellenden Erfahrungen macht das Kind in der Schule?
— Welche Art des Lernens bevorzugt es?
— Welche Fortschritte macht das Kind in der Schule in verschiedenen Fächern?

– Was könnten Sie den Lehrern oder anderen Eltern empfehlen, oder worüber könnten Sie mit ihnen sprechen?

Was Sie tun können

1. Sprechen Sie mit dem Lehrer darüber, wie sich Ihr Kind in der Schule so macht.
2. Erkundigen Sie sich nach der Möglichkeit, ob es für Kinder wie Ihres neben dem grundlegenden Tagesunterricht noch etwas anderes gibt.
3. Sprechen Sie über Möglichkeiten, wie die Interessen Ihres Kindes in der Schule gefördert werden können, so daß es sich vielleicht bis zu einem gewissen Grad spezialisieren kann.
4. Sprechen Sie über Wege, wie man den Horizont Ihres Kindes erweitern kann, damit es zu neuen Interessen findet.
5. Prüfen Sie, wo Ihr Kind diese neuen Möglichkeiten des Lernens mit anderen Klassenkameraden erleben kann.
6. Drängen Sie den Lehrer nicht, sich ganz besonders den speziellen Interessen Ihres Kindes zu widmen, wenn er vielleicht das Gefühl hat, daß beispielsweise das Schreiben besonders wichtig ist. Das Kind braucht schließlich auch gute Grundlagenkenntnisse.
7. Erwarten Sie nicht, daß Ihr Kind in allen Fragen seiner Erziehung ebenso begeistert ist wie Sie.

Eine gute Zusammenarbeit zwischen der Schule und dem Elternhaus ist zwar der Normalfall, doch es gibt Ausnahmen, wenn Eltern und Lehrer offenbar nicht die gleiche Wellenlänge haben. In meiner Untersuchung, die einundsechzig Grund- und höhere Schulen im Norden Englands umfaßte, hätte das Verhältnis zwischen dem Direktor und den Eltern gelegentlich durchaus besser sein können. An fast einem Drittel der Schulen gab es zum Beispiel überhaupt keine offiziellen Gespräche zwischen Eltern und Lehrern. Der Kontakt zum Klassenlehrer mußte an diesen Schulen häufig über das Schulsekretariat hergestellt werden und bedurfte der Zustimmung des Direktors. Das ist ein ziemlich umständliches Verfahren, wenn man mit dem Lehrer lediglich über etwas sprechen möchte, das einen gerade beschäftigt, oder wenn man die Methoden des Lehrers besser kennenlernen möchte. Die Hälfte der Direktoren war der Ansicht, die Eltern sollten überhaupt kein Mitspracherecht in Sachen Schulleitung haben, und etwa ein Drittel hätte zusätzliche schulische Unterstützung für besonders begabte Kinder abgelehnt – wenn sie überhaupt angeboten worden wäre.

Zusätzliche Erziehung außerhalb der Schule

Wenn Eltern spezielle erzieherische Anliegen haben und der Schulleiter ist entweder zu überlastet mit Arbeit oder daran nicht interessiert, müssen die Eltern außerhalb der Schule etwas unternehmen. Wer meint, sein Kind sei besonders begabt und brauche zusätzliche erzieherische Hilfe, entschließt sich vielleicht, sich mit anderen zusammenzutun, um den Kindern zu geben, was möglich ist. Man kann selbst eine Elterngruppe bilden, die die Erziehung der Kinder erweitert und vertieft. In einigen Ländern gibt es auch staatliche oder halbstaatliche Organisationen.

Eine Elterngruppe bilden

Wenn Sie eine Elterngruppe bilden möchten, hier einige Anregungen, wie Sie vorgehen können:

— Die Eltern, die das Projekt in Angriff nehmen, sollten diejenigen sein, die die Zeit und die Kraft haben, auch bis zum Ende dabeizubleiben.
— Bilden Sie einen Ausschuß aus betroffenen Eltern, Lehrern und anderen Personen der Gemeinde. Wählen Sie jemanden für eine begrenzte Zeit zum Vorsitzenden, damit die Sache in Fluß bleibt, und erarbeiten Sie einen Aktionsplan. Beginnen Sie dann mit einer Zusammenkunft im Haus eines der Beteiligten, um die Gruppe noch besser zu organisieren. Jemand sollte über ein bestimmtes Thema sprechen, dem sich eine Diskussion anschließt. Halten Sie Anregungen, die auf den Treffen gemacht werden, schriftlich fest.
— Kontakt sollte oberstes Gebot sein. Informieren Sie die Schule, und beziehen Sie sie ein, sooft Sie können in dieser Gründungsphase. Bitten Sie um Hilfe, etwa darum, Kontakt zu anderen Eltern herzustellen, die vielleicht ebenfalls interessiert sind. Die Schule wird höchstwahrscheinlich auf Ihrer Seite sein, denn schließlich sind Sie um das erzieherische Wohl der Kinder bemüht. Bitten Sie Eltern, die interessiert sind, sich in eine Liste einzutragen und andere Eltern anzusprechen.
— Verteilen Sie die anfallenden Arbeiten auf einzelne Gruppen. So sollte jemand verantwortlich für die Finanzen sein, für das Programm, für Gemeindeeinrichtungen, für die Zusammenarbeit oder besondere Bedürfnisse. Wenn jemand juristisch bewandert ist, kann das sehr nützlich sein. Rechnen Sie aus, wieviel Sie brauchen, um die Ausgaben zu decken, damit Sie einen

Mitgliedsbeitrag erheben können. Vielleicht hilft die Schule hier aus. Sorgen Sie für eine Anlaufstelle, deren Anschrift sich nicht verändert, damit Neuankömmlinge sie ohne Schwierigkeiten finden.

Und das könnte eine solche Gruppe unternehmen:

— Elterntreffen über Erziehungsfragen, bei denen man entweder einem Fachmann zuhört oder Erziehungsprojekte gemeinsam mit den Kindern erarbeitet.
— Setzen Sie einen Rundbrief auf, an dem sich die Kinder beteiligen, der für die Verbreitung interessierender Vorstellungen sorgt.
— Halten Sie fest, wo sich kommunale Hilfseinrichtungen befinden, also zum Beispiel Büchereien.
— Organisieren Sie Ausflüge für Eltern und Kinder, vornehmlich mit jemandem, der über das Thema der Fahrt etwas sagen kann.
— Sprechen Sie miteinander, und beraten Sie sich; diskutieren Sie zusammen über Probleme.

Was Sie tun können

Im folgenden einige der wichtigsten Gedanken dieses Buches, die Ihnen vielleicht gute Dienste als Prüfliste für die Situation in Ihrer Familie leisten.

1. Ein Kind ist immer ein Kind. Wenn Ihre fünfjährige Tochter einen großen Schritt nach vorn getan hat, dann seien Sie stolz darauf. Aber denken Sie daran, daß sie erst über fünf Jahre Lebenserfahrung verfügt und daher noch Trost braucht, wenn sie sich in den Finger geschnitten hat oder den Reißverschluß nicht allein zubekommt.
2. Bleiben Sie gelassen, und freuen Sie sich über Ihren intelligenten Sohn. Seine Kraft und Ausdauer werden Sie vielleicht manches Mal schaffen. Aber achten Sie auf seine Begeisterung fürs Lernen – sie wiegt Ihre Müdigkeit mehr als auf.
3. Seien Sie ihrem Kind nah. Hören Sie ihm zu, und sprechen Sie mit ihm – die Kommunikation zwischen Eltern und Kind ist vom ersten Tag an lebenswichtig. Es ist daher nie zu früh für den Anfang. Schieben Sie es nicht auf, bis Sie Zeit haben; nur das Jetzt zählt, und das wartet nicht. Lassen Sie ruhig auch einmal das Telefon klingeln. Es ist wahrscheinlich nicht so wichtig wie das, was Ihr Kind Ihnen zu sagen hat.
4. Prahlen Sie nicht mit Ihrem intelligenten Kind, etwa im Vergleich

mit anderen Kindern, die Sie kennen, vor allem nicht, wenn Ihr Kind dabei ist. Dadurch kommt das Kind in die Lage, dem entsprechen zu müssen, was Sie über es gesagt haben, oder Sie zu enttäuschen. Es ist auch ungerecht den anderen Kindern gegenüber; jedes Kind ist ein Individuum, und ein wenig schmeichelhafter Vergleich ist für alle Betroffenen peinlich. Ein gesunder Stolz ist etwas ganz anderes.

5. Versuchen Sie, das Leben Ihres Kindes weitestgehend interessant und aktiv zu gestalten. Unternehmen Sie möglichst viel mit der ganzen Familie; bringen Sie Ihr Kind mit interessanten Leuten zusammen, die in Ihr Haus kommen; gehen Sie gemeinsam in Konzerte und spazieren. Bringen Sie Abwechslung in Ihr häusliches Zeitschriften- und Büchersortiment, und sprechen Sie über das, was darin steht. Kochen Sie zum Beispiel etwas zusammen aus einem Kochbuch.
6. Ermuntern Sie Ihr Kind, sich zu erfüllen, woran es interessiert ist. Für die Eltern mag es zuweilen ermüdend sein, sich immer wieder über das gleiche Thema unterhalten zu müssen – vielleicht über vorgeschichtliche Monster –, aber arbeiten Sie trotzdem mit ihm zusammen. Finden Sie gemeinsam ein System, Büchereien zu durchforschen; machen Sie sich Notizen, und ordnen Sie Ihre Entdeckungen, damit das zusätzlich Gelernte auch Spaß machen kann. Wenn die Begeisterung Ihres Kindes für Dinosaurier dann erloschen ist, ist es inzwischen so erfahren, daß es sich gleich auf die nächste Aufgabe stürzen kann – vielleicht sammelt es dann Muscheln.
7. Lassen Sie Kinder einfach gewähren, wenn sie das wollen. Drängen Sie ihnen nicht den ganzen Tag etwas zur Zerstreuung auf. Auch Kinder brauchen Zeit, um ihre Gedanken und Gefühle zu ordnen, nichts zu tun oder »Zeit zu verplempern«, wie die Erwachsenen. Um der Ausgeglichenheit und des Seelenfriedens willen braucht jeder Zeit, alle viere von sich zu strecken. Lassen Sie Ihr Kind in den Tag hineinträumen, wenn es das mag, auf dem ungemachten Bett liegen und an die Decke starren. Intelligente Kinder sollten auch spielen; genau wie andere Kinder brauchen auch sie ihren Anteil Spaß.
8. Versuchen Sie, Ihrem Kind zu seinen eigenen Interessen zu verhelfen und nicht *Ihre* Steckenpferde zu reiten oder ihm das aufzuzwingen, was Ihnen für dieses Alter und Geschlecht richtig erscheint. Intelligente Kinder sind oft in vielen Dingen gut, und es

ist nicht leicht zu bestimmen, was sie genau machen wollen. Helfen Sie ihnen daher, sich auf verschiedenen Gebieten umzutun, etwa in Chemie, Tischlerei, Töpfern oder dem Organisieren von Angelegenheiten. Ein intelligentes Kind weiß wahrscheinlich, in welche Richtung es tendiert; Ihre Aufgabe ist es, ihm zu helfen, trotz aller Schwierigkeiten dorthin zu gelangen. Es wird die besten Leistungen erbringen und am glücklichsten sein, wenn es das tun kann, was es wirklich tun möchte.

9. Loben Sie Ihr Kind, wenn es etwas gut gemacht hat, loben Sie es aber auch für einen Versuch, etwas gut zu machen. Für ein begabtes Kind sieht vieles manchmal so einfach aus, daß die Eltern ganz vergessen, es zu loben. Aber das Kind braucht Ihre Anerkennung ebenso wie andere Kinder auch. Verbinden Sie Ihr Lob gelegentlich mit einigen Anregungen; Kinder mögen das. Wißbegierige Kinder brauchen das geistige Risiko, sie brauchen aber auch die Sicherheit, zu wissen, daß sie jederzeit mit Ihrer Hilfe rechnen können.
10. Intelligenz ist für ein Kind kein Grund, sich schlecht zu benehmen – ganz und gar nicht. Intelligente Kinder erfassen die zu Hause geltenden Regeln schneller und wissen auch besser, wie sie sich draußen zu verhalten haben. Suchen Sie nicht nach Entschuldigungen für ein asoziales Verhalten, und sagen Sie nicht, wenn Ihr Kind beispielsweise im Supermarkt nach Schokolade schreit: »Sie ist doch so intelligent, es ist schwer für sie, mit dem Leben fertig zu werden.« Es ist für sie nicht schwieriger als für andere Kinder.
11. Seien Sie zur Stelle, wenn Ihr Kind Sie braucht – auch das intelligenteste und selbständigste Kind braucht manchmal eine helfende Hand –, aber halten Sie sich gelegentlich zurück, und überlassen Sie ihm die Führung. Zu wissen, wann man eingreifen muß und wann nicht, ist eine Frage des Fingerspitzengefühls. Sie müssen die Lage jeweils neu beurteilen.
12. Ihr Kind soll in Ihnen die Eigenschaften wiedererkennen, die Sie an ihm schätzen. Wenn das Motto gilt, »Mach, wie ich es dir sage, nicht wie ich es mache«, durchblicken intelligente Kinder das sehr schnell und gehen ihre eigenen Wege. Sagen Sie Ihrem Kind zum Beispiel nicht, es solle lesen, während Sie fernsehen; das ergibt keinen Sinn für ein Kind, und ein solches Verhalten kann zu einer schweren Störung zwischen Ihnen führen.
13. Bemühen Sie sich um eine Atmosphäre des Respekts vor dem

Lernen in Ihrem Haus, und fördern Sie das Streben nach Wissen. Es besteht allerdings kein Anlaß, über das Ziel hinauszuschießen – Sie können Ihrem Kind beibringen, ein waches Auge auf Meinungen zu haben, die als Information getarnt daherkommen. Auch Bücher können Falsches enthalten!

14. Es ist ein Unterschied, ob man ein Kind antreibt oder ermuntert, sich ein wenig mehr zu bemühen. Meistens erkennen wir nicht, wenn wir selbst die Antreiber sind, aber bei anderen Eltern sehen wir es sofort. Vielleicht können Ihre Kinder Ihnen sagen, ob sie sich angetrieben oder ermuntert vorkommen – sie werden es wissen.
15. Bemühen Sie sich um ein gutes Verhältnis zur Schule Ihres Kindes. Unterstützen Sie deren Anstrengungen nach Kräften. Auch wenn Sie vielleicht nicht einer Meinung mit dem Lehrer Ihres Kindes sind, äußern Sie sich vor dem Kind nicht abfällig über ihn. Erklären Sie neutral, wie Ihre Ansichten sich unterscheiden, und versuchen Sie, Wege zur Zusammenarbeit zu finden.
16. Seien Sie sich Ihrer Gefühle als Eltern so bewußt wie möglich. Achten Sie auf Eifersucht und Konkurrenzneid. Passen Sie auf, daß Ihre Unterhaltungen mit Ihrem Kind keine »Abfuhren« enthalten und daß Ihrerseits der aufrichtige Wunsch besteht, hilfreich zu sein. Bei den Eltern sehr begabter Kinder kann manchmal Eifersucht aufkommen, die ein überzogenes Schutzverhalten und eine Ausnutzung der Begabung des Kindes nach sich ziehen kann, was seinem psychologischen Wohlergehen abträglich ist.
17. Vermeiden Sie, Kinder abzustempeln und in Kategorien einzuteilen; der Stempel, den man jemandem aufdrückt, kann falsch sein und bleibt oft haften. Ihr Sohn ist vielleicht »intelligent«, und manchmal ist er vielleicht auch »schüchtern«, aber für Sie ist er immer Andreas, und das sollte er auch für seinen Lehrer sein.
18. Führen Sie sich nicht immer wie Eltern auf, die der Meinung sind, stets alles am besten zu wissen. Lassen Sie Ihrem Kind viel Freiheit in unwichtigen Angelegenheiten, damit es etwas auf seine Art zu Ende führen kann.
19. Wenn es Schwierigkeiten wegen der Folgsamkeit gibt, sprechen Sie nach Möglichkeit mit Ihrem Kind darüber. Begabte Kinder sind Vernunftgründen viel zugänglicher als andere Kinder und haben im allgemeinen ein sehr gutes Gespür für ihre Pflichten.
20. Erwarten Sie nicht, daß Ihr Kind jederzeit intelligent ist. Eine Glorifizierung ist die beste Garantie für ein böses Erwachen.

Anmerkungen

Kapitel 1 Intelligente Kinder

1 ANNE ROE (1952), »The Psychologist Examines 64 Eminent Scientists«. *Scientific American, 187,* S. 21–25.
2 ELEANOR E. MACCOBY und C. JACKLIN (1974), *The Psychology of Sex Differences.* Stanford: Stanford University Press.
3 JOAN FREEMAN (1979), *Gifted Children: Their identification and development in a social context.* Lancaster: MTP Press.

Kapitel 2 Ihr Baby, das bemerkenswerte Wesen

1 J. H. KENNELL D. K. VOSS und M. H. KLAUS (1979), *»Parent-infant bonding«,* in: J. D. OSAFSKY (Hrsg.), *Handbook of Infant Development.* New York: Wiley.
2 Y. BRACKBILL (1979), »Obstetrical medication and infant behaviour«, in: J. D. OSAFSKY (Hrsg.), *Handbook of Infant Development.* New York: Wiley.
3 MICHAEL LEWIS (Hrsg. 1976), *Origins of Intelligence.* London: Wiley.

Kapitel 3 Die Geburt des Geistes

1 JOAN FREEMAN (1981, 2. Aufl.), *Human Biology and Hygiene.* Oxford: Pergamon Press.
2 ROBERT E. ORNSTEIN (1972), *The Psychology of Consciousness.* New York: Viking Press.
3 H. J. EYSENCK und LEON KAMIN (1981), *Intelligence: The battle for the mind.* London: Pan Paperbacks.
4 A. R. JENSEN (1972), *Genetics and Education.* London: Methuen.
5 WILLIAM J. J. GORDON (1981), *SES Creative Sampler.* Cambridge, Massachusetts: SES Associates.

Kapitel 4 Intelligenz und Lebensumstände

1 J. B. W. DOUGLAS (1964), *The Home and School.* London: Panther.
2 Department of Education and Science (1967), *Children and Their Primary Schools.* (The Plowden Report).

3 G. W. Brown und T. Harris (1978), *The Social Origins of Depression.* London: Tavistock.
4 Mary Stewart (1962), *The Success of the First-born Child.* Worker's Educational Association.
5 L. Belmont und F. A. Marolla (1973), »Birth order, family size and intelligence«. *Science, 182,* S. 1096–1101.
6 B. Sutton-Smith und B. G. Rosenberg (1970), *The Siblings.* New York: Holt, Rinehart and Winston.
7 A. Lawson und J. D. Ingleby (1974), »Daily routines of preschool children: effects of age, birth order, sex and social class«. *Psychological Medicine, 4,* S. 399–415.
8 M. Rutter, D. Quinton und W. Yule (1976), *Family Pathology and Disorder in the Children.* London: Wiley.

Kapitel 5 Lesen, Schreiben, Rechnen
1 M. M. Clark (1976), *Young Fluent Readers.* London: Heinemann Educational.
2 Glenn Doman (1965), *Teach Your Baby to Read.* London: Jonathan Cape.
3 Susan Hampshire (1980), *Susan's Story.* London: Sidgwick and Jackson.

Kapitel 6 Frühe Erfolge in der Schule
1 H. F. Harlow (1969), »Age-mate or peer affectional system«, in: D. S. Lerhman, R. A. Hinde und E. Shaw (Hrsg.), *Advances in the Study of Behaviour,* Bd. 2, S. 333–383. N.Y.: Academic Press.
2 Trades Union Congress Working Party (1976), *The Under Fives.* London: TUC.
3 Jerome Bruner (1980), *Under Five in Britain.* London: Grant McIntyre.
4 M. Rutter, N. Maughan, P. Mortimore und J. Ouston (1979), *Fifteen Thousand Hours.* London: Open Books.
5 V. H. Goertzel und M. G. Goerthel (1962), *Cradles of Eminence.* Boston: Little, Brown & Co.
6 Tony Buzan (1974), *Use Your Head.* London: BBC Publications.

Kapitel 7 Entschieden zu intelligent
1 Joan Freeman (1979), *Gifted Children: Their identification and development in a social context.* Lancaster: MTP Press.

2 Eric Ogilvie (1973), *Gifted Children in Primary Schools.* London: Macmillan.
3 C. P. Smith (Hrsg.), *Achievement Related Motives in Children.* New York: Russell Sage Foundation.
4 Penny Mansfield (1982), »With stars in their eyes and a wife at the sink«. Bericht aus dem Marriage Centre in Großbritannien (abgedruckt im *Guardian*).
5 J. S. Coleman (1961), *The Adolescent Society.* Glencoe, N. Y.: Free Press.

Kapitel 8 Begabte Kinder erziehen
1 Tessa Bridgeman und Irene Fox (1978), »Why people choose private schools«. *New Society, 44,* S. 702–705.

Personen- und Sachregister

Biomedizin – die natürliche Alternative.

Alexander, Maximilian
Zoubek, Eugen
Schmerzfrei durch Biomedizin
– Neue Naturheilmethoden –
144 Seiten, 11,5 x 18 cm
DM 6,80
ISBN 3-612-20000-3
ETB 20000

Das Buch

Akute und chronische Schmerzzustände sind das Schicksal vieler Menschen und können oft einen Lebensweg beeinflussen und prägen. Die Biomedizin bietet eine natürliche Alternative zu den herkömmlichen Schmerzmitteln. Wirksame Präparate, auf rein biologischer Basis hergestellt, helfen Schmerzen ohne schädliche Nebenwirkungen überwinden, mobilisieren Eigenkräfte und setzten einen natürlichen Heilungsprozeß in Gang. Anhand zahlreicher Praxisbeispiele zeigen die Autoren, mit welchen Mitteln der modernen Naturmedizin der Mensch Krankheiten und Schmerzen vorbeugen und sich selbst erfolgreich behandeln kann.

Die Autoren

Maximilian Alexander arbeitet seit vielen Jahren als freier Journalist und Schriftsteller. Seine Spezialgebiete sind Medizin und Naturheilkunde.
Eugen Zoubek ist Homöopath und Arzt.

Mehr Spaß am Lernen – Mehr Zeit zum Spielen.

Beyer, Günther
So lernen Schüler leichter
– Gedächtnis- und Konzentrationstraining –
128 Seiten, 50 Grafiken
11,5 x 18 cm
DM 6.80
ISBN 3-612-20001-1
ETB 20001

Das Buch

Mangelhafte Konzentrationsfähigkeit und schlechtes Gedächtnis sind oft die Ursachen für ungenügende Leistungen in der Schule. Dieses Buch schafft Abhilfe: Kinder zwischen 8 und 15 Jahren erfahren, wie sie mit einfachen Lerntechniken ihr Gedächtnis schulen und ihre Konzentrationsfähigkeit erhöhen können, um besser zu werden, Spaß am schnellen Lernen zu finden und damit mehr Zeit zum Spielen zu haben.
Übungen und Kontrolltests helfen, Können und Leistungen zu steigern.

Der Autor

Günther Beyer ist Gründer des Eltern-Schüler-Förderkreises Nordrhein-Westfalen. Er leitet ein eigenes Institut für Creatives Lernen.
Im ECON-Verlag erschienen seine Ratgeber 'Creatives Lernen', 'Gedächtnis- und Konzentrationstraining' und 'Superwissen durch Alpha-Training'.

Das Standardwerk der biologischen Küche.

Danner, Helma
Biologisch kochen und backen
– Das Rezeptbuch der natürlichen Ernährung –
288 Seiten, 30 Zeichn.
11,5 x 18 cm
DM 14,80
ISBN 3-612-20003-8
ETB 20003

Das Buch

Natürliche Ernährung ist nicht nur gesund, sondern auch wohlschmekkend, durch sie können Krankheiten geheilt, gelindert und verhindert werden: Karies, Paradontose, Erkrankung des Bewegungsapparates, Zukkerkrankheit, Leber-, Gallen-, Nierenerkrankungen, Beschwerden der Verdauungsorgane, Gefäßerkrankungen u. v. a. m. Naturbelassene Ernährung bringt dem Menschen neuen Schwung, Elastizität, Ausdauer und hohe Konzentrationsfähigkeit, sie erhält ihn gesund und schlank.
Die Rezepte in diesem Buch sind praxiserprobt.

Die Autorin

Helma Danner ist Gesundheitsberaterin. Sie beschäftigt sich seit vielen Jahren mit der wissenschaftlichen- und Laienliteratur auf dem Ernährungssektor, mit neuesten und alten Gesundheits- und Kochbüchern.

Mit autogenem Training zu innerer Harmonie.

Eberlein, Gisela
Autogenes Training mit Kindern
112 Seiten
11,5 x 18 cm
DM 6,80
ISBN 3-612-20004-6
ETB 20004

Das Buch

Viele Kinder sind nervös, aufgeregt, schlafen schlecht, sind kontaktarm, inaktiv, unkonzentriert und ängstlich. Durch autogenes Training können diese Störungen behoben werden. Autogenes Training bringt Spannung und Entspannung, fördert Aktivität und Kreativität und hilft den Kindern, selbstsicher, mutig und frei zu werden. Dies Buch zeigt, wie Kinder autogenes Training unter Anwendung von Märchen erlernen und durchführen können und wie die Autorin selbst mit Kindern autogenes Training erfolgreich ausübte.

Die Autorin

Dr. med. Gisela Eberlein lehrt in eigener Praxis, in Seminaren und Arbeitsgemeinschaften autogenes Training. Sie wurde ausgezeichnet mit dem 'Hufeland-Preis' für vorbeugende Gesundheitspflege.